中国金融风险与稳定报告（2018）

——在改革和波动中实现金融稳定

联席总顾问　李　扬　朱　民
主编　杨燕青

中国金融出版社

责任编辑：刘　钊　吕　楠
责任校对：孙　蕊
责任印制：程　颖

图书在版编目（CIP）数据

中国金融风险与稳定报告（2018）/杨燕青主编．—北京：中国金融出版社，2018.11
ISBN 978－7－5049－9664－0

Ⅰ．①中…　Ⅱ．①杨…　Ⅲ．①金融风险防范—研究报告—中国—2018　Ⅳ．①F832.1

中国版本图书馆CIP数据核字（2018）第161019号

出版发行　中国金融出版社
社址　北京市丰台区益泽路2号
市场开发部　(010)63266347，63805472，63439533（传真）
网 上 书 店　http：//www.chinafph.com
　　　　　　(010)63286832，63365686（传真）
读者服务部　(010)66070833，62568380
邮编　100071
经销　新华书店
印刷　北京市松源印刷有限公司
尺寸　210毫米×285毫米
印张　11.75
字数　295千
版次　2018年11月第1版
印次　2018年11月第1次印刷
定价　108.00元
ISBN 978－7－5049－9664－0
如出现印装错误本社负责调换　联系电话(010)63263947

前 言

金融危机后姗姗来迟的全球同步复苏出现不久，即被席卷全球覆盖几大洲的“贸易战”和一系列风险因素正式打断。

在贸易战的源头——美国，顺周期经济政策正在强力推进，若美国的复苏周期以时间压缩和波幅放大的形态提前终结，比市场预期更快的加息和贸易战引致的信心波动将是全球金融市场的“达摩克里斯之剑”。而在贸易战的另一端——中国，旨在解决长期风险问题的一系列力度和节奏不凡的改革举措，和全球针对中国的态度转变以及贸易战不期而遇，各个市场间此起彼伏、相互交织和彼此加强的风险暴露将成为维护金融稳定的首要难点；而金融市场波动和承压的经济增长动能之间的相互作用，无疑又在更大程度上加大了宏观政策、改革开放举措和金融稳定政策相协调的难度。

今年的报告由第一财经研究院和国家金融与发展实验室联合出品，整体团队是报告诞生以来的最强阵容。过往分别担任过报告总顾问的李扬理事长和朱民院长今年联袂担任联席总顾问，两位反复推敲确定了报告的主题：在改革和波动中实现金融稳定。顾问委员会除了报告诞生以来一直关爱和鼓励其成长的宣昌能主席助理外，周学东局长、徐忠局长和张晓朴局长三位高手的加盟，让报告拥有了在专业底蕴和政策理解方面更加厚实的后盾。

今年的报告开始尝试构建稳定的作者队伍。第一章“2017~2018 年中国金融稳定概览”是报告的灵魂，依旧由IMF前高级经济学家孙涛博士领衔撰写。巴曙松博士在暂别一年后，再次回归作者团队，担纲撰写了最受关注的第二章内容：“资管新规与打破刚兑”。第一次加入的邓海清博士几易其稿，完成了难度最高的第三章内容：“金融市场风险的联动与监管应对”。围绕本报告最受欢迎的长青话题人民币，管涛博士再次拿出了高水准的第四章“管理人民币汇率和资本流动”。从全球范围内来看，数字（加密）货币还不足以影响金融稳定，但面向未来而生，我们怎么能放弃这个令人兴奋的话题呢？作者姚名睿以笔名署名，撰写了第五章“数字货币的泡沫、风险与未来”，带来了植根于对技术扎实理解之上的经济学和市场情怀，以及对 CBDC（央行数字货币）的期许。中国面对的外部冲击，恐怕是报告诞生以来最大的一年，陈卫东博士领衔了第六章“外部金融风险：山雨欲来风满楼”的写作，并以全球金融稳定地图（Global Financial Stability Map）方法论奠定了这一章的格局和水准。

不能不提方法论。和本报告一路走来的朋友都了然，《中国金融风险与稳定报告》于 2015 年诞生，是中国第一份以国际货币基金组织（IMF）的金融稳定地图方法论构建中国金融稳定分析范式的报告。同时，值得关注的是，今年 4 月，IMF 正式用全球央行的通行方法——“金融条件”取代了金融稳定地图方法论。而本报告在继续深入探索金融稳定地图“中国范式”的同时，在第一财经研究院小伙伴的努力下，也推出了中国的金融条件指数（参看附录）。两套方法的运用都在充分考虑中国特点的前提下，尝试和国际通约比较的可能。

最后，当然还要感谢中国金融出版社的刘钊博士，他和他的团队以极大的责任心和专业主义审看文字、数据，提出了不少让内容更加完善的意见。

记得在去年报告的“前言”中，我们曾建议读者，以应对挑战的“履冰”之心进入报告的阅读；而今，真实的挑战正在到来。

编　者

2018 年 7 月

China Financial Risk & Stability Report 2018

中国金融风险与稳定报告（2018）

联席总顾问： 李　扬　朱　民

顾问委员会成员： 李　扬　朱　民　宣昌能　周学东　徐　忠　张晓朴

报告主编： 杨燕青

报告作者： 孙　涛　巴曙松　邓海清　管　涛　姚名睿　陈卫东　刘　昕

（杨子明　朴　实　马绍之　杨　倞　参与写作，亦有贡献）

目 录

第一章　2017~2018年中国金融稳定概览

孙涛　杨子明　朴实　马绍之①

2017 年，世界经济增长，全球金融稳定，但这个增长和稳定仍是在极度特殊的政策环境和外部条件下实现的。从趋势看，包括量化宽松、全球化这些政策环境和外部条件的重大变化，都可能给世界经济增长和全球金融稳定带来冲击。然而，为应对这些冲击，许多国家可用的弹药将远不如 2008 年时充足。作为近年来对世界经济增长的最主要驱动力，中国经济运行和金融稳定情况必然受到世界经济增长和全球金融稳定的影响，也必然反过来对世界经济增长和全球金融稳定产生重要的影响。

2017 年，中国金融总体稳定：经济保持较高增长率，资本外流压力缓解，人民币汇率稳定，金融市场总体波动较小。然而，维护中国金融稳定也面临着严峻挑战：高债务、强监管过程中的去杠杆风险、反全球化压力和储蓄外流压力。中国金融稳定之所以面临上述挑战，既与中国经济金融规模增大、经济金融主体之间的关联度增加有关，也与中国面临的国际政治、经济、金融等环境变化密切相关。

2018 年，为维护中国金融稳定，既需要从微观主体层面，有效管制偿债风险和去杠杆风险，管控由关联度增大带来的传染风险，还需要从宏观角度，设计实施包括利率、汇率、财政政策在内的金融稳定政策组合，需要借助数字技术推进劳动生产率提高，以便从根本上提升抗金融风险能力。也就是说，维护中国的金融稳定，既需要治标——防止个别风险和系统性风险，更需要治本——建立以市场为基础的资源配置方式，提升劳动生产率，并从根本上消除滋生杠杆骤增和系统性风险的诱因。

具体来说，从宏观经济看，中国需要在去杠杆的同时，维护底线经济增长率，以保持足够的流量（如收入、货币流动性和就业）；从经济结构看，中国需要继续降低经济增长对投资和信贷的依赖，需要更快地实现经济转型——依靠消费拉动经济增长；从金融看，中国需要继续降低对银行间接融资的依赖比重，更有效地发展直接融资，需要严格管控由日增的国内外关联度引发的金融传染风险，防范由尚未被纳入监管框架的金融产品和机构所带来的未预期到的金融风险；从财政看，需要关注地方政府融资平台违约风险及其衍生的国家或有负债风险；从国际收支看，中国需要通过进一步发展国内金融市场增强储蓄吸纳能力，稳妥开放资本项目，防止国家最富贵的资源——储蓄，尤其是私人储蓄——大量无序流出中国

① 孙涛、朴实供职于蚂蚁金服，杨子明供职于浙江财经大学中国金融研究院，马绍之供职于第一财经研究院。本文仅代表个人观点，与任何机构无关。

所导致的外汇储备下降、人民币汇率贬值、资产价格迅速下跌和信贷紧缩。

维护中国金融稳定的政策组合应该是：避免人民币贬值，避免进口价格上升，从供给端提高技术水平和提高劳动生产率来降低通货膨胀压力，维持较低的实际利率以降低偿债成本，并适当通过降低存款准备金率以应对可能的全球市场流动性抽紧；尽早认可真实不良资产，并以财政注资和市场注资相结合的方式化解银行体系的存量信用风险。此外，还要抓住两个关键点：以发展国内金融市场和有序引导民间对外投资，对内、对外保护好、用好中国的储蓄；发挥数字技术在维护金融稳定方面的重要作用。

为实现这些重要政策目标，必须贯穿始终的是维护信心。只有国内外投资者和消费者对中国经济金融有信心，才不会出现大规模的存款外流、资本外流，才不会出现釜底抽薪式的经济增长骤然停滞。而维护和维持这个信心的关键仍在于改革开放，在于给予企业主体和居民以稳定的预期和产权保护，创造真正的市场化的竞争环境，减少不必要的政府干预。只有这样，才会实现真正的、长治久安的金融稳定。

第一节　全球和中国宏观金融风险概览

一、全球金融体系的新特点和风险点

（一）2017年全球金融体系的特点

近十年来，全球化、全球金融危机和技术革命正在推动全球经济金融体系呈现以下三大特点。

1. 继续扩张的全球金融体系

全球金融体系仍在继续扩张。根据 FSB 的最新数据，全球主要 21 个国家和欧元区国家（占全球 GDP 的比重为 80% 以上）的金融资产规模达到 340 万亿美元，2016 年的增长率为 7.5%，高于 2011~2015 年的 5.6% 增长率，见表 1.1。从规模看，银行资产规模近 140 万亿美元，仍是各类金融资产中规模最大的一类。从增速看，增长最快的是中央银行资产，在不到 10 年内，中央银行资产规模就上升到 26.2 万亿美元，年均增长率达 12.3%，是全球金融体系增长率的 2 倍多。从中央银行看，资产负债表最大的是中国人民银行，资产负债表扩张速度最快的是欧元区。此外，尽管美联储已开始缩表，但其资产负债表规模仍近 4.5 万亿美元，见图 1.1。

表1.1　全球金融体系鸟瞰（包括全球主要21个国家和欧元区全部国家）

		中央银行	银行[①]	公共金融机构	保险公司[②]	养老基金	OFIs[③]	金融辅助机构
2016年规模（万亿美元）	339.9	26.2	137.8	16.0	29.1	31.0	99.2	0.7
占全球金融资产的比重（%）	100.0	7.7	40.5	4.7	8.6	9.1	29.2	0.2
2016年增长率（较上年同期，%）	7.5	12.3	6.9	6.3	5.9	6.4	8.0	9.7
2011~2015年增长率（复合，%）[④]	5.6	8.3	3.1	3.7	5.8	6.3	9.0	5.0

注：① 所有存款吸收公司。

② 某些国家 / 地区的保险公司数据包括分离账户。

③ OFIs 也包括“专属金融机构和货币放贷机构”。

④ 资产价值的上升可能也反映出国家 / 地区层面数据可得性随时间的改善。例如，如果某国家 / 地区 2013~2015 年仅提供了来自 OFIs 包括的某一特别实体类型的数据，那么 OFIs 的 2011~2015 年复合增长率可能略受影响。

资料来源：国家部门资产负债表和其他数据，金融稳定理事会（FSB）的计算。

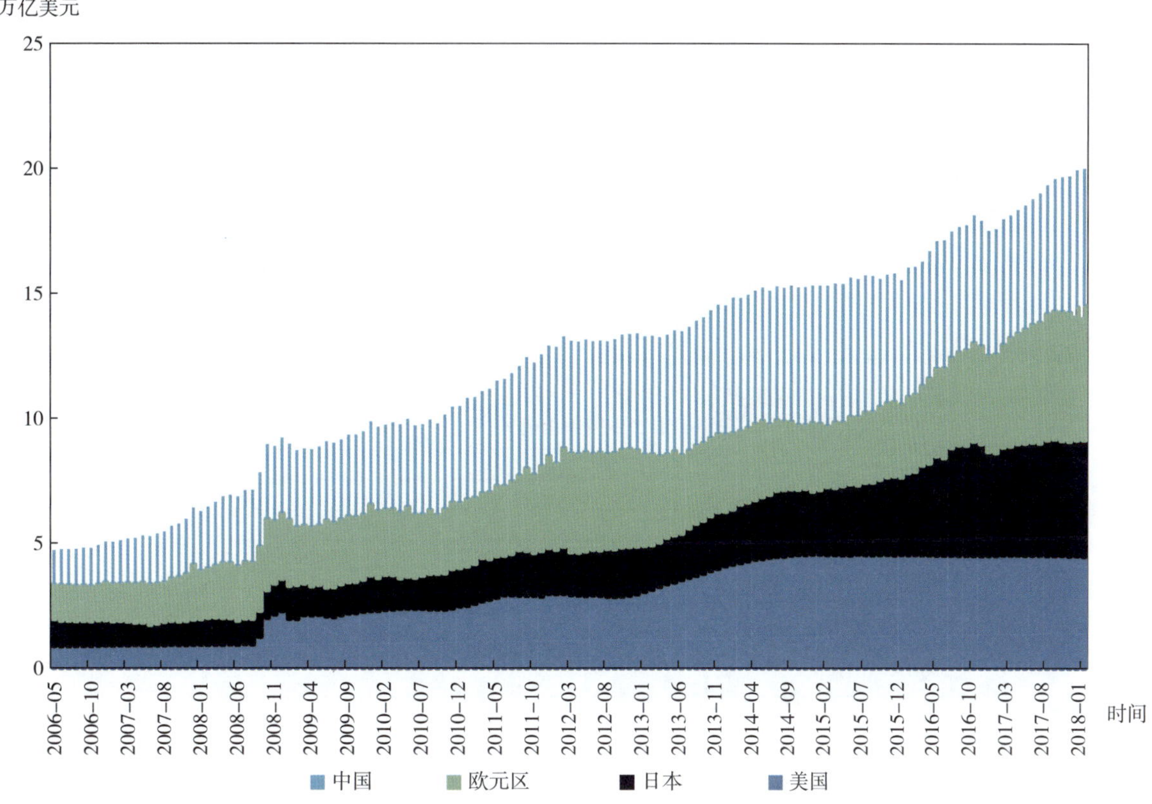

资料来源：Haver Analytics，国际货币基金组织。

图1.1　扩张的中央银行资产负债表

2. 继续扩张的影子银行

根据金融稳定理事会（FSB，2018）的统计，全球主要国家的影子银行资产总规模达 45 万亿美元。2011~2015 年平均增长率为 8.6%（是同期银行资产规模增长率的近 3 倍），2016 年的增长率为 7.6%（高于同期的银行资产规模增长率）。从国别看，美国占比最大（31%）；中国占比排名第二（16%），中国的影子银行规模是其他主要新兴市场国家的 4 倍，见图 1.2。

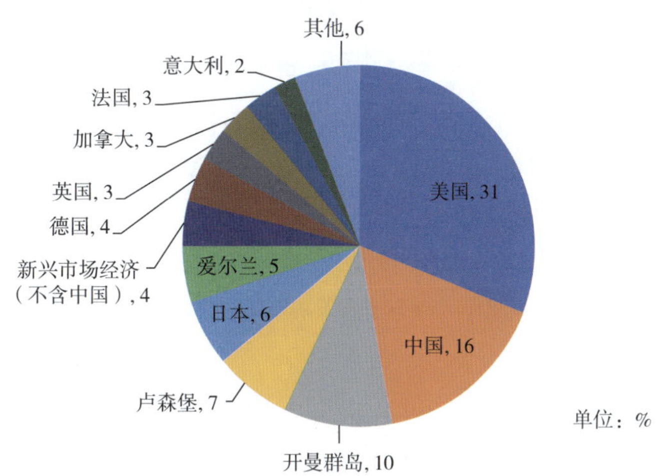

注：新兴市场包括阿根廷、巴西、智利、印度、印度尼西亚、墨西哥、俄罗斯、沙特阿拉伯、南非和土耳其。其他包括澳大利亚、比利时、中国香港、意大利、荷兰、新加坡、西班牙和瑞士。

资料来源：国家（地区）部门资产负债表和其他数据，金融稳定理事会（FSB）。

图1.2　截至2016年底主要国家（地区）影子银行占比

3. 上涨的股价和房价

2017 年，全球股市继续上扬（图 1.3），但 2018 年初以来波动性增大（图 1.4）。全球主要国家房价也继续上涨，2010 年到 2017 年，美国是国际金融危机之后房价涨幅较大的国家（图 1.5）。

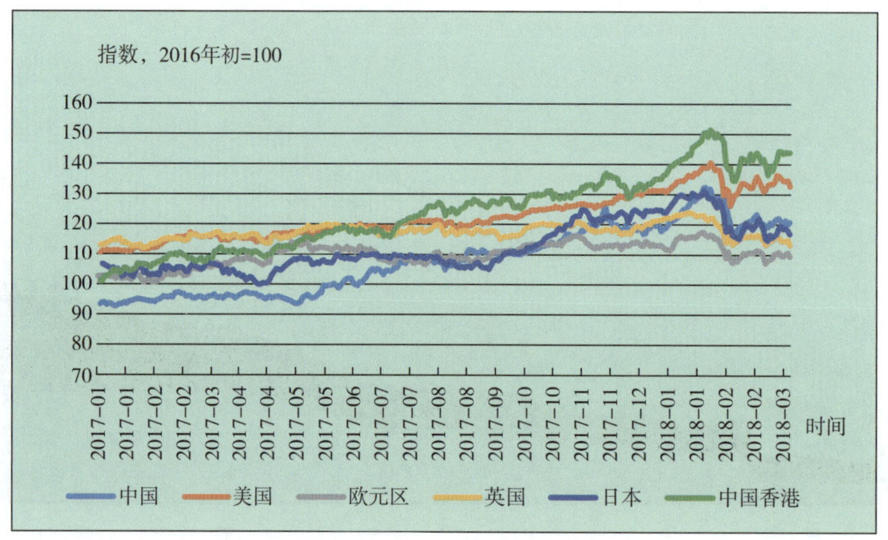

资料来源：Haver Analytics.

图1.3　全球主要股票市场价格

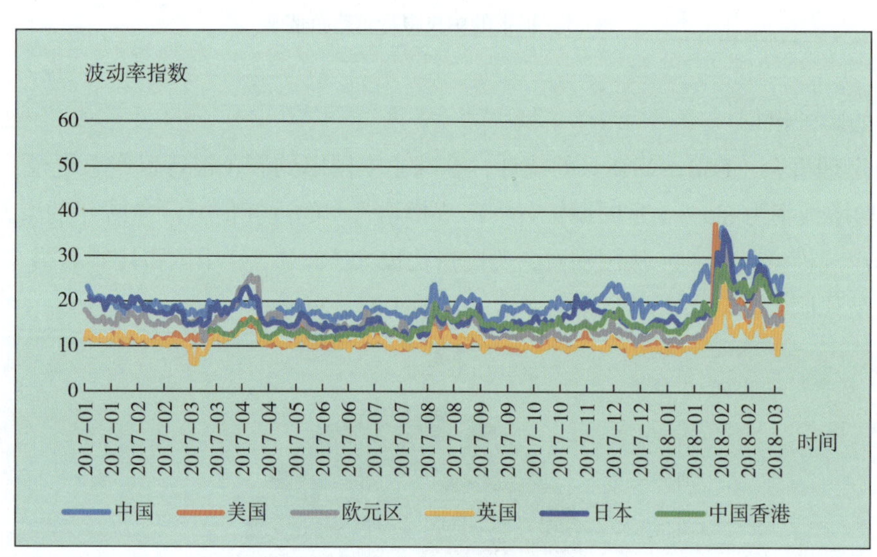

资料来源：Haver Analytics.

图1.4　全球主要股票市场价格波动

（二）2018年全球金融风险点

全球金融体系的上述特点决定了全球金融风险的新变化：得益于同步复苏的经济、活跃的金融市场，2017 年世界实现了经济增长和金融稳定。但这些增长和稳定仍是在极度特殊的政策环境和外部条件下实现的。当前，全球金融稳定仍面临以下挑战：

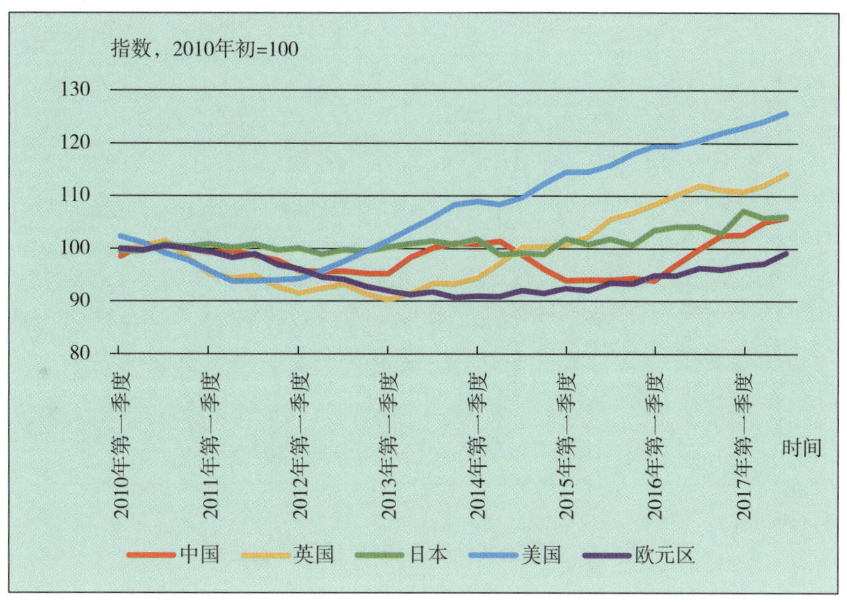

资料来源：Haver Analytics.

图1.5　全球主要经济体房价比较

1. 价格稳定和金融稳定难以兼顾的挑战

目前，全球经济金融呈现三个基本特点：一是伴随着货币宽松而出现的冒险行为（risk-taking）继续增加；二是随着经济向好，对商品和资本的需求增加；三是经济同步增长和通货膨胀率回升导致加息速度比预期的快。

因此，主要中央银行面临着同时实现价格稳定和金融稳定的挑战：一方面，如果为了金融稳定而维持低利率，则可能导致通货膨胀率继续走高（图 1.6）；另一方面，如果为了控制通货膨胀率而过快提高利率，则可能导致金融市场波动和金融不稳定（图 1.7）。

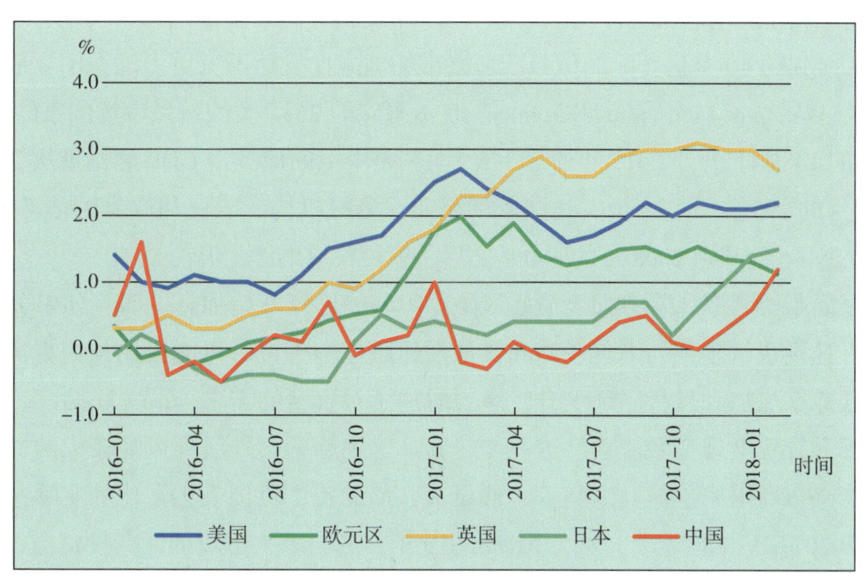

资料来源：Haver Analytics.

图1.6　全球主要经济体的通货膨胀率

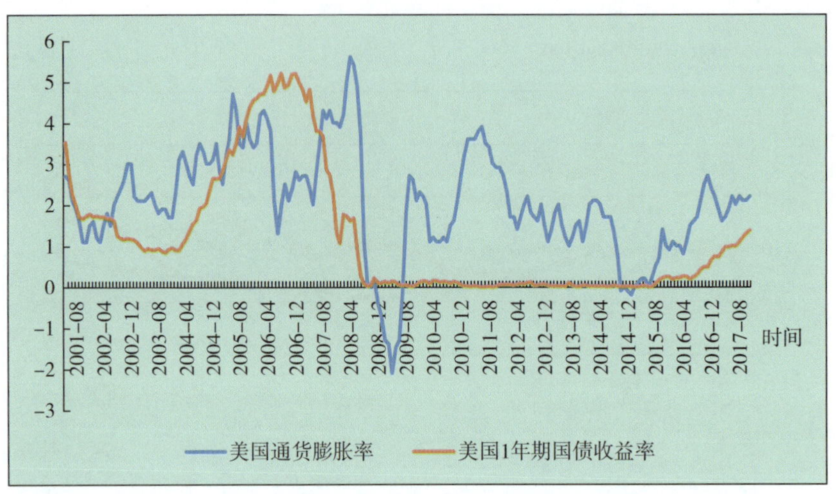

资料来源：Haver Analytics.

图1.7　美国通货膨胀率和1年期国债收益率

2. 全球债务规模继续上升

在国际金融危机爆发 10 年后，2017 年全球整体仍然债台高筑。现在，全球的公共部门和私人部门债务总额已达 164 万亿美元，占 GDP 比重为 225%（比 2009 年高 12 个百分点）。从借债主体看，这些债务主要来自政府和非金融企业。从借债国家看，20 国集团的政府、家庭和企业（不包括银行）的债务总额已超过 135 万亿美元，规模相当于 20 国集团 GDP 总量的 235%。而且，在 2006 年以来新增的 80 万亿美元债务中，美国和中国占比较高，各占三分之一。

尤其值得关注的是，风险较大的全球杠杆信贷——非投资级别或已有大量债务的借款人举借的商业贷款——仍在迅速扩张。2017 年，全球杠杆贷款规模达 7880 亿美元，超过了 2007 年危机前的 7620 亿美元。其中，美国的此类贷款规模达 5640 亿美元。

3. 新兴市场国家面临债务、利率和汇率三重风险

债务上升的情况在发展中国家也体现得十分明显。自 2008 年国际金融危机以来，新兴市场国家的企业、居民、政府共增加了大约 40 万亿美元的债务。新兴市场国家比发达国家更多地在国际债券市场上融资。国际金融研究所（Institute of International Finance, IIF）跟踪的 26 个大的新兴市场国家的债务占 GDP 的比重，从 2008 年底的 148% 上升到 2017 年的 211%。尤其是中国的债务占 GDP 的比重从 2008 年底的 171% 上升到 2017 年 9 月的 295%。而 21 个发达国家的企业、金融机构、居民和政府的债务占 GDP 的比重从 20 世纪 90 年代的 290% 上升到 2008 年的 380% 之后，就再没有继续上升。

新兴市场国家面临的利率风险会加大债务风险。美联储已经开始加息，而且如果美国财政减税政策使得通货膨胀上升速度快于预期，则美联储和其他发达国家中央银行可能会比预期更快地加息。此外，美国减税带来财政赤字增加和发行国债上升，客观增加了对资金的需求，而美联储缩表则会减少资金的供给。这些因素都会导致全球金融流动性进一步趋紧。这种趋紧会外溢到风险较大的资产价格、银行的美元融资市场和新兴市场国家。据 IMF 估算，假设美联储的资产负债表正常化的实际速度与计划一致，联邦基金利率在 2020 年初被提高到 3.6%，2018~2019 年，流向新兴市场的证券投资会每年下降 400 亿美元（IMF，2018）。无疑，这会导致新兴市场国家的流动性趋紧，偿债风险上升。

此外，新兴市场国家的汇率风险会加大外债风险。2017 年，美元已经对包括欧元和日元在内的许多

货币贬值，所以，2018 年已经出现的美元升值，迫使许多新兴市场国家不得不用贬值了的本币资产来偿还美元标价的外债。又由于新兴市场国家的外债占其 GDP 的比重平均达 30%，所以新兴市场国家的偿还外债压力将上升，而且这种危机压力已经在土耳其和阿根廷有所体现。总之，新兴市场国家面临着由美联储等发达国家中央银行收紧货币政策带来的债务风险、汇率风险和利率风险。

4. 全球贸易保护主义

贸易保护和跨境投资保护主义、民粹主义、民族主义正在许多国家抬头。尤其是美国特朗普政府反对贸易自由化（如重启北美自由贸易区谈判和对中国进口商品征税）、对伊朗和朝鲜地缘政策等，都带来巨大不确定性。

历史教训表明，保护主义政策会带来巨大成本。例如，在 1929 年 10 月美国股市大跌后，当面临来自失业工人和农民的巨大压力时，美国国会的 Smoot 和 Hawley 提出对 900 种商品征收进口关税，并促使胡佛总统批准实施了这个关税政策。结果，美国受到来自多国的贸易报复，全球贸易规模骤然下降，美国经济萧条加剧，全球经济危机加大，最终成为第二次世界大战爆发的诱因之一。

5. 美国经济复苏的不确定性

美国经济复苏面临三个不确定性：

（1）美元汇率波动带来不确定性。一方面，尽管 2017 年美元相对于欧元贬值超过 10%（图 1.8），但以下因素也给美元带来一定贬值压力：一是美国 10 年期利率仍然高于德国和日本的 10 年期利率。利率平价理论表明，美元仍然面临一定贬值压力。二是油价上涨导致产油国所持美元增加，市场上美元供给有所上升。三是美国经济增长和信心增加，导致对美元安全资产的需求下降，市场出售美元增加。另一方面，美国经济增长预期上调、货币政策开始正常化、以减税为代表的财政刺激等也会在短期内提振美元。近来，阿根廷、土耳其等新兴市场国家的货币汇率波动也是对近期美元走强的一种反映。

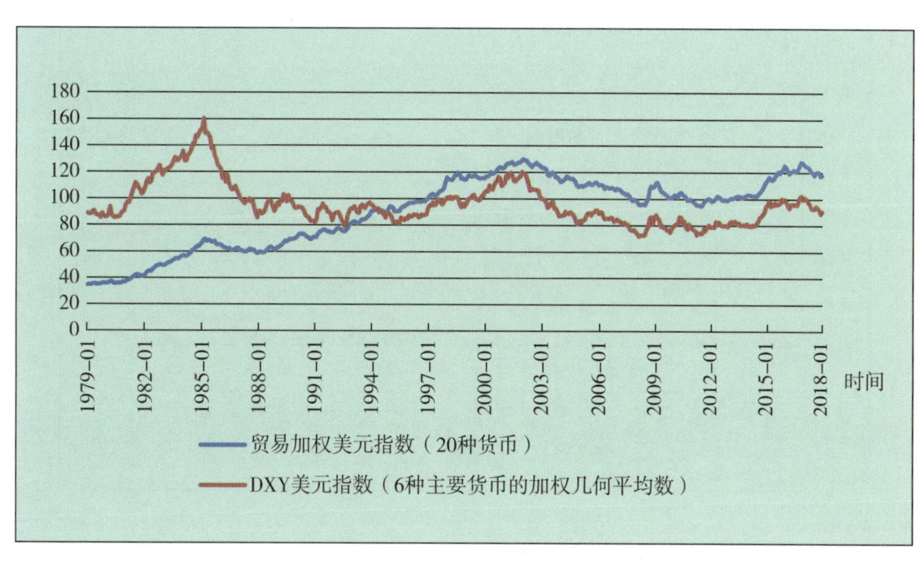

资料来源：Haver Analytics.

图1.8　贸易加权和DXY美元指数

（2）美国的减税政策和货币政策不一定促进经济增长和维护金融稳定。减税是在美国经济已经接近潜在增长率时开始的，所以，减税可能导致经济过热。而能否避免经济过热，取决于减税的用途：如果减税能够帮助企业节约收入、提升劳动生产率和促进潜在产出增长，则减税会降低通货膨胀压力。但是，目前美国企业用减税带来的收入去回购股票、增加股利和并购，此举不但不能促进劳动生产率的提高，反而可能带来通货膨胀率上升和资产价格上涨。

此外，趋紧的劳动力市场、上升的大宗商品价格、贸易战等，都会进一步推高通货膨胀率（损害实际收入和 GDP 增长），而高通货膨胀压力会加大利率上升压力，再加上美联储缩表，加大了美联储实现经济软着陆的难度。从历史来看，与趋紧货币政策相伴的多是金融市场波动。

（3）目前，美国的收益率曲线已经预示着一定的衰退风险。国债收益率曲线代表不同期限的借款成本。由于贷款人通常希望早点收回贷款，所以短期利率通常低于长期利率。但是，如果短期利率高于长期利率，则收益率曲线便出现倒挂。从原因看，一是通货膨胀率上升促使美联储提高短期利率；二是市场普遍认为长期利率走低；三是国际金融危机后，中央银行对市场的干预力度过大，并扭曲了债券市场，使得债券收益率不再是一个有用的指标；四是美国财政赤字增加，短期发行国债增加，推高短期利率。例如，1 年期美国国债利率从 2017 年 1 月的 0.83% 上升到 2018 年 4 月的 2.15%，而 10 年期的国债收益率从 2017 年 1 月的 2.43% 仅上升到 2018 年 4 月的 2.87%。10 年期比 1 年期的国债收益率只高 0.7 个百分点，这个差别是 2008 年国际金融危机以来的低点之一。

收益率曲线倒挂往往预示着经济可能出现衰退。旧金山美联储的一项研究表明，从 20 世纪 50 年代初以来的每次经济下行之前，多数都出现过一次收益率曲线倒挂的情况。只有 20 世纪 60 年代中期一次例外：当时，美国军事支出增加、社会福利支出上升和失业率极低，美联储为防止通货膨胀失控而提高利率，并且成功地避免了衰退。但是，近 20 年来两次收益率接近的时刻都带来了衰退：2000 年和 2006 年。前两次是互联网泡沫破灭和次债危机爆发的前夜（图 1.9）。从趋势看，今年或明年，美联储将面临类似的挑战，将不得不在通货膨胀和衰退之间进行取舍。

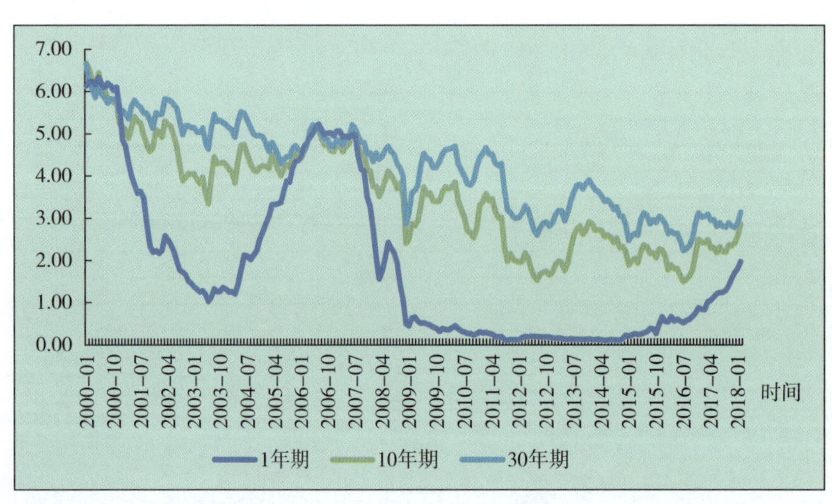

资料来源：Haver Analytics.

图1.9 美国短期和长期收益率趋同往往伴随着经济衰退

二、中国经济和金融体系的风险点

2017 年，中国经济保持较高增速，金融基本稳定，但也面临一些挑战：

（一）2017年中国经济金融基本情况

2017 年，中国经济保持了强劲增长，消费对经济增长的贡献仍然继续保持大于投资的势头（图 1.10）。目标通货膨胀率和核心通货膨胀率都较低，通货膨胀率为负的部分占比在 30% 左右（图 1.11）。

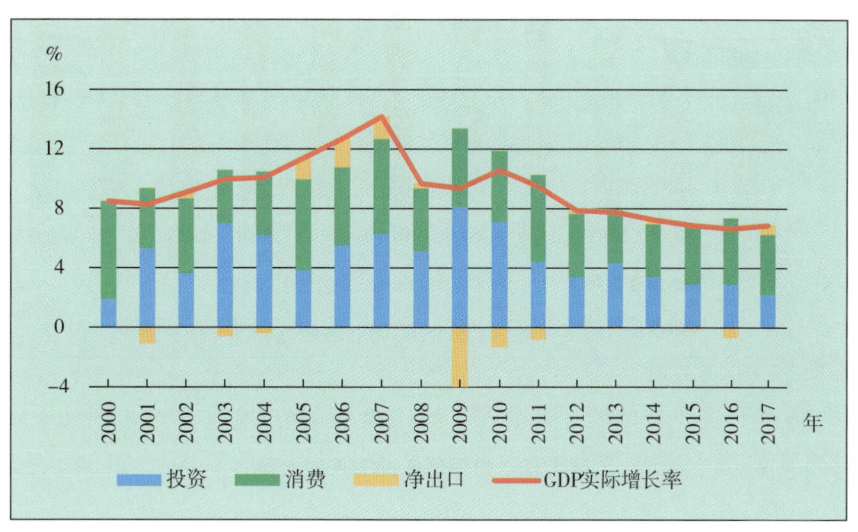

资料来源：Haver Analytics.

图1.10　中国经济增长构成

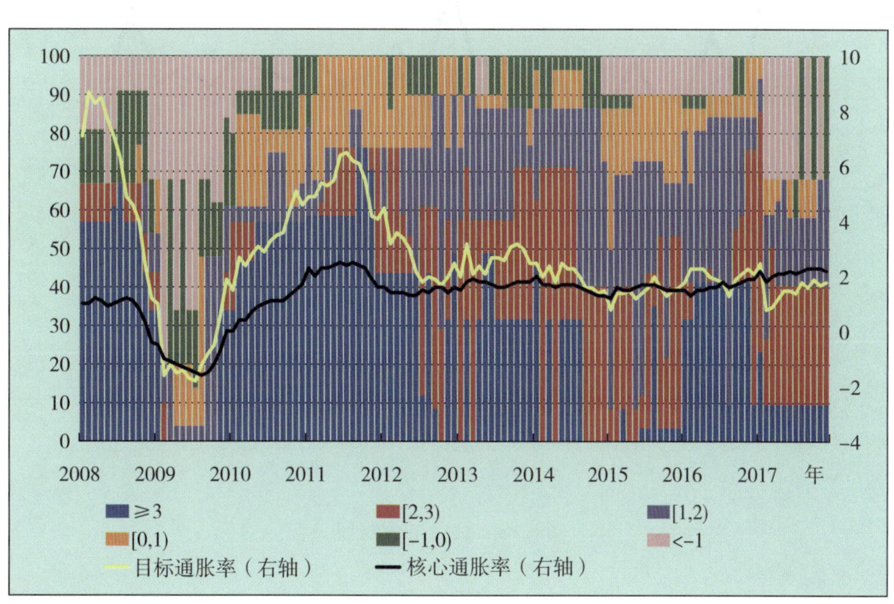

注：数据时间截至2017年12月。
资料来源：Haver Analytics，作者计算。

图1.11　中国通货膨胀率与构成

（二）短期偿债压力

中国的债务仍然维持在较高水平。IMF 预计中国债务占 GDP 的比重在未来几年继续上升，但增速会下降（图 1.12）。另外，社会融资规模以人民币贷款为主，其他方式的融资规模迅速下降（图 1.13）。

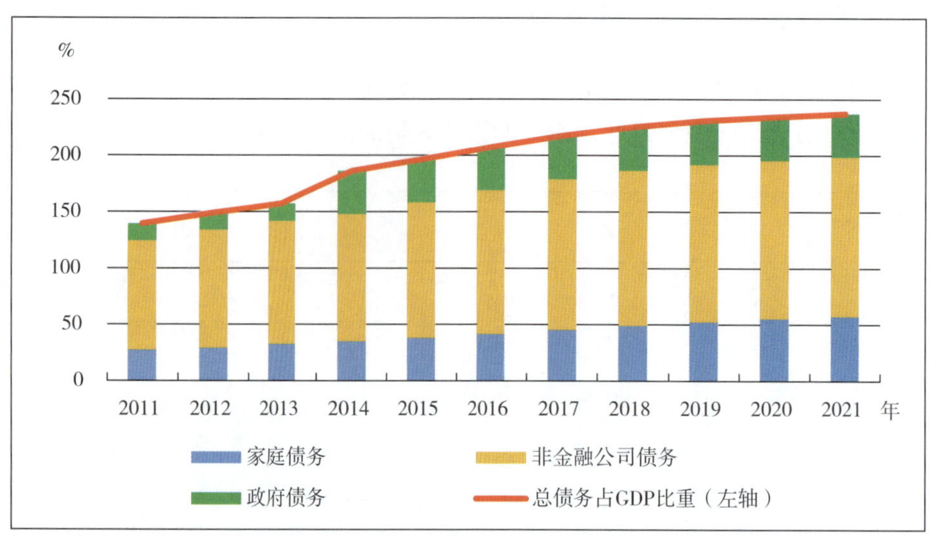

资料来源：https://www.imf.org/external/pubs/ft/scr/2016/cr16270.pdf，page 5: China: Selected Economic Indicators.

图1.12　中国债务占GDP的比重

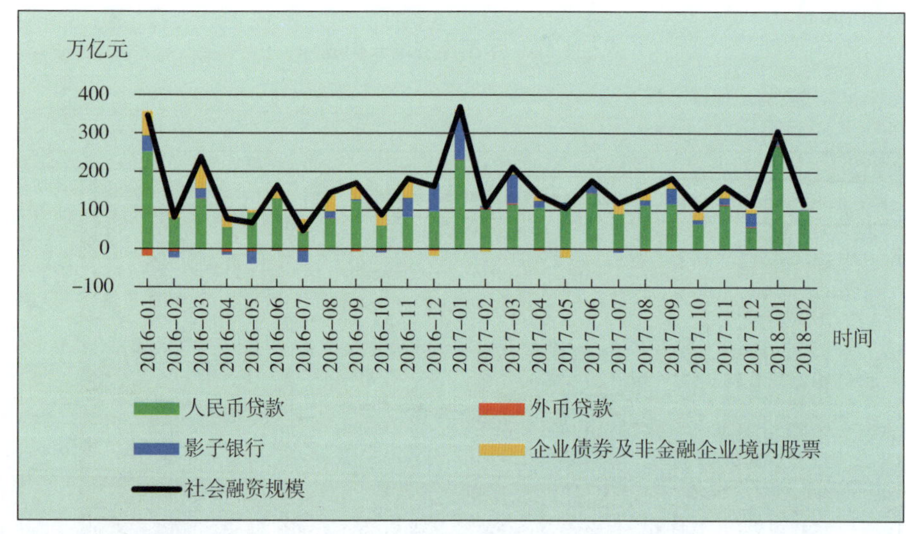

注：影子银行数据是根据中央银行统计数据中的委托贷款、信托贷款和未承兑银行汇票的加总而得出。
资料来源：Haver Analytics.

图1.13　社会融资规模

债务之所以快速增长，是因为它一直与中国经济增长对投资的高度依赖密切相关。2008 年国际金融危机爆发后，中国的投资与 GDP 之比已经从 2000 年的 34% 攀升至 2007 年的 41%，之后则跃升至 2010 年的 48%。与高投资相伴的是信贷高增长，而且信贷增长速度达到名义 GDP 增速的两倍左右。

信贷高增长伴随着企业资产回报率的下滑、企业信誉的恶化、投资效率的下降以及金融体系复杂程度的增加。信贷较大规模、复杂性和速度都意味着金融稳定风险仍存，尤其是非金融企业债务和地方政府债务很高，偿债压力较大。2018 年，中国地方政府债务进入偿还高峰期，其中 3~6 月、9 月和 11 月，每月偿还额均超过千亿元人民币（图 1.14）。

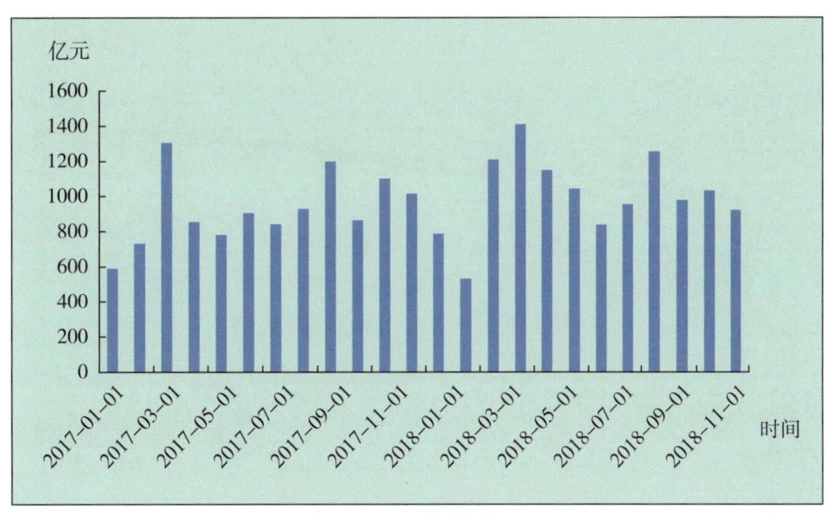

资料来源：Wind资讯。

图1.14　中国城投债偿还金额

总之，目前的经济增长方式和高债务，使得中国经济面临以下五个风险：一是金融市场上的流动性融资紧缺，如短期同业拆借市场或理财产品的融资市场萎缩；二是美国继续推行贸易保护政策会导致中国出口大幅下降、出口行业就业下降；三是美联储加息节奏加快导致中国资金外流，加剧人民币贬值压力；四是中美收益率曲线差距迅速缩小甚至逆转带来的资本外流压力（图 1.15 和图 1.16）；五是去杠杆过程中打破刚兑带来的债务连锁违约风险。

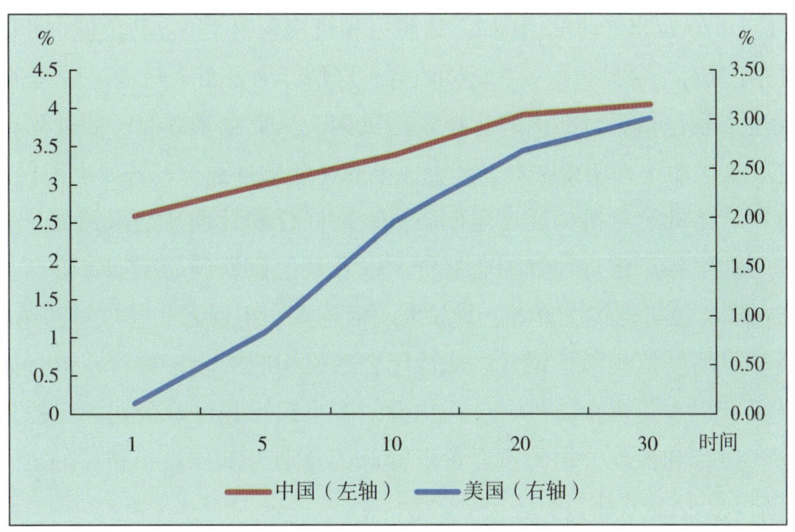

资料来源：Haver Analytics.

图1.15　中美收益率曲线（截至2012年1月）

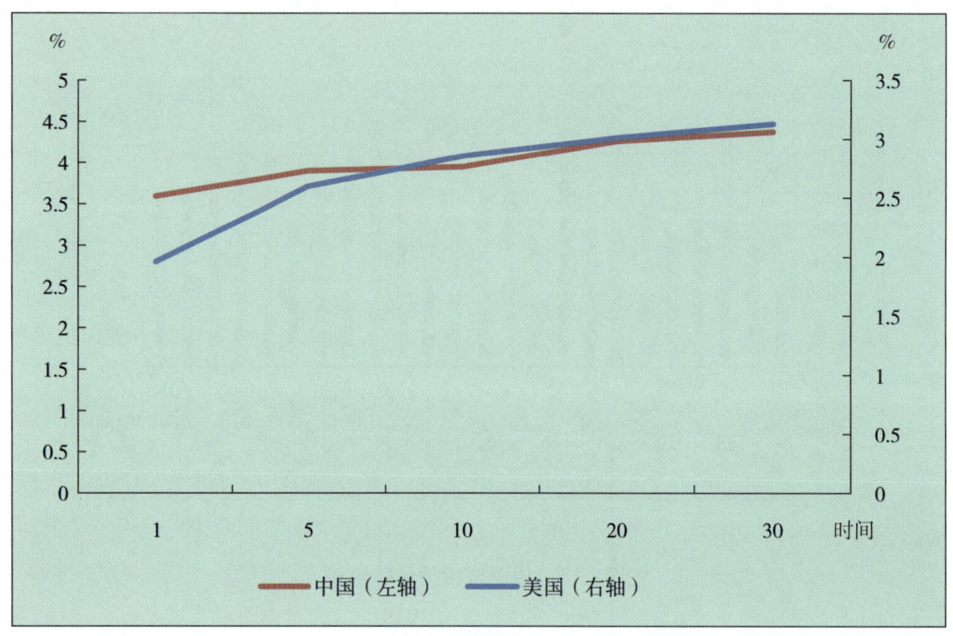

资料来源：Haver Analytics.

图1.16 中美收益率曲线（截至2018年2月）

（三）影子银行风险

中国影子银行以理财产品为代表，它给金融体系带来四个风险点：

一是以理财产品为代表的影子银行规模不断扩大，理财产品跨市场跨机构存在。理财既涉及负债，也涉及资产。从负债看，可分为非主动负债（如零售理财和机构理财）和主动负债（同业理财和杠杆资金）；从资产看，可分为债券、非标、委外、权益、泛固收等。理财产品基本上打通了所有主要金融市场和产品。

二是影子银行高度依赖包括银行在内的传统金融机构。从资金来源看，表外理财工具主要是通过发行投资产品（75万亿元人民币）来获得融资。其中一半的资金来自银行，另一半来自其他各类投资者（如保险公司）。发行理财产品的金融机构通过短期融资来加杠杆和管理其期限错配。从资金投向看，理财资金投资于各种资产，如债券、银行存款和非标资产以及其他投资产品（如保险产品）。因此，理财产品使得银行、保险公司等金融机构集投资者、贷款人、借款人、担保者和管理者的角色于一身。

三是传统金融机构也高度依赖影子银行。从传统金融机构的资金来源看，银行通过银行存款和债券投资的形式从理财产品获得大量资金。从资金运用看，中小银行和保险公司大量投资于理财产品，使得理财产品分别成为中小银行和保险公司的重要投资资产（分别为五分之一和三分之一）。通过理财产品拿到大量资金的银行加入了信贷扩张。

四是影子银行使得金融体系的风险传导渠道增多。由于理财产品主要持有非流动性的、长期资产（如公司债券和非标信贷资产），所以这些理财工具只有依赖于担保才能借款，并满足自身的短期偿付需求。结果是理财产品借助其流动性不高的抵押品，成为中国回购市场中最大的净借款人。无疑，这种担保融资模式会增加流动性风险和传导风险。

总之，上述相互依赖的格局，增大了监管当局和投资者识别交叉持股和杠杆结构的难度。而这种交叉持股和杠杆结构的理财产品在面临去杠杆治理和外部冲击时，无疑会放大金融风险。

（四）居民储蓄不能有效利用的风险

储蓄对于中国金融稳定的重要作用无论如何强调都不为过：中国过去能够实现金融稳定，得益于储蓄；将来要想确保金融稳定，更离不开储蓄。

1. 中国高储蓄支持高投资和高增长

中国国民储蓄（national saving）一直较高，并支持高投资和高经常项目盈余。例如，中国国民储蓄率从 2000 年的 37% 上升到 2007 年的 50%，并支持了占 GDP 比重达 41% 的投资和占 GDP 比重达 9% 的经常项目盈余。国际金融危机爆发后，中国国民储蓄占 GDP 的比重在 2011 年仍然高达 50%，支持了占 GDP 比重达 48% 的投资和占 GDP 比重达 2% 的经常项目盈余。2014 年，中国经济增长依赖于投资和债务融资的模式仍然没有大的变化。直到 2015~2017 年，中国投资占 GDP 的比重下降了 3 个百分点，消费占比上升了 3 个百分点。这样，最终消费占 GDP 的比重在 2017 年上升到 59%。

之所以出现上述从依赖投资向依赖消费的转换，主要是因为中国劳动力数量下降、农业转城市移民速度的下降、服务业吸纳就业能力增强、实际工资上升、劳动收入在国民收入中的占比上升。随着这种从依赖投资向依赖消费的转换，中国储蓄的规模和增速趋于下降。而且，随着中国社会保障体系和教育体系的完善，中国继续推动利润向个人的转移（如所有权和税收），清理过度债务，推动金融体系改革（增加举债能力），中国储蓄率将继续下降。

2. 居民储蓄下降的表现——存款增速下降

2017 年底，中国居民存款总额为 64 万亿元，增速从 2016 年的 9% 下降到 2017 年的 8%。从贷款看，我国居民部门债务余额达到 40 万亿元，占居民可支配收入的比重从 2007 年的不足 32% 迅速攀升至 2017 年的 81%（图 1.17）。

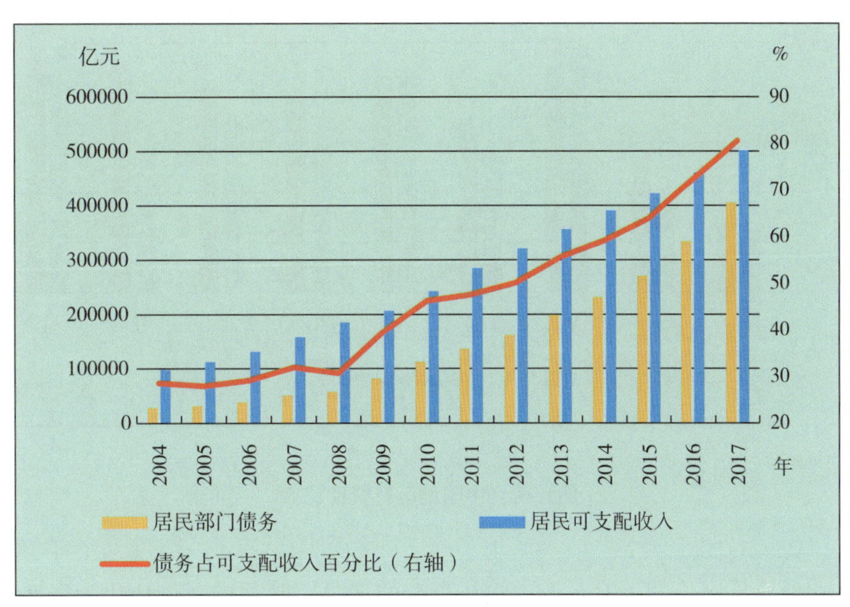

资料来源：Haver Analytics，作者估算。

图1.17　居民部门债务与居民可支配收入之比

居民存款增速下降、居民贷款增速较高在银行方面的反映，就是银行存贷比的迅速上升。2015 年 10 月，75% 存贷比规定取消后，商业银行的存贷比迅速上升（图 1.18）。一些地区，如重庆、辽宁、江苏和福建等地的银行出现了存贷比超过 75% 红线的情况（图 1.19）。银行存贷比上升在银行日常经营上的反映便是持续高位的贷款需求、银行吸储困难，整个商业银行体系的存贷款失衡加大。

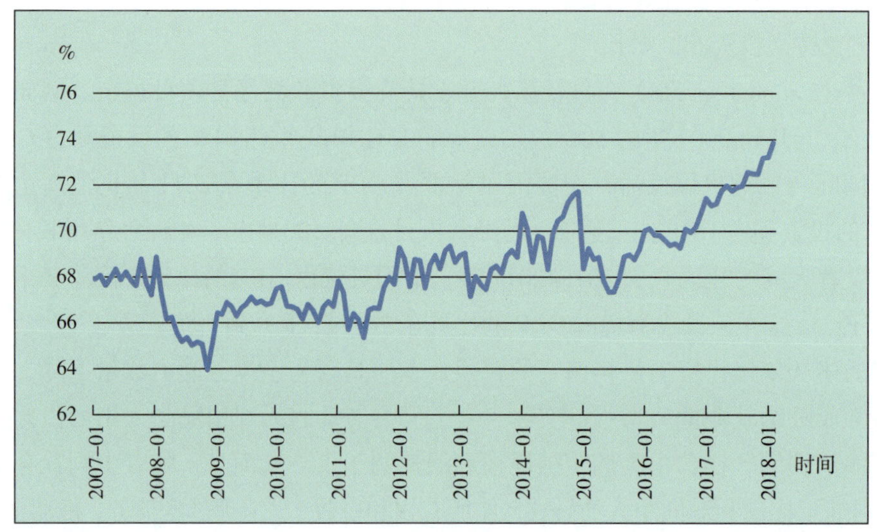

资料来源：Haver Analytics.

图 1.18　人民币存贷比

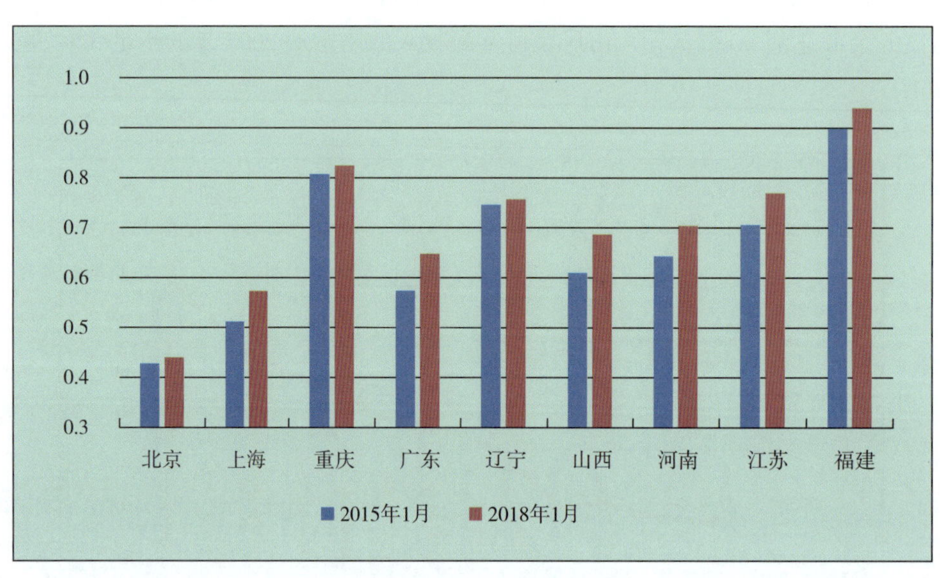

资料来源：Haver Analytics.

图1.19　中国地区存贷比比较

与存贷比上升相伴的是房价的上升：作为银行资金的来源，储蓄进一步转化为房地产有关的贷款（房企开发贷款和居民消费贷款），并推动房价上升（图 1.20）。

此外，中国国际投资头寸也在一定程度上反映了中国储蓄在国外投资的情况。中国国际投资头寸资产大于国际投资头寸负债，说明中国储蓄的净流出。而且，因为资本项目管制导致私人对外投资规模较小，所以以外汇储备为主的资产构成方式决定了中国储蓄流出方式的收益率不高。与中国相反，美国的国际投资净头寸为负，说明美国利用了大量别国的储蓄（图 1.21）。中美储蓄利用的差异，也说明美国金融市场比中国金融市场更加发达，资金可以自由进出，充分有效地利用国际储蓄。这也是中国改革和发展开放金融市场的必要性和目标所在。

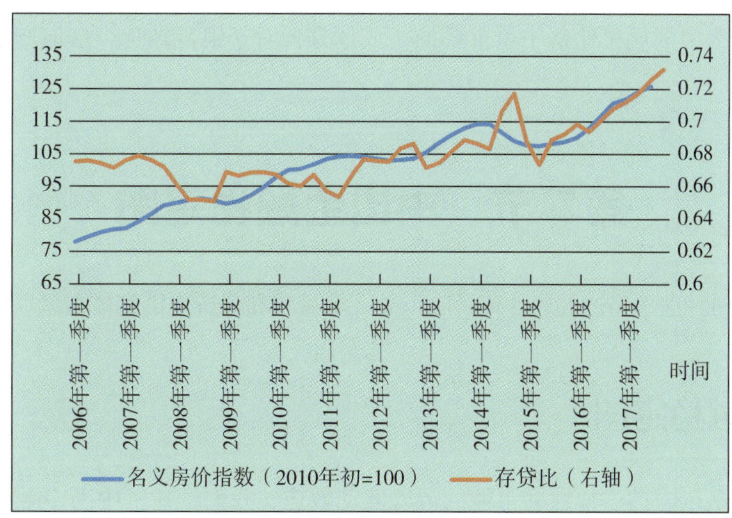

资料来源：Haver Analytics.

图1.20　中国房价与银行存贷比的关系

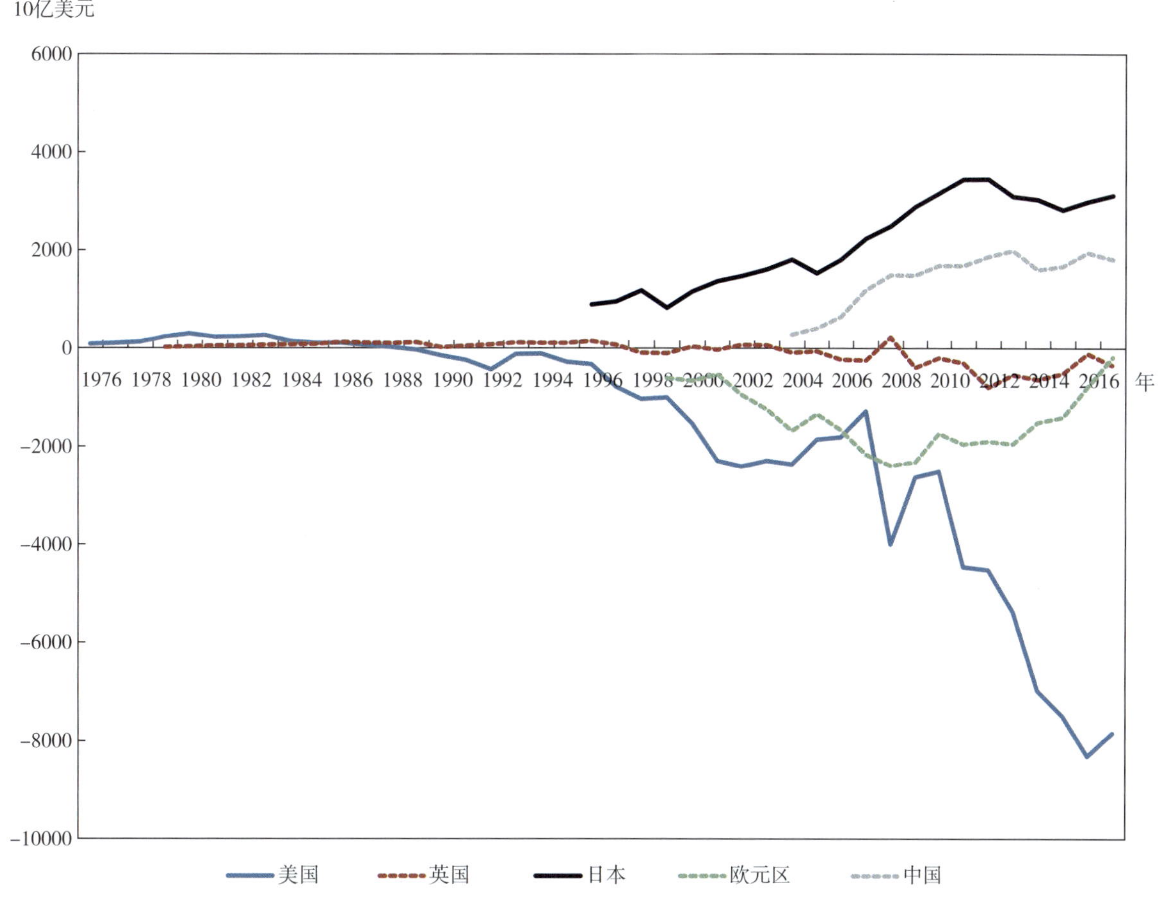

资料来源：Haver Analytics，作者计算。

图1.21　中美欧英日的国际投资净头寸规模

总之，过去十几年，我们居民储蓄率高速增长是中国经济的特色之一。这个特色使得中国经济具有超强的抗风险能力。然而，房价高涨使得居民部门不仅消耗了大量的储蓄存款，还减少了在其他投资市场的新增资金。居民储蓄存款作为中国居民储蓄中最重要的组成部分，对于银行经营、房地产市场和金融市场的稳定都至关重要。

第二节　中国金融稳定图

本节通过金融稳定图，进一步把上述各种风险汇总，来反映和分析中国整体金融风险的变化。

一、中国金融稳定图

鉴于中国所面临金融风险的多样性和可能的风险互动效应，我们构建了中国金融稳定图（China Financial Stability Map，CFSM）。关于中国金融稳定图的方法和指标，请见《中国金融风险与稳定报告（2016）》。CFSM 评估了四大类风险和两大类条件：宏观经济风险、外部传染风险、信贷风险、市场和流动性风险、货币和金融条件、风险偏好。我们把上述指标标准化为介于 0 和 10 之间的数值，0 表示低风险、紧的货币和金融条件或低风险偏好，10 表示高风险、松的货币和金融条件或高风险偏好。

根据上述方法和分析，我们把宏观经济和金融体系的四大类风险与两大类条件分为不同的时点，在结合全球背景和考虑到数据约束的同时，抓住中国的关键风险和经济金融环境，引入涵盖当前发展的前瞻性指标，描绘了中国金融稳定情况（图 1.22）。为反映 2018 年第一季度的最新政策变化及其市场影响，我们对比了 2016 年第四季度到 2018 年第一季度期间的中国金融稳定情况的变化。具体而言，在此期间，中国的宏观经济风险、信贷风险以及市场和流动性风险有所下降，风险偏好上升，但外部传染风险上升、货币和金融条件趋紧。

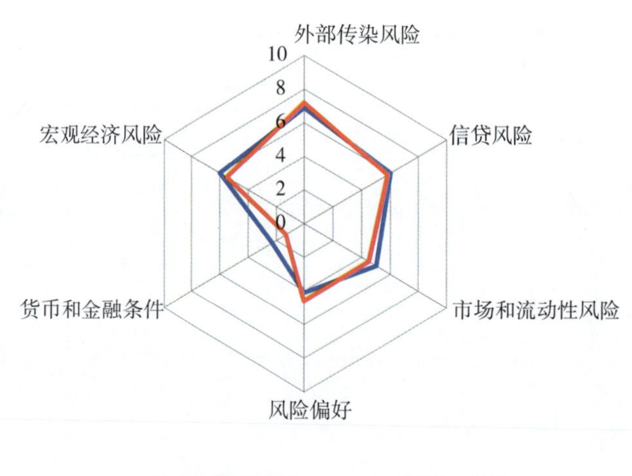

注：离中心越远，风险越大，货币金融条件越宽松，风险偏好越大。

图1.22　中国金融稳定图

二、风险细分因素分析

那么是什么因素导致了 2016 年第四季度至 2018 年第一季度上述指标的变化呢？针对各个综合指标，下面细化列举每个综合指标背后的具体风险点变化（图 1.23）。

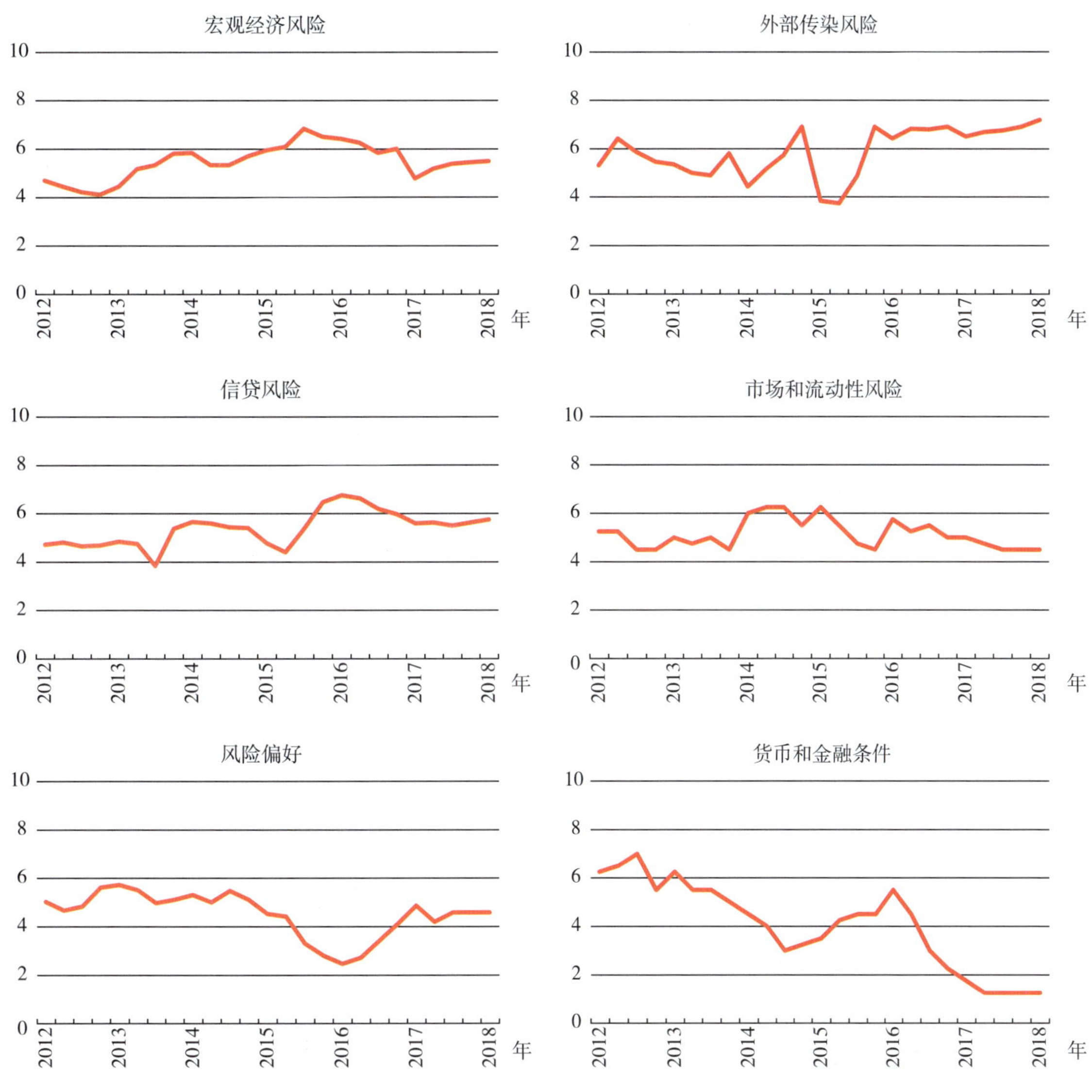

图1.23　中国金融稳定图：2012年到2018年第一季度各项综合指标的变化

（一）宏观经济风险

图 1.24 显示了 2016 年第四季度至 2018 年第一季度部分宏观经济风险子指标（变量）的变化。其中，通货膨胀率较低，工业生产平稳增长，投资稳定，进出口贸易扭转了此前连续两年下降的局面。这些因素共同导致宏观经济风险有所下降。但是，信贷增速回落较快并偏离趋势值，增加了宏观经济风险，但其负面影响小于前述因子的正面影响。

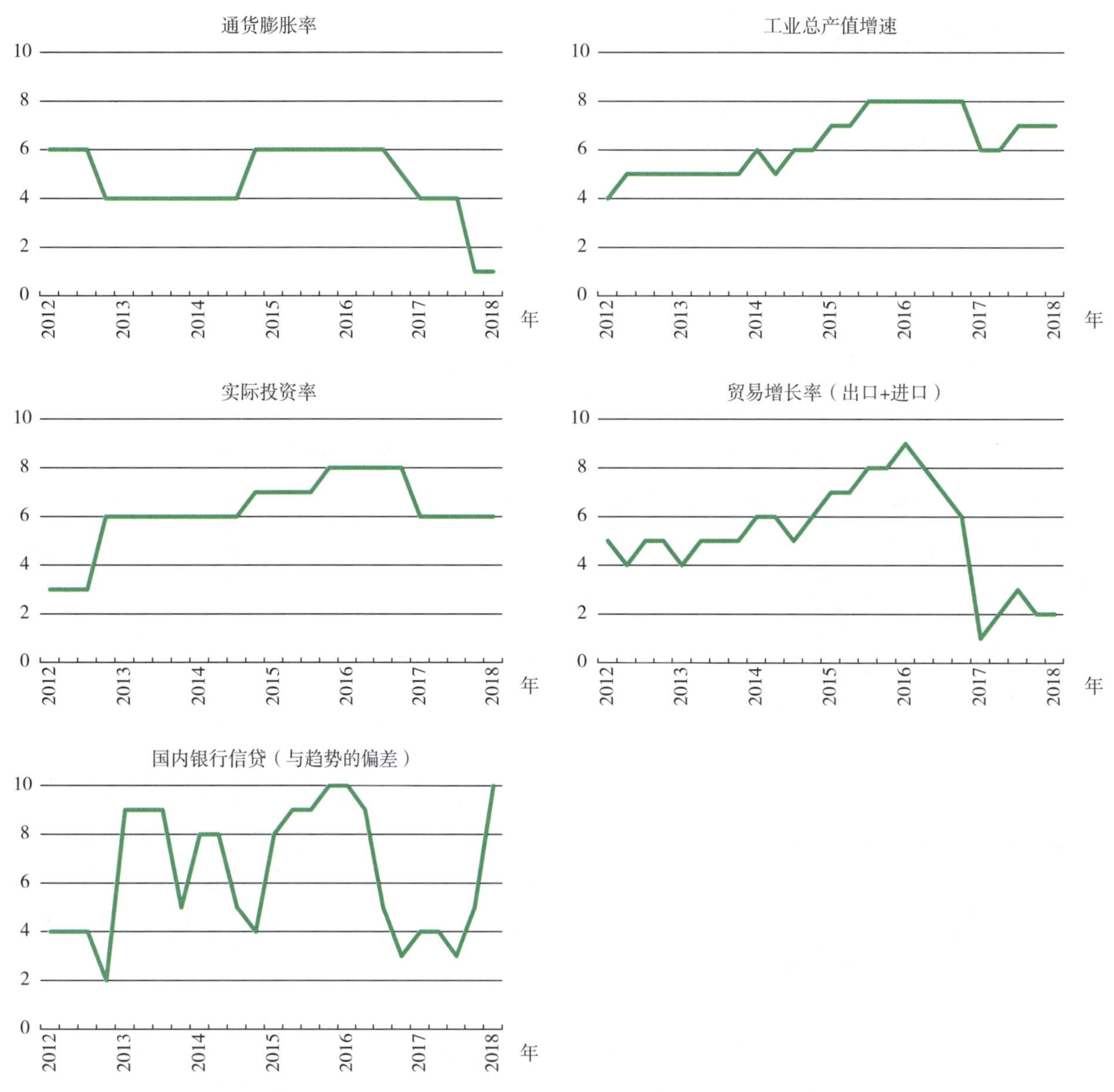

图1.24　中国金融稳定图：2012年到2018年第一季度部分宏观经济风险子指标（变量）的变化

（二）外部传染风险

图 1.25 显示了 2016 年第四季度至 2018 年第一季度部分外部传染风险子指标（变量）的变化。从经济增长看，英国是七国集团（G7）中表现最弱的经济体——退欧公投导致英国的投资低迷，贸易表现平平，英镑贬值，通胀上升，经济前景不确定性加大。特朗普特立独行的性格及其推动的“美国优先”政策，使贸易保护主义风险上升，全球化进程受阻，带来全球金融市场震荡。日本的经济复苏迹象在过去一年不断加强，一方面出口在强劲外需驱动下得以进入上升轨道，另一方面国内的商业投资和公司利润也在持续上升。最后，中国银行业的外国资产占比有所下降，一定程度上缓解了外部风险向国内的传染程度。总体来看，外部传染风险有所上升。

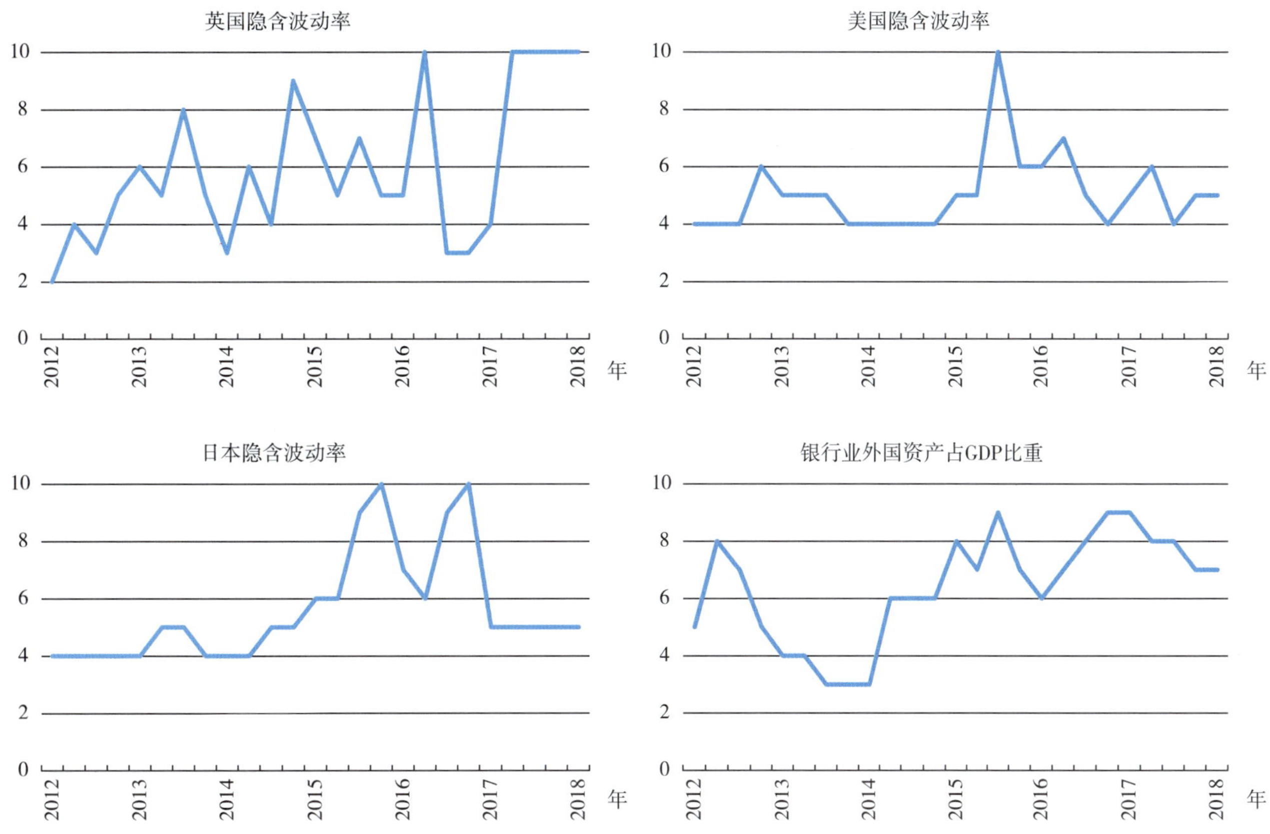

图1.25　中国金融稳定图：2012年到2018年第一季度部分外部传染风险子指标（变量）的变化

（三）信贷风险

图 1.26 显示了 2016 年第四季度至 2018 年第一季度部分信贷风险子指标（变量）的变化。一方面，信贷增速回落，银行去杠杆初见成效；企业资金回报率上升提升了偿债能力；股市收益上升，提升了居民财富效应，有利于缓解居民偿债压力。另一方面，银行盈利能力有所下降；尽管银行不良贷款率较 2016 年有所下降，但仍处于较高水平，这在一定程度上增加了信贷风险。总体来看，信贷风险有所下降。

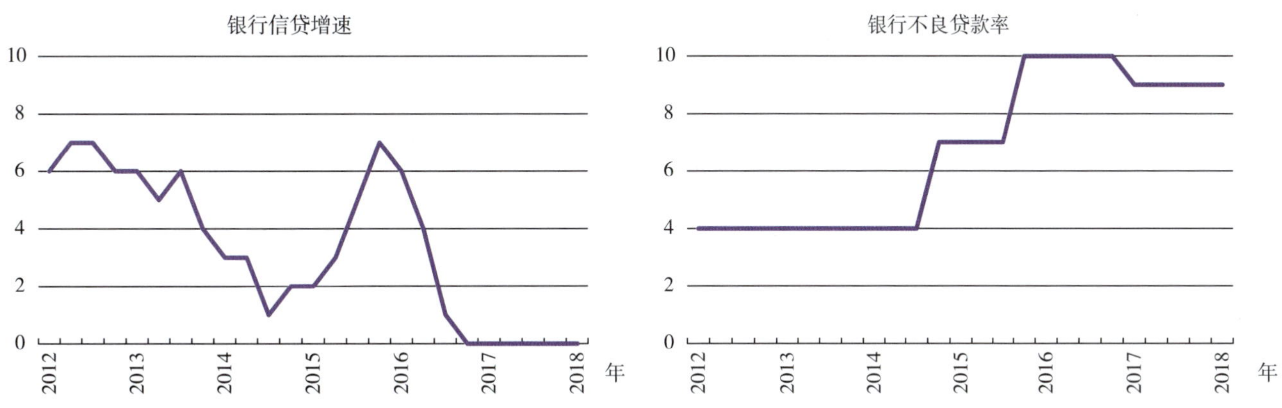

图1.26　中国金融稳定图：2012年到2018年第一季度部分信贷风险子指标（变量）的变化

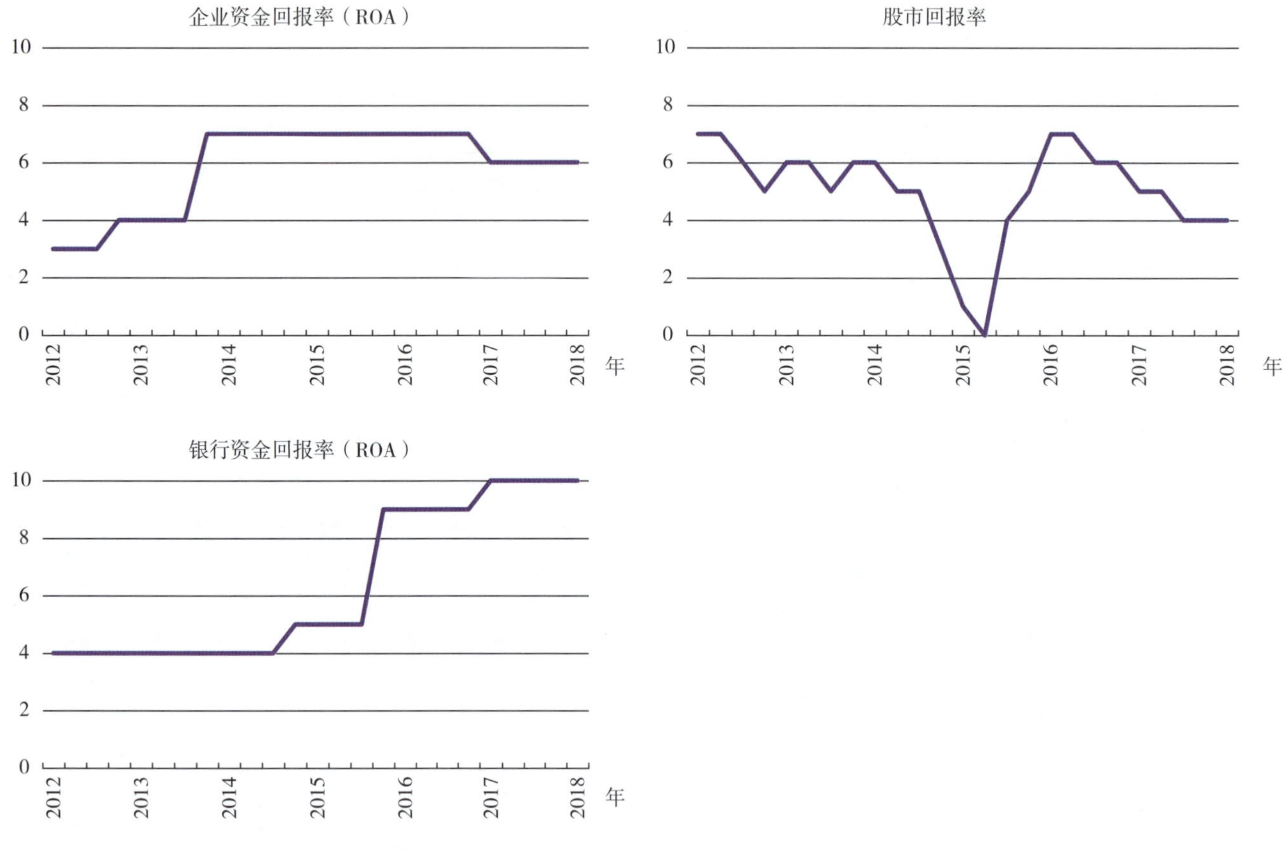

图1.26　中国金融稳定图：2012年到2018年第一季度部分信贷风险子指标（变量）的变化（续）

（四）市场和流动性风险

图 1.27 显示了 2016 年第四季度至 2018 年第一季度部分市场和流动性风险子指标（变量）的变化。一方面，TED 利差趋小，表明市场资金供给趋松，即流动性风险有所下降；居民部门存贷比相较过去一年略有下降。另一方面，股市换手率的回升从一个侧面反映了市场流动性风险的上升，银行业外债总额上升加大了市场和流动性风险。总体来看，市场和流动性风险有所下降。

注：TED利差，全称Treasury & Euro Dollar Spread，是伦敦银行间同业拆借美元利率与美国国债短期利率之差，通常被用作衡量国际金融市场上市场利率与无风险利率之间的差距。在通常情况下，当国际金融市场投资者避险情绪上升时，对于市场借贷活动往往要求更高的回报，从而使市场资金供给趋于紧张，造成TED利差扩大，即利差越大，市场资金流动性状况越紧张。

图1.27　中国金融稳定图：2012年到2018年第一季度部分市场和流动性风险子指标（变量）的变化

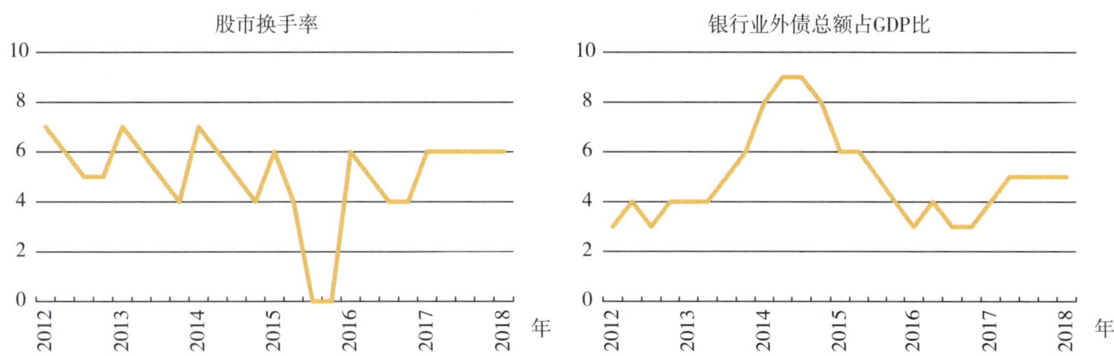

图1.27　中国金融稳定图：2012年到2018年第一季度部分市场和流动性风险子指标（变量）的变化（续）

（五）风险偏好

图 1.28 显示了 2016 年第四季度至 2018 年第一季度部分风险偏好子指标（变量）的变化。总体来看，过去一年风险偏好上升。一方面，随着 2017 年国际三大评级公司对中国主权评级的下调，主权信用违约互换上升，风险偏好下降。另一方面，股市收益率波动上升反映了风险偏好上升；证券投资总体呈现净流入，扭转了前一年净流出的势头；人民币汇率波幅缩小且有所升值，稳定了风险偏好。总体来看，风险偏好有所上升。

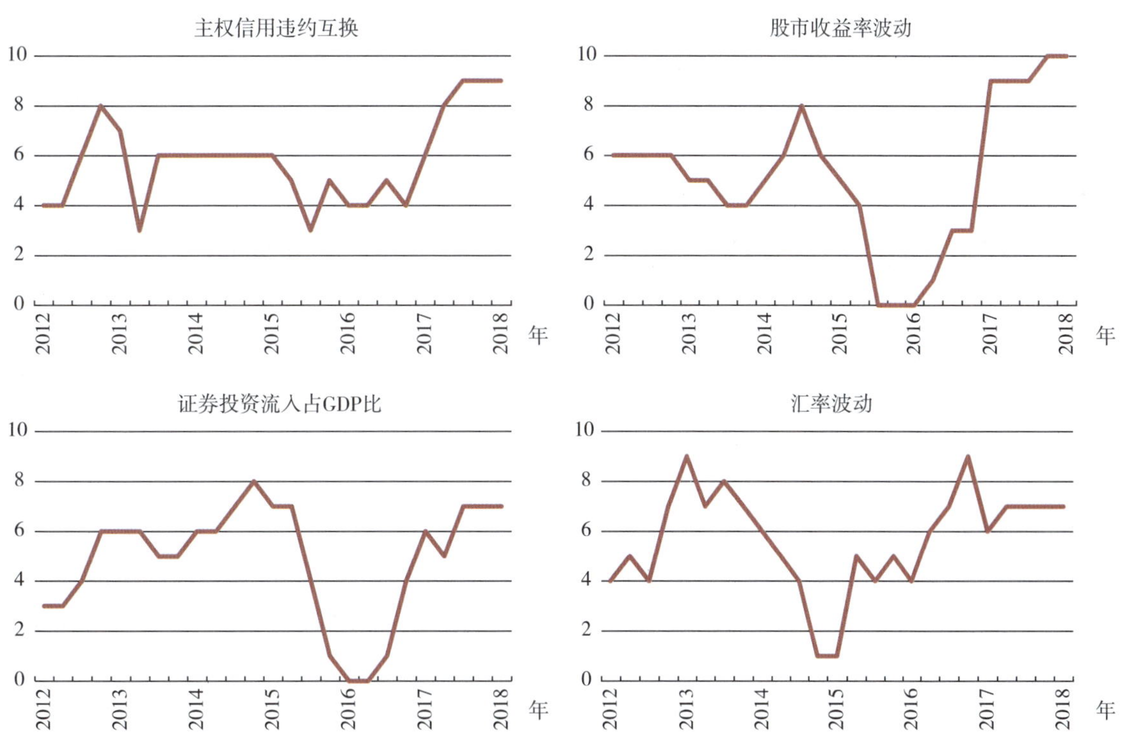

图1.28　中国金融稳定图：2012年到2018年第一季度部分风险偏好子指标（变量）的变化

（六）货币和金融条件

图 1.29 显示了 2016 年第四季度至 2018 年第一季度部分货币和金融条件子指标（变量）的变化。实际利率转降为升、货币供应量增速的下降等，都会导致货币和金融条件趋紧。

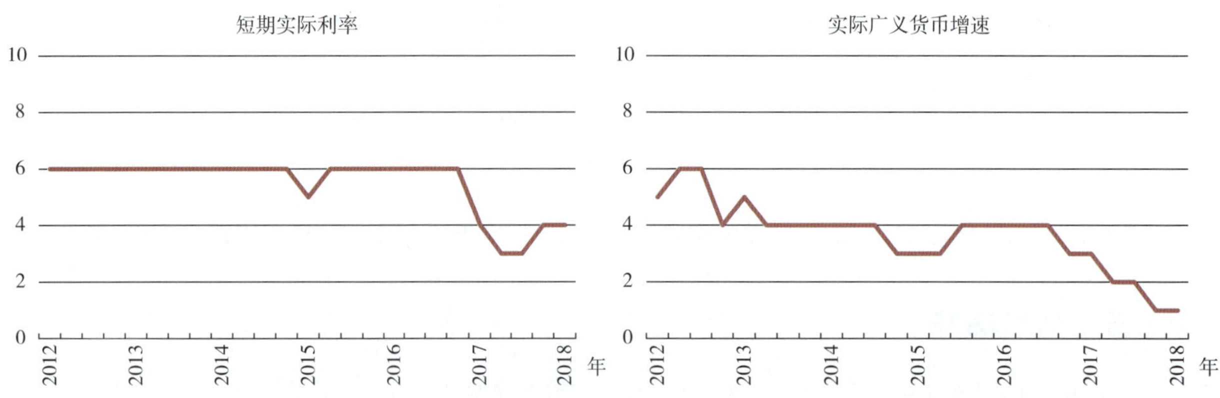

图1.29　中国金融稳定图：2012年到2018年第一季度部分货币和金融条件子指标（变量）的变化

第三节　中国金融稳定政策组合思考

应对国际和国内金融风险，制定相应的金融稳定政策组合，不仅需要从宏观经济政策、金融体系创新角度，而且要从经济结构和市场化改革角度，尤其要发挥技术进步作用的角度，控制短期的流动性风险和中期的存量风险，并逐渐解决蕴藏于经济金融体系中的根本问题。

一、2017年以来采取的最主要金融稳定政策——强监管

（一）主要内容

严监管、防风险是 2017 年全年金融稳定政策的主线。2017 年，金融监管当局采取了一系列系统性风险管理（宏观审慎）、微观审慎监管和穿透式监管措施。

1. 从监管机构看，除国家层面外，人民银行、银监会、证监会、保监会、财政部、中证协、国资委、上交所、深交所等监管机构和行业协会先后颁布或出台了 100 多项政策措施。尤其是在 2017 年 7 月 14~15 日的全国金融工作会议上，设立国务院金融稳定发展委员会，避免出现监管竞争、降低监管效率，进而加强对于金融市场系统性风险的把握。

2. 从监管措施类型看，最有代表性的监管措施可以分为三类：

从表内看，人民银行和银监会加强了对复杂金融产品的规制；银监会进一步加强了对不良贷款的审查，并对《商业银行流动性风险管理办法》进行了修订；证监会完善了自身的系统性风险监测机制；保监会对中小保险机构的金融产品进行了管控。

从表外看，人民银行和银监会等部门加强了对理财产品的监管，并已经出台了《关于规范金融机构

资产管理业务的指导意见》，旨在消除多次嵌套，提出表外理财也要计提风险资本等要求。

从对金融科技企业和非持牌金融机构的管理看，监管当局强化牌照管理；要求表外并表管理，限制杠杆率；采用类银行模式，强化资本金管理和风险承担能力；加强对金融基础设施的掌控；等等。

（二）政策逻辑

中国金融监管当局对金融企业的监管力度如此之大、政策出台如此密集，与中国目前面临的金融风险类型、金融监管机构面临的挑战密切相关：

一是中国金融体系尤其是银行体系规模庞大且增长极快。中国金融体系的资产规模占 GDP 的比重从 2011 年的 263% 上升到 2017 年的 467%。其中，中国银行体系的资产规模占 GDP 的比重从 2011 年的 200% 上升到 2017 年的 310%。与金融体系资产规模大相对应，非金融企业负债规模大、杠杆率高。

二是中国金融体系日益复杂。居民高储蓄及其有限的投资渠道形成了对金融投资产品的巨大需求，而监管当局对银行的强监管又促使大量资管机构和投资公司大量出现，许多金融产品相互嵌套。这种复杂的金融体系促使监管当局加强穿透式监管。

三是部分金融体系没有被纳入监管框架，存在监管空白。在现有分业监管的框架下，许多资管机构和投资公司及其提供的产品没有被纳入现有的监管框架，一些公司或产品可能处于“三不管”的模糊状态。例如，由银行和保险公司发行的投资类产品并未有效受证监会直接监管；继续提供贷款的压力导致高风险信贷不但没有减少，反而找到新的出口。银监会关于银行非标信贷资产占理财产品的比例的规定，刺激了许多非银行金融机构开发新型工具，包括信托受益权凭证和资产管理计划。这些市场变化促使监管当局加强微观审慎监管，尤其是借助传统的监管方法把没有纳入监管的公司或产品纳入资本金或杠杆管理体系，如基金资管资金向银行体系回流（图 1.30）。

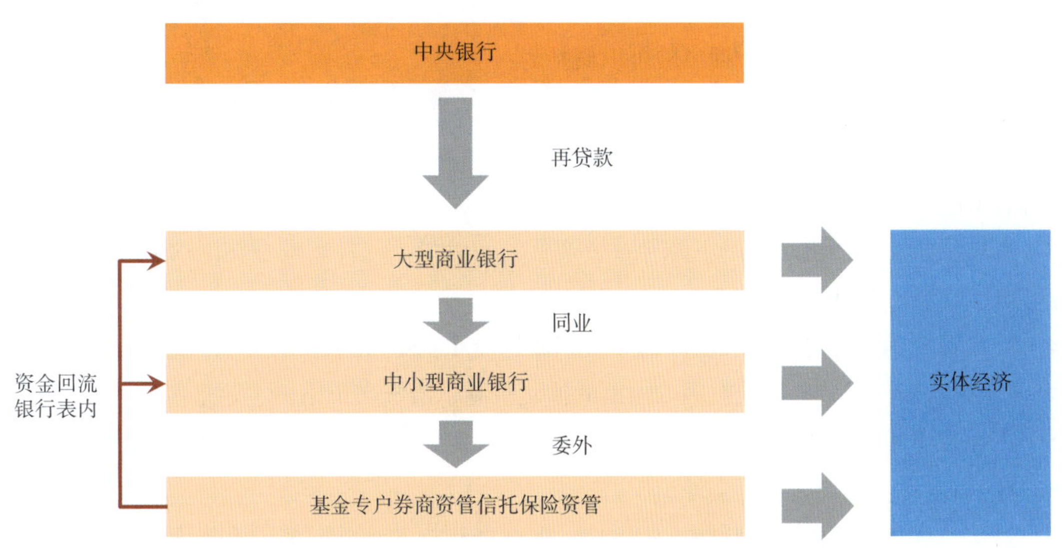

资料来源：作者整理。

图1.30　监管当局促使沉淀在影子银行体系内的资金回流银行和实体经济

因此，上述金融体系的三大风险和监管挑战便形成了如下金融监管的逻辑：监管当局通过宏观审慎（系统性风险）政策框架来管控规模大、高关联度和高杠杆；通过穿透式监管来管控嵌套和传染；通过微观审慎监管来管控原来没有被纳入监管视野的新型机构或产品。而且，监管当局对自身也加强问责，从而在中国金融体系内外形成了一个趋严的监管环境。

（三）警惕短期金融风险

2018 年，中国企业偿债压力较大，加上金融体系增大的复杂程度，因此，中国需要避免在强监管过程中可能出现的四个风险：

- 防止监管收紧过快导致期限较短的融资链条中的某个环节断裂。尤其是中小银行的流动性不足和企业倒闭增加（以及企业抵押品价值下降），会导致市场上的流动性趋紧甚至钱荒。
- 防止打破刚性兑付导致的投资者信心下降。资管新规的实施会导致理财投资产品的供给和需求下降，从而可能引发信用紧缩；部分金融产品（如理财产品）的市场价格下跌导致金融机构承担损失。打破刚性兑付可能导致投资者重估金融体系风险，导致短期融资成本越来越高甚至难以获得。
- 防止房地产调整带来的连锁反应。对房地产调控政策如果导致（一线）房价下跌，会导致提供房贷较多的银行的损失上升。此外，房价下跌也会降低企业所赖以贷款的土地价格的下降，并压低房地产投资。
- 防止企业无序去杠杆（如通过出售资产来恐慌性偿债）导致投资者的信心下降。银行信贷收缩会加剧地方政府融资平台的偿债困难，出现企业倒闭，压低风险偏好和投资，传导为银行信贷、理财、证券和其他债务产品损失，在整个金融体系引发连锁反应。如果地方政府不介入救助，则市场会对地方政府救助能力甚至中央政府支持能力表示怀疑。而打破刚兑带来的冲击可能在短期内降低投资者信心，导致资本外流。

（四）警惕中期金融风险

当前，中国金融稳定面临的中期风险可以概括为：

（1）经济金融失衡仍存，资本回报率下降，全要素生产率（TFP）下降；

（2）在高储蓄率和银行主导的间接融资模式下，货币发行规模大，信贷迅速扩张，影子银行扩张快，债务总规模仍在攀升；

（3）资本回报率和经济增长率下降导致资产荒，而大量（杠杆）资金在国内追逐有限的资产，推动以房地产为代表的资产价格继续上涨；

（4）大量资金为寻求更稳定和更高的收益率而外流（资本外逃和海外资产配置），外汇储备下降，人民币贬值压力重新出现，并形成对国内储蓄的抽血机制，给资产价格（主要是房价）带来下跌压力；

（5）正在发生重大变化的国际环境——如美联储加息、美国政府减税和反全球化——带来的套利交易终止和避险需求增大，会增加资金外流压力；

（6）经济金融体系的内外关联度不断增加，去杠杆和打破刚兑增多风险传染源，防控系统性风险的压力增大。

总之，针对上述风险，中国加强金融监管和稳定政策是必要的。但是，从中期看，由于金融业是全球竞争的制高点，任何一个大国和强国都不会放弃这个制高点。所以，笔者认为中美金融竞争和金融周期决定了中国金融监管当局不应过长实施过于严格的金融监管政策。

二、金融稳定政策组合思考

维护中国金融稳定，需要一套综合考虑风险、结构和外部宏观环境的政策组合。维护金融稳定绝不是某家监管机构的事情，而是整个国家决策体系必须要统筹思考的事情，需要结合国内外的经济金融情况思考和设计。在此方面，20 世纪 80 年代的美国储贷危机可以为我们提供一些启示。

（一）20世纪80年代的美国储贷危机

1982年8月，墨西哥对美国债务违约，并导致美国的银行出现大量信贷损失，即史上有名的“储贷危机”。当时，市场上非常担心美国经济会因此走向萧条，股市大跌。但最后美国成功避免了萧条，其结果是：随着美联储增加货币供给，美国经济以一种无通货膨胀的方式复苏，股市开始了一轮大牛市。美国应对储贷危机的政策方案是：随着资金撤出墨西哥，回流美国，美国政府允许美元升值，从而给美国带来一定通货紧缩的压力，这样使得美联储可以在不加剧通胀的情况下降息，从而刺激经济和降低偿债成本。与此同时，美联储给美国的银行提供现金支持，债权人对墨西哥等国的债务进行了重组，使得债务国能够以举借新债的方式履行还债义务。

（二）中国的金融稳定政策组合

中国当前需要采取的金融稳定政策组合，主要目的应是降低偿债成本（针对不违约的企业），管控打破刚性兑付后和违约增加带来的传染风险（针对违约的企业）。

因此，笔者认为中国金融稳定政策的逻辑应该是：在偿债压力较大时，维持较低实际利率以降低偿债成本和维持一定的经济增长；而为维持较低实际利率，需要保持较低的通货膨胀率，而为维持较低的通货膨胀率，需要争取本币不贬值。与此同时，当局应向银行体系注资并提供足够的流动性。具体来说，2018 年，中国可以采取的政策组合（图 1.31）为：

- 保持较低的实际利率以降低偿债成本，因此需要降低利率或至少维持利率于较低水平；与此同时，通过降低存款准备金率来稳定金融市场较充足的流动性。
- 低利率需要低通货膨胀率，至少是商品通货膨胀率要低。
- 为控制输入型通货膨胀，需要避免人民币贬值，从而降低进口价格，避免出现输入型通货膨胀；继续维持，以避免资金外流带来的人民币贬值。
- 为控制国内通货膨胀，从供给端提高技术水平和提高劳动生产率，加速折旧，以降低市场产品的价格，控制工资上涨。
- 尽早认可真实不良资产，并以财政注资和市场注资相结合的方式化解银行体系的存量信用风险。
- 加强对关联度和嵌套程度较大的金融机构或集团的风险监管，打破刚性兑付，如取消对理财产品的担保。
- 要求那些有隐性担保的表外业务有充足的资本金和流动性准备，监督和防控在取消隐性担保后可能出现的金融传染风险。
- 推进降低道德风险和隐性担保的市场化结构改革。
- 继续发展国内金融市场，给国内储蓄提供较好的投资渠道；并引导国内民间对外投资，提高中国储蓄在国外的投资收益率。

- 逐步恢复实体和非实体经济的均衡条件，降低地产和金融的收益率。
- 以技术进步提升TFP，以重塑效率来对冲由金融扩张推动的金融风险积聚和攀升。

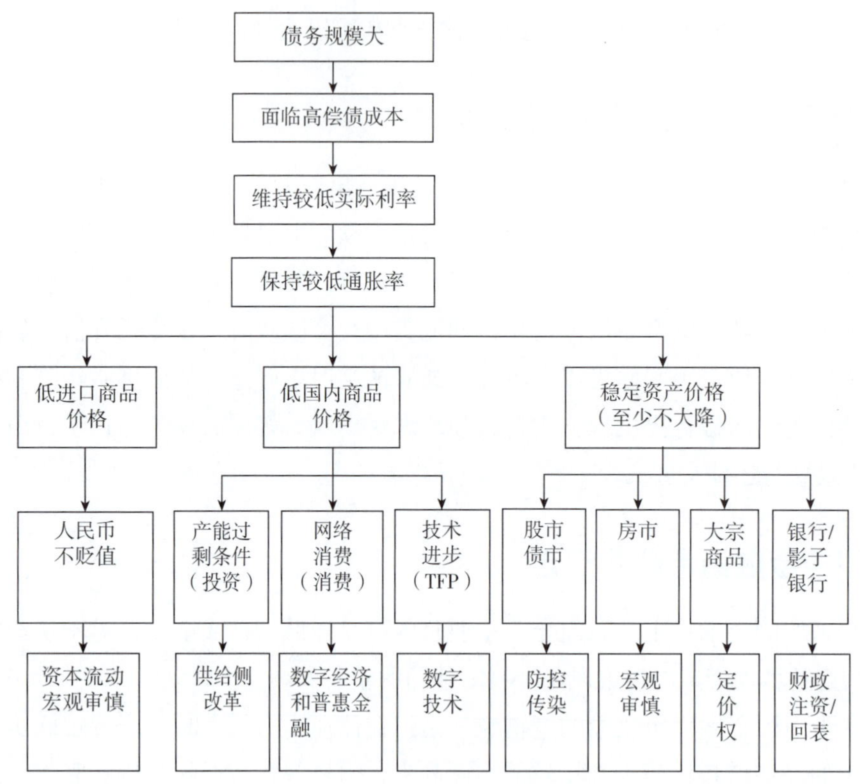

资料来源：作者整理。

图1.31　中国金融稳定政策组合

（三）维护金融稳定的两个关键点

1. 稳定储蓄、用好储蓄和防止储蓄无序外流

首先，储蓄有助于避免过度举债。在国民经济账户中，国民储蓄是一国的产出扣除当期消费后的剩余。这种剩余是为了满足未来的消费。因此，国民储蓄 S 等于产出（Y）减去家庭的当期消费（C），再减去政府的当期消费（G），即 $S=Y-C-G$。在资金流量表中，储蓄体现为政府、居民和企业持有的银行存款、股票、债券等。金融市场越发达，储蓄的金融工具表现形式越多。储蓄决定投资，但高储蓄不一定意味着高投资（如亚洲金融危机后的东南亚国家），低储蓄也不一定意味着低投资（如 2010 年美国投资率比储蓄率高 10 个百分点），但高储蓄是持续高投资的重要保障（如中国）。储蓄充足的最积极作用是有助于各方避免过度举债：

- 储蓄多有助于少举债。低储蓄必然产生举债需求。
- 储蓄多有助于少借外债。如果居民、企业和国家分别有大量储蓄，则它们举债（尤其是外债）的必要性就大大降低。而且，即使某个部门（如政府）因低储蓄而需要举债，但只要其他部门（如居民）有储蓄盈余，则这个国家从整体上就无须（或很少）对外举债。
- 储蓄多有助于少借短期债务。长期稳定的储蓄可以为银行提供有效的长期流动性支持，银行便可增加长期投资，降低流动性风险。

- 储蓄多有助于少借批发债务。比较充实的个人储蓄可以为银行提供流动性支持，银行寻求大额批发融资的压力就大为减轻。
- 储蓄多有助于应对隐性负债的突然冲击。在隐性负债转化为显性负债时，如果一国有充足的国民储蓄，就可以对内发债，减少与外债相关的利率和汇率风险。

其次，用好储蓄是维护中国金融稳定的关键，具体表现在：

- 储蓄在过去对维持中国金融稳定发挥了巨大作用。汇金公司注资金融机构、财政部发债核销银行不良资产、通过高存贷利差实现的居民对企业和银行的补贴、2008年国际金融危机期间推出的财政金融刺激政策，本质上靠的都是储蓄。
- 中国有借助储蓄争取国家利益的现实实力。中国外汇储备的动向直接关系到美欧国债融资规模和利率。国际投资者对中国外汇储备是否投资于美国国债的关注，说明中国外汇储备的吸引力，也说明中国储蓄在国际舞台上的重要作用。
- 以金融市场发展和开放提高储蓄收益。鉴于目前中国外汇储备收益率较低，中国需要逐渐开放民间对外投资，争取在人口老龄化加剧、贸易收支转为逆差之后，能够通过投资收益顺差来平衡经常项目收支（如同日本）。而为避免民间对外投资形成单边的资本流出，中国要在资本项目全面开放之前加快发展国内金融市场，以稳定国内储蓄和吸引外国投资。

最后，充足的储蓄将是中国维护金融稳定、促进经济发展和争取国家利益的基石。作为全球最大的储蓄拥有国和外汇储备国，如果中国能从战略高度合理运用储蓄、珍惜储蓄，则可以为中国国家利益和改革开放赢得空间。保护好自己的储蓄是为了中国有足够多的、可持续的与别国讨价还价的砝码；利用好储蓄是为了对外争取国家利益，对内提高资金使用效率和发展金融市场；吸引储蓄是为了中国资本项目最终开放后，不仅能够留住国内储蓄，而且能够吸引国外储蓄。

2. 长期依靠技术进步以实现金融稳定

所有的金融危机本质上都与劳动生产率下降有关。例如，克鲁格曼和杨从全要素生产率角度探讨了亚洲金融危机的根源；2008 年国际金融危机引发了有关美国劳动生产率下降的“戈登假说”。从一定意义上说，提高劳动生产率是防范金融风险和规避金融危机的长期根本办法。

而当前正在进行的数字技术进步，正是这类根本办法之一，并已深刻影响着经济金融的运行方式和风险管控方式。技术提高劳动生产率，每个人可以寻找更为灵活的工作方式，减少社会歧视，消费者可以以更低的价格享受更多的产品和服务，企业可以用新技术来完善资本配置，减少信息壁垒，促进合作和创新，互联网平台帮助企业做大了市场规模，尤其是中小企业。总之，技术进步不但可以通过提高劳动生产率来从本质上支持中国金融稳定，而且可以通过提升风险管制水平来直接维护金融稳定，数字技术支持金融稳定的能力具体体现在以下方面：

- 从劳动力看，在老龄化背景下，数字技术降低了日常生活成本，不但提升工作灵活度和消费者剩余，而且有利于增加工作小时，潜在增加劳动力供给。
- 从资本看，数字技术进步可以帮助资本向长尾人群的覆盖，提高普惠和资本使用效率。
- 从人力资本看，数字技术进步增加社会信任，促进经济增长。

- 从生产率看，数字技术推动工作机会结构性升级，有助于提高效率。
- 从通货膨胀率看，数字技术进步有助于控制工资上涨，或者直接降低商品价格，或者通过提高商品质量的方式来间接降低商品价格。
- 从风险看，数字技术进步有助于通过大数据，增强算法，识别和化解风险。
- 从宏观政策看，数字技术有助于保持较低的网络消费价格，进而有利于控制通货膨胀、维持低利率和低偿债成本。
- 从监管政策看，技术可以提升触达能力，建立高效的监管科技体系。

参考文献

[1] FSB, Global Shadow Banking Monitoring Report 2017 [R]. 5 March 2018.

[2] World Economic Forum, Balancing Financial Stability, Innovation, and Economic Growth [R]. June 2017.

[3] IMF, World Economic Outlook [R]. April, 2018.

[4] IMF, Global Financial Stability Report [R]. April, 2018.

[5] IIF, Quarterly Global Debt Monitor [R]. May, 2018.

[6] Financial Times, Emerging markets under pressure as debt mounts [EB/OL]. https://www.ft.com/content/c6df7af2-1c9f-11e8-956a-43db76e69936.

第二章　资管新规与打破刚兑

■ 巴曙松[1]

2018 年 4 月 28 日，中国人民银行、中国银行保险监督管理委员会、中国证券监督管理委员会和国家外汇管理局联合发布了《关于规范金融机构资产管理业务的指导意见》，即业界通常所称的“资管新规”。资管新规中明确指出，不允许资产管理产品进行刚性兑付，其中不仅明确规定了“资产管理业务是金融机构的表外业务，金融机构开展资产管理业务不得承诺保本保收益；出现兑付困难时，金融机构不得以任何形式垫资兑付；金融机构不得在表内开展资产管理业务”，同时，还针对被认定有刚性兑付行为的金融机构提出了惩处措施。

从特定意义上说，打破刚兑是理解中国资产管理行业发展与转型的一个关键。可以肯定，打破刚兑也必然会对中国资产管理行业现有格局产生重大而显著的影响。

第一节　中国资产管理行业“刚性兑付”格局的形成：起源与演变

一、“刚性兑付”是中国资产管理行业在特定发展阶段下不同市场行为主体互相博弈，最终逐步形成路径依赖的结果

所谓“刚性兑付”，通常指的是一款资产管理产品，不论其实际的投资业绩如何、底层资产实际的表现如何，发行该款理财产品或者资产管理产品的金融机构均会实际上兑付给产品的投资人本金，以及承诺的或者隐性承诺的收益水平的收益。

① 巴曙松，中国银行业协会首席经济学家，香港交易所首席中国经济学家，北京大学汇丰商学院金融学教授。申万宏源证券资产管理事业部高级投资经理杨倞参与了本章的讨论与起草。

资管新规中，对刚性兑付行为的认定标准为：

（1）资产管理产品的发行人或者管理人违反真实公允确定净值原则，对产品进行保本保收益。

（2）采用滚动发行等方式，使得资产管理产品的本金、收益、风险在不同投资者之间发生转移，实现产品保本保收益。

（3）资产管理产品不能如期兑付或者兑付困难时，发行或者管理该产品的金融机构自行筹集资金偿付或者委托其他机构代为偿付。

（4）金融管理部门认定的其他情形。

在中国市场上，并非所有的资产管理产品都具有刚性兑付特征。相反，并不具备刚性兑付特征的公募基金等类型的产品，较之具有刚性兑付特征的资产管理产品更早面世。但是，伴随着中国资产管理行业在特定阶段的发展，中国具有刚性兑付特征的资产管理产品规模迅速扩张，其增长速度和规模在特定的阶段远超过不具备刚性兑付特征的资产管理产品。

资产管理产品“刚性兑付”在中国并不具备相应的法律基础，其诞生与发展壮大是中国资产管理行业在特定阶段的发展过程中，监管部门、资管机构、投资者之间相互博弈、最终逐步形成路径依赖的结果。

第一，早期个别案例的处置中具有隐性刚兑要求，由此逐步形成了路径依赖。如 2004 年某信托计划失败后，为了维护市场稳定，当时相关主管部门就提出该信托产品到期时，信托公司应保证兑付投资者资金。之后也在处置其他类似案例时强调了类似精神，如某主管部门 2008 年发布的关于加强信托公司房地产、证券业务监管有关问题的通知中，将信托项目按期兑付作为监管评价的一项非常重要的指标。这就慢慢导致一些资产管理机构有意无意地逐步将刚兑视为事实上的行业潜在规则，也可能在客观上会导致部分投资者认为一些资产管理产品具有刚性兑付的错误潜在认知。

第二，从资产管理机构视角看，一方面，资产管理机构在维护牌照价值和自身声誉需求的影响下，部分资产管理机构在个别金融产品收益率达不到预期或者出现投资亏损时，可能会权衡利弊，最终还是进行刚性兑付，选择以自有资金或其他方式兜底垫付。另一方面，在投资者逐渐习惯于具有刚性兑付特征的资产管理产品、处于竞争关系的同业金融机构也选择发行具有刚性兑付特征的资产管理产品以追求市场份额的大环境下，多数资产管理机构会将发行具有刚性兑付特征的资产管理产品以追求或稳固自身的业务规模作为一个更为现实的战略选择。

第三，中国居民的低风险偏好决定了刚性兑付类产品在中国具有非常广阔的市场。据2016年发布的《中国家庭金融资产配置风险报告》显示，46.20% 的家庭选择配置无风险资产、27.70% 的家庭选择配置很低风险资产（图 2.1）。这意味着，中国多数居民在进行资产配置的时候，对于风险规避的需求很强。

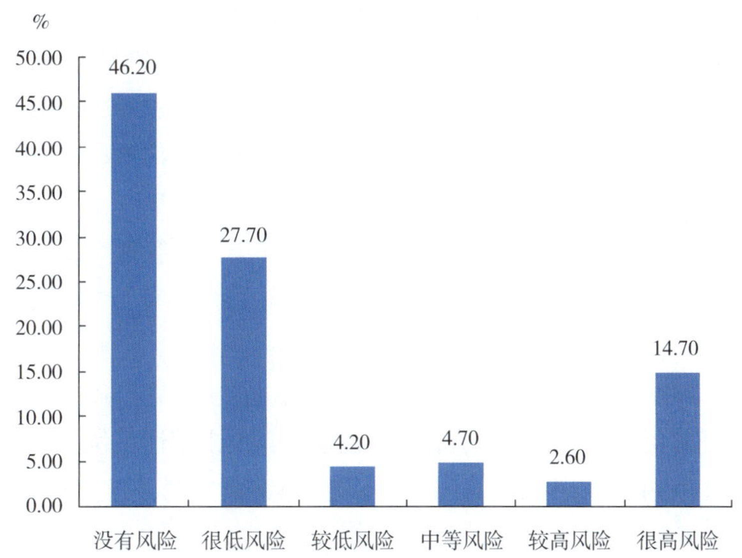

资料来源：《中国家庭金融资产配置风险报告（2016）》，作者整理。

图2.1　中国家庭金融资产组合风险的分布

二、中国现存刚性兑付特征的资产管理产品现状评估

在当前的中国市场上，具备刚性兑付特征的资产管理产品谱系较广，随着行业的快速发展，不少资产管理机构主动创设了形式多样化的、具有刚性兑付特征的资产管理产品以迎合市场上部分普通投资者的需求。总体来说，具有刚性兑付特征的资产管理产品，依据其发行机构所背负的刚性兑付义务的强弱，大致可以被分为具有“弱刚性兑付意愿”特征的资产管理产品、“强刚性兑付意愿”特征的资产管理产品和“具有刚性兑付义务”的资产管理产品。

“弱刚性兑付意愿”特征的资产管理产品，通常指的是发行此类资产管理产品的资产管理机构在不具有对该资产管理产品刚性兑付义务的前提下，对该资产管理产品进行刚性兑付的意愿也较弱的资产管理产品。归属此类的资产管理产品主要包括：

1. 部分资产管理机构和部分银行之间开展的定向委外业务，资产管理机构并未以“预期收益”的形式发售，但作为委托方的商业银行往往可能要求按照委托的资金成本进行刚性兑付的产品。伴随着银行委外业务的快速发展，部分中小银行或者农村金融机构在资金对外委托的过程中，会将“业绩基准”与自身的“资金成本”二者进行混同，并以此向作为被委托方的资产管理机构主张“本息”收回的权利。从实际操作看，资产管理机构在不具备刚性兑付义务的前提下，除极个别的案例外，资产管理机构也不具备刚性兑付的意愿，在监管层多次强调“打破刚兑”后更是坚持不兜底的原则。这也逐步被绝大部分作为委托方的商业银行逐步接受。

2. 以定向资产管理计划或单一资金信托计划等一对一资产管理计划为载体的通道业务。资产管理业务中的通道业务的种类形式多样，从产品的结构来看，多数是以定向资产管理计划或者单一资金信托计划等一对一资产管理计划为载体。在此类交易结构中，资产管理计划的资金和资产多数时候均出自本身可能是具有刚性兑付义务或意愿的通道业务的委托方，权责通常也会在资产管理业务合同中列示清楚，在作为形式上的管理人的资产管理机构并未有违反资产管理业务合同中所规定权限的行为的前提下，资

产管理机构无意愿对此类资产管理产品中所发生的任何风险进行兜底。

总体来说，“弱刚性兑付意愿”的资产管理产品本身并不具有较强的刚性兑付特征，其只因处于刚性兑付业务链条上的某一个环节而可能兼具了表面上的刚性兑付特性。一般来说，定向资产管理计划由于面向的委托人单一且多为金融机构，权责易于划分清晰且便于直接沟通；即使委托方具有刚性兑付的要求，也非常难以得到资产管理机构的认可并最终落实。

“强刚性兑付意愿”特征的资产管理产品，指的是发行此类资产管理产品的资产管理机构在不具有对该资产管理产品刚性兑付义务的前提下，对该资产管理产品进行事实上的刚性兑付的意愿较强的资产管理产品。归属此类的资产管理产品主要包括：

1. 银行发行的非保本理财产品。非保本理财虽然在合同口径（监管口径）上是非保本产品，但在实际运行中，部分银行为了避免声誉风险和吸引客户，往往对其做出刚性兑付（包含本金及预期收益）的兜底承诺。根据银行业理财登记托管中心发布的《中国银行业理财市场报告（2017）》统计，2017 年末，银行非保本理财的存续余额为 22.17 万亿元。

2. 券商资管中预期收益型的集合资产管理计划或投资标的为非标的集合资产管理计划。目前，中国的证券公司集合产品中约 95% 是预期收益型产品和保证金货币类产品，投资标的涵盖标准化的货币市场工具、标准化的固定收益产品以及非标资产。此类产品一般以资金池的形式滚动发行。根据中国证券投资基金业协会统计，2017 年券商集合资管产品规模为 2.11 万亿元，则大致推算出券商资管中存在刚性兑付特性的产品规模可能为 2.01 万亿元。

3. 以预期收益形式发售的集合信托产品。根据 2017 年中国信托业协会发布的数据，2017 年末集合资金信托规模为 9.9 万亿元。

4. 基金子公司以预期收益形式发售的一对多专项计划。根据中国证券投资基金业协会统计，2017 年基金子公司一对多产品的规模为 1.31 万亿元。

与“弱刚性兑付意愿”特征的资产管理产品相同的是，从法律意义上讲，“强刚性兑付意愿”特征的资产管理产品也并不具备严格意义上的刚性兑付的义务和责任。但是，由于集合类资产管理计划或者一对多专项计划在发行的过程中，面临的是众多投资者甚至普通投资者，资产管理机构所面临的沟通难度和声誉风险较大，在特定的压力下往往具有非常强的刚性兑付意愿。

由于“强刚性兑付意愿”产品要面对多个投资人，通常采用的是资金池模式，滚动发行以新补旧也较容易实现刚性兑付；同时，在资金池滚动发行的模式之下，信用风险和市场波动风险也可能会在不同的投资者之间持续传递，致使资产管理机构也无法将资产端的风险传递至其中某一批普通投资者承担。在市场实际运行中，一些互联网金融公司或非持牌的财富管理公司所发行的具有刚性兑付的理财产品通常采用的也是这种运作模式。

“具有刚性兑付义务”的理财产品，主要包括银行的保本理财、各类分级产品中的优先部分以及具有兜底协议的集合或定向资产管理产品。其中，保本理财产品被纳入银行表内核算，视同存款管理，相应纳入存款准备金和存款保险基金的缴纳范围，相关资产应按银监会规定计提资本和拨备。截至 2017 年 12 月 31 日，保本理财产品存续余额为 7.37 万亿元，约占全部理财产品存续余额的 24.95%，约占 2017 年末各项存款余额的 4.35%。而分级产品中的优先部分，以及具有兜底协议的集合或定向产品，因其合同文本和条款具有一定的私密性，或者有的可能是抽屉协议，故规模难以详细估计。

以上三类具有刚性兑付特征的产品，其需要刚性兑付的压力在一些业务链条下有可能会互相传递。

例如，银行的保本理财和非保本理财，均可以购买券商或者信托的报价式的集合产品，也可以是券商或者公募基金的定向委外的委托人。这样，就形成了“具有刚性兑付义务的理财产品—强刚性兑付意愿产品”“具有刚性兑付义务的理财产品—弱刚性兑付意愿产品”或“强刚性兑付意愿的理财产品—弱刚性兑付意愿产品”的业务链条。对于资产管理机构来说，如果上游面临广大投资者特别是广大普通投资者，在特定的条件下所面临的刚性兑付压力较强，这种压力和期待自然会向下游传递。而下游的产品，不论是强刚性兑付意愿的理财产品还是弱刚性兑付意愿的理财产品，只要投资于基础资产市场，那么自然而然就需要面临市价波动的风险或者信用风险等。在传递过程中的这种处于不同环境导致的差异，一般而言，是由处于业务链条上游或者下游的产品的发行金融机构所承担吸收，这种损失或者风险吸收的比例分配规则，则也是眼下众多资产管理机构之间易产生纠纷之处（图 2.2）。

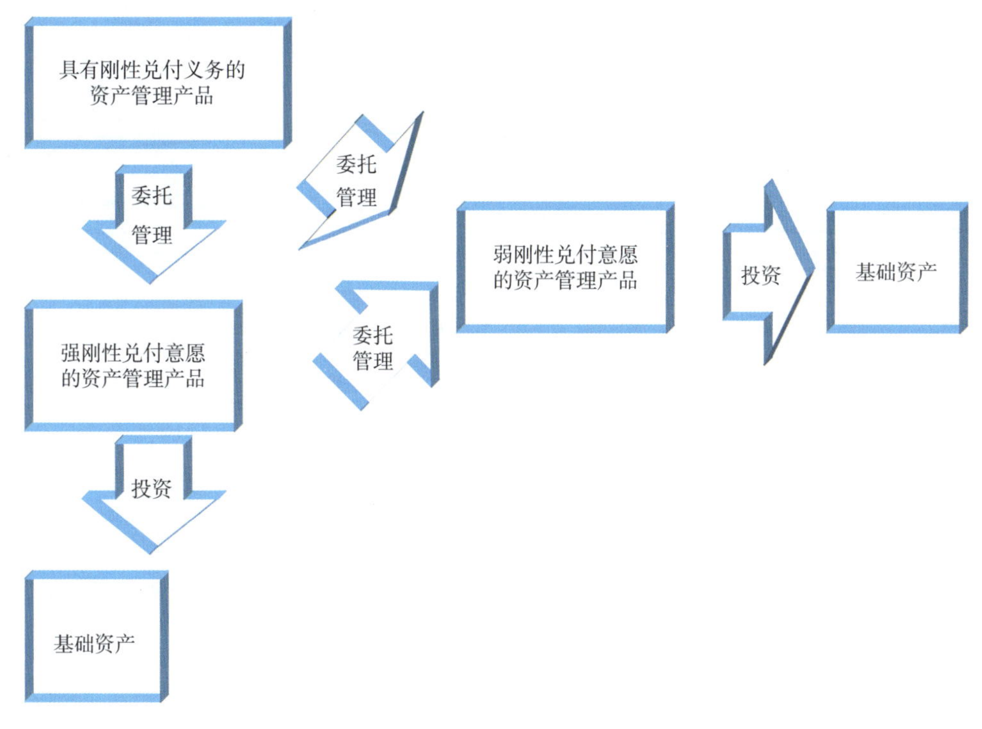

资料来源：作者整理。

图2.2　不同类型的具有刚兑属性的资管产品业务链条结构

三、具有刚性兑付特征的产品投向往往以固定收益类产品为主，兼具其他类型资产

由于刚性兑付产品“还本付息”特征较为强烈，因此其底层资产需要配置固定收益类资产为主，在成本法计价的前提下，只要负债端可以维持规模的相对稳定，就可以较好地匹配资产端与负债端之间的收益特征。以刚性兑付产品谱系中规模最大的商业银行理财为例，截至 2017 年 12 月 31 日，理财资金配置占比最高的三类资产为标准化债券、非标准化债权类资产以及现金及银行存款，占比分别为 42.19%、16.22%、13.91%。债券是理财资金中最重要的配置品种之一，其中，国债、政策性金融债、地方政府债、政府支持机构债券和中央银行票据等利率债占理财资金投资余额的比例为 8.11%，公司债、企业债、非金

融企业债务融资工具、资产支持证券等信用债占比为 34.08%。

从理财资产端配置的变化来看，近年来理财配置非标的比例显著减少，从 2013 年末的 27.49% 大幅下降至 2017 年末的 16.22%，债券的配置比例一直维持在 40% 以上，权益类资产的配置比例明显提升，从 2013 年末的 6.14% 上升到 2017 年末的 9.47%（图 2.3）。

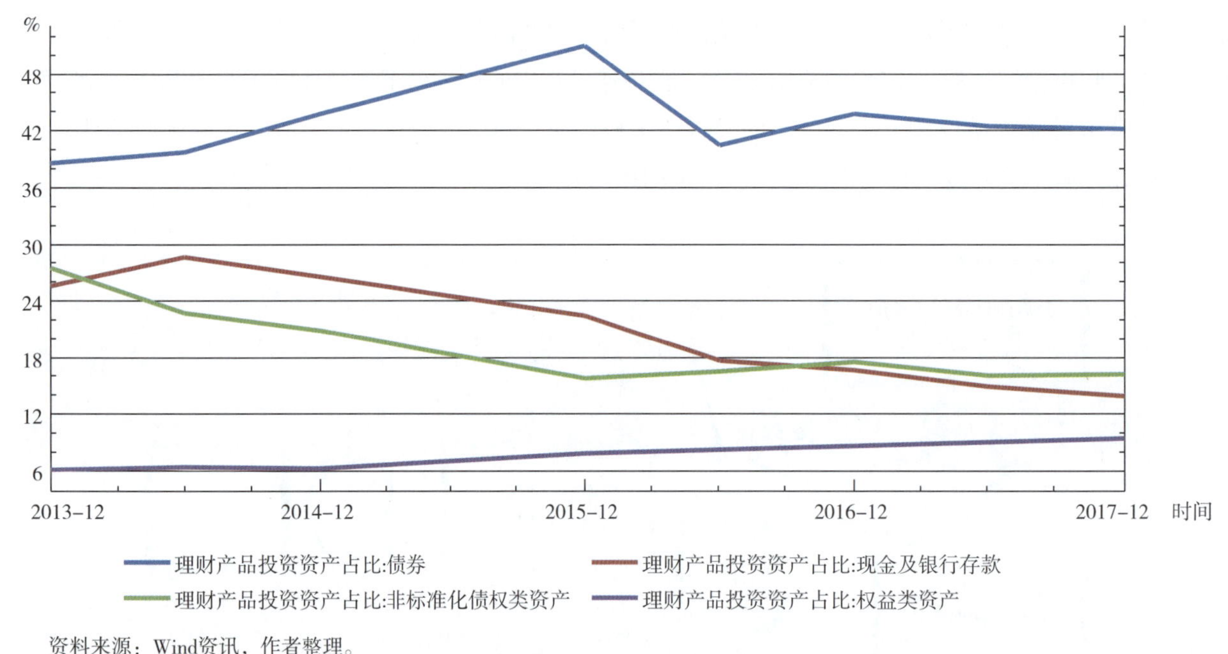

资料来源：Wind资讯，作者整理。

图2.3　理财投资资产占比变化

从理财资产端配置的变化来看，近年来理财配置非标的比例显著减少，从 2013 年底的 27.49% 大幅下降至 2017 年末的 16.22%，债券的配置比例一直维持在 40% 以上，权益类资产的配置比例明显提升，从 2013 年末的 6.14% 上升到 2017 年末的 9.47%。

第二节　打破“刚性兑付”过程中资产管理行业体系风险评估

一、“刚性兑付”特征下，资产管理行业所积累的风险向金融机构聚集

刚性兑付的负债端属性，叠加成本法计价前提下固定收益类为主的底层资产具有一定的“信贷特征”，中国具有刚性兑付特征的资产管理产品谱系实际上构建了一套名义上的资产管理、实质上的影子银行体系。在这套体系下，一方面，中国金融体系，尤其是资产管理行业中所积累的风险实际上逐步在向金融机构聚集；另一方面，金融机构过度吸收行业风险，也可能抬高了中国无风险利率水平，扰乱和扭曲利率传导机制，也就在一定程度上扭曲了市场化的资产定价和资源配置。

首先，期限错配致使更多的市场风险被金融机构所吸收。以商业银行理财产品为例，从银行理财委托期限分布情况看，2017 年 1 年以内（含 1 年）的产品数量占比高达 97.56%。而在资产端，银行理财的

资金有大约 60% 比例配置于债券与非标准化资产。我们使用债券持仓的平均剩余期限 × 债券投资比例 + 非标准化债权资产的平均剩余期限 × 非标准化债权资产比例的方法测算，银行理财存量资产的平均剩余期限为 2.4 年。其中，我们借鉴申万宏源研报《资管新规下的债券抛售压力测算》的测算方法，使用中债机构持有债券种类数据和各券种剩余期限分布数据得到了银行理财的债券剩余期限为 4.56 年，非标准化债权的平均剩余数据由于没有公告数据，我们根据经验假定为 2 年。

期限错配在市场上产生的结果在于，短期限的负债端与长期限的资产相匹配，所存在的多种不确定性因素而导致的风险需要由发行产品的金融机构所吸收。这种配置结构产生的一个后果是，具有刚性兑付特征或者意愿的资产管理产品在市场拆借、回购环境相对配合之时，具有更强的动力进行杠杆交易和套息交易；从而使得在利率期限的结构中，因时间更长而产生的不确定性导致的期限利差可能遭到低估（图 2.4 和表 2.1）。

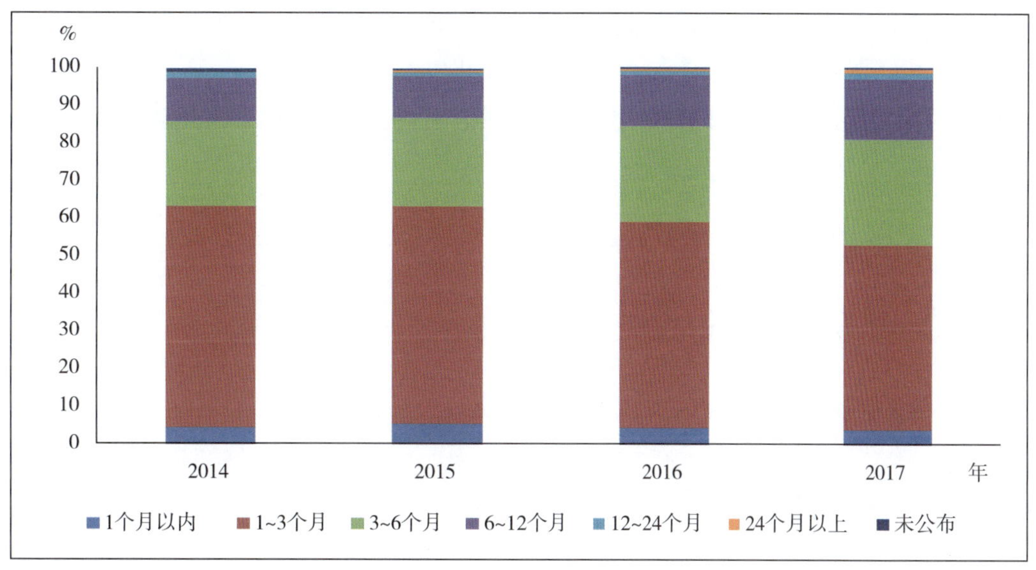

资料来源：Wind资讯，作者整理。

图2.4　银行理财委托期限分布情况

表2.1　银行理财债券平均剩余期限测算要素表

		国债	政策金融债—国家开发银行	政策金融债—中国进出口银行	政策金融债—中国农业发展银行	普通债	次级债	混合资本债	二级资本工具	企业债	中票
银行在中债登持有券种分布情况（%）		45	24	8	13	4	0	0	2	3	1
中债登各券种剩余期限分布情况（%）	1年以下	11.89	15.83	18.82	18.74	18.96	0.00	0.00	0.00	8.78	56.74
	1~3年	19.22	24.50	33.54	30.03	63.17	0.00	0.00	0.00	29.81	26.82
	3~5年	24.64	21.08	21.29	21.23	17.59	0.83	0.00	0.04	29.28	10.22
	5~7年	15.02	10.02	2.00	10.61	0.28	22.60	60.19	24.75	24.14	4.84
	7~10年	10.60	18.80	22.73	16.94	0.00	71.19	39.81	73.74	5.38	0.00
	10年	18.64	9.78	1.61	2.46	0.00	5.38	0.00	1.46	2.61	1.37
中债登各券种平均剩余期限（年）		5.10	4.59	3.83	3.87	2.08	7.98	7.00	7.90	3.98	1.66

资料来源：中债登，作者整理。

其次，刚性兑付致使更多的信用风险被金融机构所吸收。从理论上说，只有商业银行的表内业务才会存在吸收信用风险的情形；而此类信用风险，在商业银行的资本充足率、拨备等制度体系下，可以较好地被吸收和消化。但是，一旦负债端存在刚性兑付的情形，资产端所存在和暴露的信用风险，也需要被发行此类资产管理产品的金融机构所吸收。

以非标投资为例，因非标的透明度较低，多数资金的最终流向不符合监管要求和政策导向，一定比例流入了政府平台、房地产以及过剩产能，加大了资产端的信用风险。

考虑当前中国市场的银行理财的非标投资多数由银信合作来完成，我们计算基础设施融资加房地产信托比例在信托存量规模中占比约为四分之一，工商业类别中流向过剩产能、高杠杆民营企业的部分则难以测算。考虑到信托存量规模中不完全是银信合作的非标规模且金融机构类信托中也隐藏了部分基础设施类、房地产类甚至是过剩产能、高杠杆民企融资的项目，我们粗略估计银行的非标资产中所涉及的平台、地产、过剩产能和高杠杆民企融资业务之和或不会低于其业务的三分之一甚至是二分之一，具有一定的信用风险敞口（图 2.5）。

考虑到信用风险被金融机构部分吸收的情况，中国信用利差，在不同的市场环境下，或也存在着低估的情况。

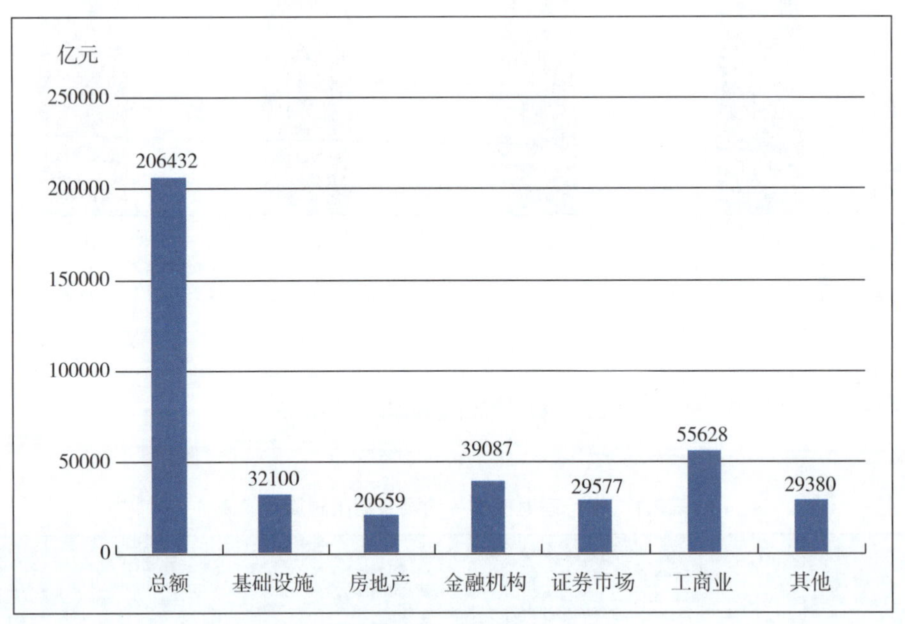

资料来源：作者整理。

图2.5　各类信托存量规模

最后，刚性兑付特征的产品，尤其是银行理财产品投资范围的拓宽，也使得金融机构需要承担更多的市场波动风险。从 2013 年末到 2017 年末，中国商业银行理财的权益类资产投资占比由 6.14% 上升至 9.47%。权益类资产的波动幅度要远高于固定收益类资产，如负债端并非净值型而是预期收益型，那么金融机构所需要承担的市场波动风险则会存在显著的提升。

中国金融市场经过多年的发展，各类金融工具的出现在一定程度上也增加了不同金融机构之间风险的传染性。例如，银行 CD 和二级资本债、券商公司债和次级债等的发行和互持在风险层面将各家金融机构更为紧密地联系在一起。一方面，此类金融工具的快速发行使得更多的金融机构在负债端和资本补充方面互相支持，增强了这些机构对于风险的抵御能力。另一方面，如果某一家金融机构因经营不善而出现风险，则有可能会在多家金融机构内部制造风险传染，进而还可能造成更大范围的金融风险传递。从数据上看，同业存单、商业银行债、商业银行次级债、保险公司债、证券公司债、证券公司短融及其他金融机构存量债券之和近年来呈快速上升的趋势（图 2.6）。

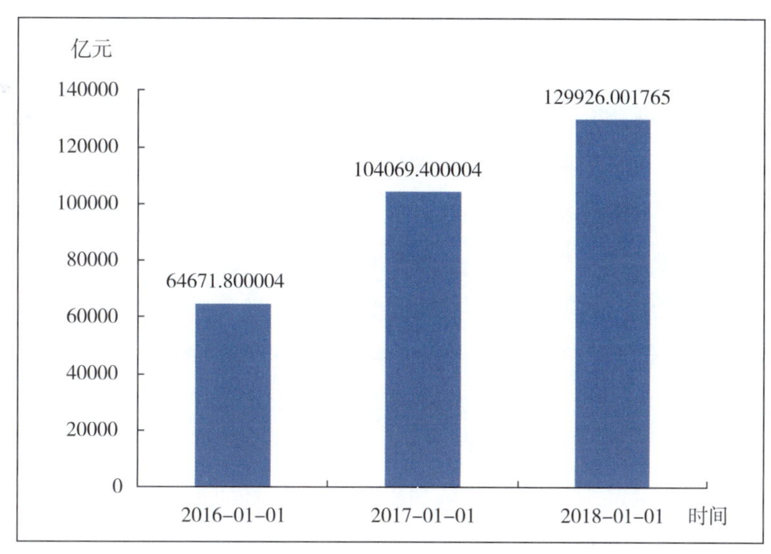

资料来源：Wind资讯，作者整理。

图2.6　同业存单、商业银行债、商业银行次级债、保险公司债、证券公司债、证券公司短融及其他金融机构存量债券之和

值得注意的是，在资管新规落地之后，非标回表预计在一定时期内会成为趋势。在非标从表外转回表内的过程中，监管额度及指标方面，信贷额度、资本充足率及拨备覆盖率将受到直接冲击。有的商业银行补充资本的需求在一段时期内也预计会变得更为强烈，补充资本的金融工具发行和互持也可能会变得更为普遍。

二、打破“刚性兑付”过程中也需要防止人为触发风险的可能性

尽管具有刚性兑付意愿或者特征的资产管理产品体系发展会对金融机构乃至金融体系带来更大的风险，但是，基于具有刚性兑付特征的资产管理产品已经具有较大的存量，不考虑市场实际风险状况，或过于激进地打破“刚性兑付”，也有可能会形成人为触发金融风险的可能性。

其一，既然存量的具有刚性兑付特征的产品存在着一定的期限错配，那么打破刚兑有可能需要提前结束期限错配，存在人为触发市场价格波动和流动性风险的可能性。

期限错配加大了金融机构流动性管理的难度，过度的期限错配蕴含着巨大的流动性风险，市场各类金融机构对于资管新规落地之后，负债端的不稳定性导致持仓中资产的处置风险一直高度关注。如若干发行人同时出现风险或是单一发行人负债端相较于资产端而言出现断崖式下跌，那么流动性风险

则有可能上升至局部市场层面，并可能通过资产价格下跌和金融工具传染等途径蔓延到更多的市场金融机构之上。

一旦有传染效应的流动性风险形成，如果不能及时采取措施来应对，市场就可能会通过内生的正反馈机制将风险扩大。一方面，资产的快速处置会导致资产价格在短期内较大幅度的波动。此时，快速波动的资产价格会对更多机构或者资管产品的资产负债表造成侵蚀，导致更多的原本安全的金融机构或者资管产品短期内处于较为危险的状态，进而迫使更多的金融机构加入到被动的资产处置的过程中去推动资产价格的进一步波动，从而陷入一个非常负面的反馈循环之中。另一方面，在现金偏好非常强烈的环境下，金融机构间拆借支持机制也会受到较大冲击，根据形成机理的不同，可以将正反馈机制分为“融入方正反馈”和“融出方正反馈”。融入方正反馈根源于融入方对利率上行的恐慌。融入方的头寸管理是刚性需求，因此基本缺乏对利率的弹性。在这种情况下，利率更有可能被抬高。升高的利率又会使融入方更为恐慌，从而用更高的利率平头寸，这就形成了正反馈螺旋。融出方正反馈根源于金融机构预防性备付的增加。当预期资金紧张或不稳定时，金融机构会增加其预防性备付，而备付的增加会相应减少其融出资金的规模。金融机构融出规模下降必然会造成资金紧张，最后资金紧张又会强化市场对于后期资金紧张的预期，从而形成“资金紧—融出少—资金更紧”的正反馈螺旋。

其二，在打破刚兑的过程中，有可能会人为触发持仓主体的信用风险。

在特定的市场条件下，影子银行体系经过短期内快速的发展，已经在事实上成为许多市场主体的重要融资来源，甚至会存在部分市场主体高度依赖于影子银行体系的现象。另外，不少金融机构对于表内外的资产可能存在着不同的信用审批、额度控制标准，部分市场主体也可能通过影子银行体系而形成一定程度的高杠杆过度融资的现象。

因此，如具有刚性兑付特征的产品规模短期内被迫快速萎缩，资金回表速度显著加快，一批市场主体的信用风险可能就会被加速暴露。自 2017 年以来，部分企业，尤其是民营企业在债券市场上加速风险暴露，不少企业同融资续接不畅有直接关联。

以非标资产为例，根据过渡期安排，金融机构已经发行的资产管理产品自然存续至所投资资产到期，过渡期内，金融机构不得新增不符合资产新规的资产管理产品的净认购规模。截至 2017 年底，存量非标规模为 4.79 万亿元。在过渡期内，银行可以安排募集新资金接续至自然到期，但如果新募集的接续资金需严格按照投资者适当性要求，即公募资金不能投资私募类的非标资产，银行则需要用私募资金来续。但若是当前理财存续私募类产品（私人银行和部分机构类产品）无法完全接回非标，银行可以选择将非标接回表内，例如用传统信贷方式接手，同时还需考虑对资本充足率等监管指标带来的冲击。若该部分无法顺利衔接，则有将近 5 万亿元的非标融资面临再融资考验。这对于部分市场主体而言，如不能及时有效地拓宽其他的融资渠道，则可能加大其中隐含的信用风险暴露的可能性。

三、资管新规总体上统筹考虑了“打破刚兑”过程中资产管理行业结构转型时的流动性和资产价格平稳过渡问题，但信用风险暴露有待进一步关注

从资管新规的内容、安排及配套措施上来看，资管新规总体上统筹考虑了“打破刚兑”的过程中，资产管理行业结构转型时的流动性和资产价格平稳过渡问题。其中具体体现在：其一，相较于征求意见稿，资管新规正式稿将过渡期延长至 2020 年底，考虑了具有刚性兑付特征的资产管理产品资产逐渐平稳到期

的因素。其二，新规明确提出了“为接续存量产品所投资的未到期资产，维持必要的流动性和市场稳定，金融机构可以发行老产品对接，但应当严格控制在存量产品整体规模内，并有序压缩递减，防止过渡期结束时出现断崖效应”。这表明监管部门在资管新规正式出台之前，已经开始重点关注市场流动性和资产价格波动的问题，并在充分征求市场意见之后，最终形成了相对平稳过渡的方案。

然而，在资管新规颁布之后，资产管理产品因为结构变化，其所需要配置的资产结构也必然将会发生一定程度、对有的类型的产品和机构来说甚至可能是较大程度的变化。在资产配置结构变动的过程中，市场的资产价格一样会受到一定的冲击和影响（图 2.7）。一方面，这种变化是此前被金融机构过度吸收的各类风险重新向市场释放的一个过程，可能会帮助市场的各类资产价格朝着更为合理和健康的方向转移，有助于使市场定价功能变得更为健康。另一方面，资管产品结构快速变化的过程中，信用风险的再释放是否会对各类市场主体，尤其是工商类企业主体造成一定的冲击，融资渠道的快速变化对于一些工商类企业主体是否能够快速适应并衔接，在这个过程中是否会造成一定的信用风险暴露，也是一个必须关注的重要议题。

资料来源：Wind资讯，作者整理。

图2.7　自2017年以来民营企业和国有企业信用利差走势

在经济的转型换挡时期，信用风险的暴露是一个值得关注的课题。但是，对于实体经济中的工商类企业而言，一旦形成了习惯性的融资渠道，在切换融资方式的时候或许并不如金融机构转换的速度那么快。对于向刚性兑付类产品融资依赖程度较高的企业，或是公开市场债券、非标渠道募集资金较多的企业，尤其是民企企业，在资管新规切换的过程中可能在融资层面会受到较大的冲击。

一方面，单一的企业受到信用风险事件的影响后，可能会对同一类企业的信用状况和表内外融资渠道造成收紧的影响，进而还可能推动更多的企业陷入信用风险的影响之中。另一方面，一些规模较大的企业在部分表外融资渠道受到冲击违约的时候，其在银行表内原本信用资质良好的信贷融资也可能会在短期内变得更为艰难。一旦处理不慎，在企业遭受更大的财务风险的同时，银行也有可能面临更多的不良资产风险。

四、“去刚兑”过程中信用风险频发问题探讨及应对

近年来，各类工商企业现金流普遍趋紧，违约事件，尤其是公开市场融资渠道的违约事件显著增多。自 2018 年以来，公开市场确定违约的债券已达 23 只，涉及 14 个企业主体；其中 11 个企业主体为 2018 年新增的违约主体。非公开的债务延期和风险事件在 2018 年也更为频繁暴露（表 2.2）。

表2.2　2018年公开市场违约债券一览表

代码	名称	发生日期	公司属性
136486.SH	16长城01	2018-06-13	民营企业
112399.SZ	16凯迪债	2018-06-01	中外合资企业
011754134.IB	17沪华信SCP002	2018-05-21	民营企业
1282153.IB	12川煤炭MTN1	2018-05-21	地方国有企业
118797.SZ	16富贵01	2018-05-09	民营企业
125620.SH	15中安消	2018-05-07	民营企业
1182146.IB	11凯迪MTN1	2018-05-07	公众企业
117063.SZ	16神雾E1	2018-04-28	中外合资企业
122683.SH	12春和债	2018-04-24	民营企业
1280120.IB	12春和债	2018-04-24	民营企业
122356.SH	14富贵鸟	2018-04-23	民营企业
136388.SH	16亿阳04	2018-04-17	民营企业
118579.SZ	16环保债	2018-03-14	民营企业
1382088.IB	13丹东港MTN1	2018-03-13	中外合资企业
101573002.IB	15丹东港MTN001	2018-03-12	中外合资企业
101678001.IB	16中城建MTN001	2018-03-01	民营企业
136252.SH	16亿阳03	2018-02-28	民营企业
031564013.IB	15机床PPN001	2018-02-07	民营企业
136204.SH	16丹港01	2018-01-29	中外合资企业
136172.SH	16亿阳01	2018-01-27	民营企业
031566001.IB	15丹东港PPN001	2018-01-15	中外合资企业
101660002.IB	16大机床MTN001	2018-01-15	民营企业
031560001.IB	15川煤炭PPN001	2018-01-09	地方国有企业

资料来源：Wind资讯，作者整理。

但与此同时，银行间的资金面普遍处于较为宽松的状态。中国人民银行有关负责人表示，2018 年 5 月，同业拆借加权平均利率、质押式回购加权平均利率分别为 2.72% 和 2.82%，比上年同期低 0.16 个和 0.11 个百分点，年初以来累计下降 0.2 个和 0.29 个百分点。金融市场利率较为平稳。

因此，自 2018 年初以来，违约事件频繁发生的主要原因，并非是金融机构流动性紧张而缺乏资金融出的能力，而应是金融机构间流动性无法向企业流动性顺利转化。

金融机构间流动性无法向企业流动性顺利转化，原因主要包括：

其一，资管新规推行过程中，需“打破刚兑”的资管产品资金和资产在重寻出路的过程中存在摩擦和不同的信用标准。从 2018 年 5 月的社会融资规模数据上看，新增社会融资规模同比下降 28%，有较大幅度的下行。分项来看，表内新增人民币贷款有所增加，但是新增委托贷款、新增信托贷款、新增银行承兑汇票、新增企业债券融资等都有较为明显的下降。

在此过程中，一方面，资管新规实施、刚兑打破过程中旧的、不符合资管新规要求的产品需要逐步缩减规模，新增资产的能力不强。而离开旧的资管产品体系的资金重新寻找出路也需要一定的时间，也存在着较大的摩擦，短时间内未必能形成新的资产配置与融出的力量。另一方面，新增人民币表内贷款受到多种指标的限制，从数量上无法完全对接上表外融资减少的部分。表内贷款与表外融资部分具有不同的信用风险偏好和信用审批流程，从质量上也无法完美地承接表外需要转移的融资需求。

因此，作为融资企业来说，在资管新规不断推行的过程中，因其所获得的“非表内信贷”融资多数本身就不太符合表内信贷的要求与条件，其“非表内信贷”的融资需求可能面临着“断绝”和“无法替代”的风险，在债务期限刚性的前提约束下，融资企业可能会面临着融资数量与解决问题时间的双重压迫。

其二，金融机构信用主动收缩。“去杠杆、防风险”是近年来的主基调，各类金融机构在防控风险的过程中，对信用风险的把控也越来越严格。尤其在经济下行、信用收缩时期，各类金融机构在对表内外资产配置的过程中会提高标准，间接加大了部分融资企业获得金融机构融资支持的难度。

总体来说，以上两种原因，前者是金融中介机构在功能重塑的过程中，在时间和功能发挥上产生的摩擦；后者则是金融中介机构在金融的顺周期性中的自然表现。二者相叠加则共同构成了如今信用收缩的局面。

在信用收缩的大背景下，遭遇信用事件或财务风险的企业总体而言均表现为“财务状况恶化，流动性不足”。然而，在遭遇信用事件或财务风险的企业群体中，也可以区分为以下几种情形：

其一，内外部经济环境变化，致使需求发生迁移，原有的产业结构面临升级转型，市场之中现有的“过剩”部分和“落后”部分需要被出清。

近年来，随着我国经济数量上持续增长、质量上逐步提升，我国产业结构转型升级的必要性也逐渐提高。部分行业或企业在此过程中，因严重过剩或自身效率低下，盈利能力甚至无法覆盖财务成本；金融机构对该部分需要被出清的行业及企业收缩信用，并进行金融资源的再分配是一个必然发生的过程。

其二，部分企业在战略上或财务结构上存在着较为严重的失误，盲目扩张、杠杆率过高、对外担保过多或短期负债占比过高等因素会致使企业因短期流动性原因遭遇风险。

另外，部分企业对股权质押融资等融资方式所可能产生的风险准备不足，缺乏应对预估中“极端”情形的解决方案，也是此轮遭遇信用风险事件的重要因素之一。

其三，在信用持续收缩的过程中，无论是企业财务上的还是金融机构的安全边际都在持续发生着变化。金融机构出于审慎的原则过度收紧对于部分工商类企业的信用支持，加剧了部分工商类企业的财务状况恶化。

对于绝大部分存在债务杠杆的工商类企业而言，不论杠杆率的高低，基于资产价格可变动而债务刚性的原因，并不存在绝对的安全边际。因此，在信用持续收缩的背景下，一旦金融机构风险偏好降低到一定的程度，则会发生“信用收缩—资产价格下行—企业安全边际不足—信用继续收缩—资产价格继续下行”的负反馈链条。负反馈链条一旦形成，则有可能在经济、金融周期振动的过程中增加过度的波幅。

以上三种不同的情形中，前两者是经济金融周期中的必然现象，部分企业在此过程中需要为自身的错误埋单；但第三种情形则是宏观调控或监管部门需要尽力避免或减少损失的情形。因此，在应对眼下信用问题的过程中，一方面，需要在市场化的原则下发挥金融中介机构的主观能动性作用，通过市场化的行为和决策，让市场和企业承担错误的行为与决策的后果，顺利完成市场的出清过程；另一方面，又需要把控住市场的总体风险，避免负反馈链条的出现并造成过度影响的情形。

其一，“大水漫灌”式的货币政策并非解决信用风险问题的关键。如前文所述，违约事件的频繁爆发，并非是因为金融机构缺乏流动性，而是金融机构之间流动性在向企业之间流动性转化时出现了问题。而造成这种流动性转化问题的原因，则是资管新规在“打破刚兑”的过程中存在摩擦以及金融中介机构在当前经济周期下信用收缩二者相叠加造成的。解决并改善信用风险问题应从相关传导链条及机制上着手。

其二，坚持市场化原则对信用事件的处理仍应是解决眼下问题的核心原则。信用风险频繁爆发，其重要因素还应是当前经济、金融周期下，市场需要对部分落后及低效的产能和企业进行出清。在此过程中，坚持市场化的原则、发挥市场主体的主观能动作用，有助于帮助市场遴选出真正高效、有竞争力的企业，裁汰低效率、竞争力不足的企业，并为经济周期下一波的繁荣打下坚实的基础。反之，过度行政化的干预，过度人为遴选，则有可能致使并不真正具备竞争力的企业在经济下行周期胜出，不利于经济的复苏和更为健康的发展。

其三，相关金融基础设施建设的缺乏是加剧信用风险蔓延的重要原因之一。眼下，基于具有“刚性兑付”特质的资管产品规模较大且风险最终还是由金融机构所承担，我国对于金融机构风险防范强调较为充分；但与此同时，对于金融机构遇到风险之后的应对机制和方案准备不足。尤其是在打破刚兑、资产管理行业转型的过程中，强调和倡导“非标转标”；但是，公开的标准化的债券市场违约后的处置机制，既缺乏相关的成熟的处置办法和处置案例，也缺乏金融机构快速处置和进一步盘活不良资产的渠道与方案，更缺乏足够广阔的、分散信用风险的衍生品市场。一旦遇到风险，金融机构尤其是非银行金融机构对于风险程度和损失程度均较难以分散和衡量。在此背景下，在打破刚兑、资管转型的大趋势下，金融机构更易产生“过度紧缩信用”的倾向。

综上所述，面对眼下在经济下行叠加打破刚兑过程中，经济体系中所产生的并略有扩散趋势的“信用风险”，我们更应当在坚持以市场主导的原则下，快速构建市场风险分散、损失分担的体系，更为明确金融机构对于信用风险承担的“风险—收益”过程和程度，鼓励并培养不良债务的投资机构和投资群体，尽力扭转“过度紧缩信用”的趋势并防范其可能造成的危害。

第三节　“后刚兑时代”资产管理行业及市场展望

在资产新规的推动下，刚性兑付逐步被打破之后，资产管理行业在整条产业链上预计逐步会出现持续性的变革，从上游的基础资产融资方，到作为金融中介的各类资产管理机构，到下游的普通投资者，均需要对资产新规做出相应的调整和变化。

一、融资方层面，适应融资渠道变化，基础资产“非标转标”和“证券化”趋势会持续

资管新规发布之后，资产管理行业结构和产品结构均有可能出现较大的变化和调整；对于资产管理产业链体系中的融资方而言，及时基于融资渠道的变化，调整自身的融资结构，以适应变化中的资产管

理市场非常关键且重要。从资管新规中所体现的原则来看，非标资产投资受到了一定的限制，“非标转标”或是一个较为显著的大趋势（图 2.8）。另外，资管新规对于资产证券化等较为鼓励，未来，证券化程度也将会呈现出持续提升的势头。

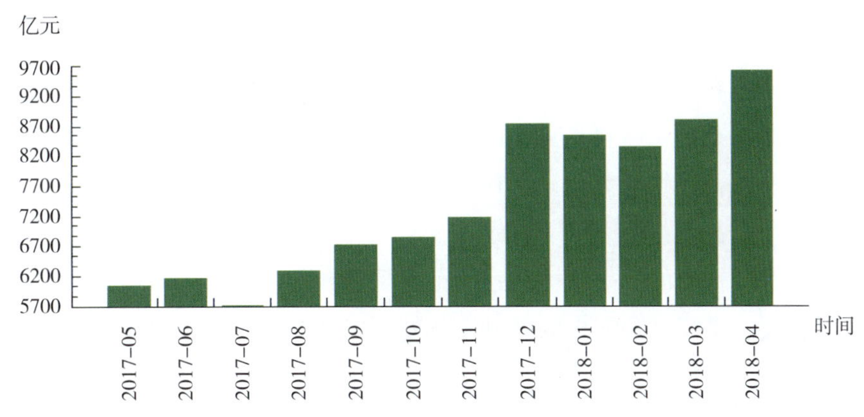

资料来源：Wind资讯，作者整理。

图2.8　银行间托管的资产支持证券余额

二、资产管理行业层面，资管行业结构及盈利模式均将发生显著的变革

一是资管行业结构有可能出现较大调整。目前在百万亿元资管规模中，根据 2017 年的统计数据，银行表外理财、信托计划、公募基金、私募基金、证券公司资管计划、基金及其子公司资管计划、保险资管计划等占比分别达到 22%、22%、11%、11%、17%、14% 和 2% 左右。随着资管行业标准的逐步统一，此前依托同业加杠杆、委外、多层嵌套等快速扩张的资管产品将受到明显挤压，这必将影响整个资管行业的结构占比。从目前来看，受到打破刚性兑付、净值化管理以及资金池和委外约束增强等监管影响，银行理财面临较大的调整压力。但在金融业交叉活动日益频繁的背景下，诸如非标、货币基金以及杠杆、分级等监管要求也必然会对其他各类机构业务造成一定的冲击。资管行业结构的演化可能不再局限于牌照式管理的相关领域，更多将取决于各机构的前瞻性布局和最终的盈利能力。

二是资管行业盈利模式预计将发生根本性变化。监管套利、过度加杠杆、期限错配曾是众多资管产品的主要盈利方式，也是可能滋生系统性金融风险的重要领域。资管新规针对上述问题所提出的监管要求和操作规则，必将从根本上改变此前“重套利、轻管理”“重规模、轻质量”的行业投资偏好。不难预见，随着资管新规的出台以及一系列配套细则的相继落地，监管套利和杠杆化操作空间会越来越小，传统的通道模式、嵌套模式、加杠杆模式亟须转换为“向管理要效率”“向质量要收益”的新型经营模式，行业内分化发展、强者恒强的特征会更加明显。

三是资管行业逐步回归“受人之托、代客理财”的本源。打破刚性兑付、实行净值化管理等政策安排在客观上有利于推动资管行业回归“受人之托、代客理财”，让资产管理者履行好受托人职责，让投资者自负盈亏，享受风险与收益对等的责任和权利，从而营造出一种规范的投资环境。从短期来看，这有可能会限制资管行业的资金来源，从而会导致投资者重新分配资产结构，但从中长期看，这也有助于提高资产管理者的经营自主性和灵活性，提升资产收益水平，从而强化资管产品吸引力和投资者的投资热情。

三、产品、销售和投资者层面，产品变革应与投资者需求同步调整

在存在刚性兑付的市场环境下，产品设计端往往较为简单，这也就不容易带给客户风险差异，往往只是收益率与期限的差别；在此背景下，客户也就缺少动力去深度挖掘自身的需求，简单地要求保本保收益即可，并没有动力去深刻地了解自身真实的“风险—收益”偏好。在打破刚性兑付之后，各类不同的资产管理产品“风险—收益”特征都会显性化，作为客户的普通投资者也需要重新发现并评估自身的需求和偏好。

在此过程中，资产管理行业的产品结构体系、销售渠道和客户需求之间均有一个自我调整并重新匹配的过程。资管机构需要在基于客户需求的基础上构建自身的产品体系，普通投资者需要在已有的、不同“风险—收益”特征的产品体系之中让自身的资产配置诉求变得更为贴近风险收益的实际，并发现自身的需求偏好。这个同步调整的过程，也将是重构中国资产管理体系过程中非常重要的一个环节。

（一）在产品、销售层面，从以产品为中心向以客户为中心转变，更多关注和挖掘客户需求是必然趋势

1. 了解客户的不同风险收益的需求

资产管理机构要真正了解客户的需求，起码要了解投资者能够承担多大的风险，他们的预期收益率是多少，他们在获利的同时能够忍受多大的波动，对每一笔资金的定位和目标是什么。这些都是客户的需求。目前，中国的资产管理机构在面对个人投资者销售时，都会有风险测评这个环节，在形式上看似做到了需求和风险的匹配，然而很多时候风险测评并没有完全反映客户的真实状况，或者是因为客户本身对于自己的认知还有欠缺。因此，真正了解客户需求，不仅是机构去了解投资者需求的过程，也是机构帮助投资者了解自己需求的过程。

2. 设计匹配客户需求的产品

客户的需求具备多样性，在产品端也要设计符合客户需求的产品。这包括常规性的产品，也包括个性化定制的产品；包括单一类别的产品设计，也包括多资产类别的产品设计。中国资产管理市场上的产品在过去的发展中，往往同质化较高，比如公募基金基本上就是债券基金、股票基金和混合基金。私募基金策略相对更多一些，但主要还是集中在主动管理的股票和量化产品。如何通过真正的产品创新，来满足多样化、差异化的个人投资者的需求，是产品设计的一个方向。比如最近一些机构开始重点做的MOM，把控制波动率作为投资目标，通过大类资产的配置和不同策略的选择以获取一个合理波动率下的相对较好的收益，可以视为在理念上回归资管本质以及匹配客户需求的一个探索。通过清晰的策略分散，也让投资者明白产品收益来源于哪里，避免客户追涨杀跌，最终实现投资者和管理人的双赢。

3. 科学正确的销售过程

在以产品销售为导向的销售过程中，往往会因为销售目标而忽略销售过程，部分投资者由于缺乏对产品的科学认识，也会陷入产品比价比收益的循环中，而这对于资管机构本身来说也非常不利，这一方面会给产品创设带来束缚，另一方面其也使得客户黏性较差。资管是建立在信任之上的，一些投资者因为在购买前没有清晰地认识产品本身的风险属性和收益来源，会因为错误认知和误导销售而对资管产品失

去信任，这也不利于投资者的成长和资管行业的发展。因此，科学透明的销售过程十分重要，向投资者清晰地阐述产品的底层资产和收益来源，揭示可能的风险因素以及管理人的投资策略和风控措施，都是销售过程中的必要环节。

（二）机构在产品和人员方面需提高专业资产管理素质，打造品牌竞争力

成熟市场的老牌资产管理机构往往会有自己鲜明的特色和定位，这个标签代表着一个资产管理机构鲜明的价值观和投资文化，而不仅仅是代表过去几年的业绩。一个体系化的投研系统、完整的运作体系、多位而不是一位明星管理人、长期的口碑形成的“护城河”优势，将是一个资管机构赖以长时间运作的基础。

未来，“资管新规”正式落地后，一些过去偏好无风险投资的个人投资者，将逐步主动或被动式地接触和了解更多的资管产品和机构，机构的专业服务能力和品牌竞争力在此时将显得尤为重要。从业人员的专业素质、产品的创新度、机构的风险管理能力等都会是个人投资者在选择机构时十分重视的内容。未来资管行业的各个机构也可能会发生洗牌，品牌集中度会不断提升。举例来说，以私募基金管理人为例，美国有大约 3500 家对冲基金，中国备案的私募基金近 20000 家，但是中国私募基金管理规模只有美国的 30% 不到，未来预计会有一个集中度持续提高的过程。

（三）加强对于居民资产配置服务的同时，提供更为广泛的风险管理专业服务

“资管新规”落地后，原来部分居民追求以无风险资产为主的资产配置结构显然不可持续。因此，若要提升居民对于金融资产的持有意愿，帮助居民提升风险管理能力，对于背景风险进行相应的管理也相当重要，除了保险产品能够显著提高社会保障水平外，金融机构也可以针对其他背景风险提供相应的管理与服务。

（四）加强居民资产管理专业能力，强化金融消费者保护

加强居民资产管理专业能力建设对于培育成熟的个人投资者群体至关重要。与此同时，也要强化金融消费者保护，建立起投资者及资管机构相互信任的行业生态体系，有助于投资者更加理性地进行资产配置选择。

四、资产管理产品谱系在投资者需求的不断发掘和变动背景下会不断丰富和发生变化

“资管新规”逐步落地后，至少有超过 40 万亿元的预期收益型产品需要向净值型产品转化，个人投资者作为这些产品的需求群体，如何改变自己的投资行为及资产配置结构，将是“资管新规”实施后产生的最为直接的影响之一。从整体上看，居民投资行为及资产结构预期有望呈现如下变化：

一是短期内以低风险为主的资产配置结构难以迅速改变，居民倾向于更多“存款”及类存款产品。

“资管新规”落地在短期内所改变的主要是居民资产配置的外部制度环境，但居民与住房、收入、社会保障等相关的背景风险并不会因此而显著降低。因此，短期内，居民较低的风险偏好和以低风险为主

的资产配置结构较难改变。在理财产品逐步回归风险资产本源，以及过渡期内理财产品逐步减少的前提下，居民可能会更多地选择其他低风险资产进行替代，而从目前资管机构能够提供的产品谱系上看，存款类产品成为居民的首选。从《中国银行业理财市场报告（2017）》公布的相关数据看，理财余额规模整体增速大幅放缓，同比增速较2017年同期下降21.94个百分点。而中国人民银行公布的2018年第一季度城镇储户问卷的调查数据显示，当季倾向于“更多储蓄”的居民占比为42.5%，比上季度上升1.7个百分点，比2017年同期上升0.2个百分点。但由于此前市场无风险收益率偏高，而个人定期存款的利率相对较低，居民“更多地储蓄”往往可能并不直接回归常规存款，而是更多地选择机构所提供的存款类产品，如结构性存款、券商收益凭证等。以结构性存款为例，根据中国人民银行官网数据显示，截至2018年1月底，中资大型银行（工商银行、农业银行、中国银行、建设银行、交通银行、邮储银行、国家开发银行）等个人结构性存款规模约1.5万亿元，较2017年同期同比增加55%，中资小型银行个人结构性存款规模约1.6万亿元，较2017年同期涨幅达63%。整体来看，在过去一年的时间里，商业银行的个人结构性存款从1.95万亿元陡增至3.1万亿元，涨幅近60%。除结构性存款外，部分股份制商业银行还创新开发了一系列类存款产品，旨在吸引和留住个人投资者的资金。在“资管新规”落地的短期内，从居民投资行为的视角看，个人投资者对此类存款产品的配置将会显著增多。

二是短期内个人投资者资产配置的期限结构将会逐渐拉长，收益水平有望出现回落。

当前，中国市场上的银行理财占比的期限普遍较短，且不同期限产品收益差距较小，如某股份制商业银行“日益月鑫”90天和180天产品2017年年化收益仅差0.05%。同时，居民也往往倾向于投资期限较短的产品。Wind数据显示，2018年第一季度销售的银行理财产品期限在6个月以下的占76.35%。而“资管新规”落地后，预计影响为：其一是由于禁止期限错配，封闭产品不得低于90天等，居民短期理财有望显著减少。其二是若居民选择存款类产品，不同期限的存款产品收益差异较大，如以某股份制银行通知存款为例，1天通知存款和7天通知存款的利率差距为0.55%。其三是存款类产品的期限较为固定、普遍较长，1个月之后，就是3个月期限的产品，基本没有如理财产品40天、50天、60天期限的产品。其四是存款类产品大部分纳入存款保险保障范围，居民更加放心，为了减少资金空余天数，增加收益和便利性，居民配置更长期限存款产品的意愿更强。其五是净值型理财产品的赎回费率与持有期正相关，选择净值型产品的居民也可能会增长持有期。

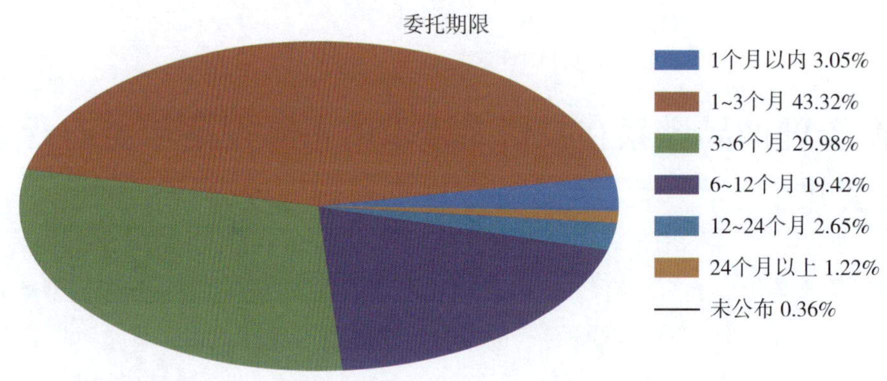

资料来源：Wind资讯，作者整理。

图2.9　2018年第一季度销售的银行理财产品各期限占比

除资产配置结构期限会拉长外，短期内，由于多重原因，居民持有投资组合的收益也会有所下滑：

其一是在当前环境下，居民短期内风险偏好较难显著提高，若配置存款产品增多，同期限存款类产品的收益往往低于理财产品的收益。其二是理财产品推动无风险收益回归，各类产品的定价也将会相应调整。

三是从长期看，“资管新规”有望促使居民理性配置资产并适当提高风险偏好水平。

长期而言，资产管理市场的不断成熟会对培养居民形成成熟的资产配置习惯起到助推作用。从以下几方面的改变看，“资管新规”有望促使居民理性配置资产并提高风险偏好水平。

首先，“资管新规”的一个基本原则，就是使资产管理市场的产品简单、透明。过去复杂嵌套的产品使居民难以准确认识了解产品，而简单、透明的产品则更可能被居民所接受和了解，若居民对金融产品的了解和认识提高，理性的居民会根据自己可接受的风险水平对风险资产进行配置。

其次，净值型理财产品的投资门槛降低，预计愿意小额购买尝试的居民增多，若机构的专业管理水平较高，净值型产品运作较好，目前愿意小额尝试的居民将会愿意进行更多配置。

再次，无风险收益的降低，也会使居民重新评估自己的资产配置结构，居民可能会更愿意了解其他金融产品。

最后，有助于居民进行风险管理的保险类产品也有望更加受到居民的青睐。保险资产的配置，如商业养老、医疗类保险产品的配置，将有助于降低背景风险，提高居民风险偏好水平和风险资产的持有意愿。

五、构建更为健康、高效的资产管理市场和体系

前事不忘，后事之师。我们需要充分总结此前资产管理行业发展中的经验及教训，在打破刚兑、资产管理行业不断变革的过程中，构建出更为健康、高效的资产管理体系。

其一，更为健康和高效的资产管理体系需要有更为合理的风险传导及分担机制。在“刚性兑付”特征影响下，我国经济、金融体系的风险向资产管理机构过度集中，同时，金融要素定价中非市场化因素也起到了较为显著的影响作用。在此机制下，我国金融机构在对实体经济的支持以及市场要素分配的过程中，也易于对金融的顺周期影响有所放大，这不仅会加剧资源分配的不合理性，更容易对经济、金融体系的平稳运行造成更为剧烈的冲击。

因此，要构建一个更为健康高效的资产管理体系，打破刚兑势在必行。与此同时，新的资产管理体系相较于“刚性兑付”体制可能还会存在着负债端流动性更大、价格传导能力更强的特点，因此，宏观调控和监管机构以及各类资产管理机构对于金融顺周期行为的管理能力、风险定价能力在此过程中也需要得到提升。

其二，更为健康和高效的资产管理体系需要更为多层次、有深度的金融中介体系和产品体系。在旧的资产管理体系中，“刚性兑付”特征的发展与壮大，在某种程度上与商业银行及银行理财产品在我国资产管理体系中占据核心地位有关。委托人，如果具备低风险偏好和刚兑诉求，就难以使得受托机构在进行多样化的资产配置过程中真正做到“买者自负”。各类隐性的担保、劣后级安排便是例证。

与此同时，眼下的金融中介体系也会更为适应固定收益类型的融资方式。然而，在我国当下经济发展阶段，该金融中介体系或许正在面临更大的挑战：一方面，我国经济体系面临转型升级，固定收益类型的融资方式更为适应资产较重、现金流较为充裕的行业，而部分创新型企业具有资产偏轻、现金流在企业发展不同阶段分布不均衡的特征。因此，在经济转型升级、鼓励创新的环境背景下，与之相应的权益性融资方式和金融中介机构应当更多地得到重视和发展。另一方面。此轮降杠杆过程中，债转股也是

一个重要的手段，在原有的金融中介机构上直接债转股易于产生风险收益偏好不匹配、资产管控能力不到位的问题，这也需要更为丰富的金融中介机构来承担该部分职责和需求。

另外，在打破刚性兑付的同时，普通投资者的风险偏好需求也需要被更好地挖掘。据前文所引用的中国家庭金融资产风险组合分布数据，眼下我国家庭金融资产风险分布呈现哑铃型状态，过低的风险偏好配置和过高的风险偏好配置两头高，缺乏从低风险到高风险的一个具有层次感的递进的配置过程。这种偏好分布可能具有一定的文化和投资行为方面的影响，但是或许也与刚性兑付长期扭曲普通投资者风险收益偏好有关。因此，在金融中介机构和金融产品体系多元化的过程中，也需要对投资者风险收益偏好有更为健康和正确的引导。

其三，更为健康和高效的资产管理体系需要更为完善的金融基础设施建设。此次“资管新规”的颁布，对于我国金融体系基础设施建设是一个里程碑式的事件；同时，经过数十年的不断改进，我国金融体系基础设施也日臻完善。然而，不可否认的是，我国金融体系，尤其是资产管理体系之中，依旧存在着较多的基础设施缺乏之处，这些缺乏也加剧了我国在此轮资产管理体系转型、经济信用周期下行的过程中，引发并加剧了周期性的信用波动。

从此次信用风险较为集中爆发的案例来看，我国金融体系，尤其是资产管理体系中，至少缺乏充足的信用风险转移的工具和相关市场、公开市场债务违约处理的成熟方案和案例、违约债券快速退出机制，以及垃圾债券、违约债券二手交易市场等一系列成熟的配套方案。在此基础上，各类市场主体也难以就信用风险问题快速形成共识，大大提高沟通和解决成本，也加剧了各类金融机构“过度收缩信用”的趋势。

第三章　金融市场风险的联动与监管应对

■ 邓海清[①]

随着全球经济发展的日益紧密，中国与全球经济相关性越来越高，与此同时，随着经济发展的紧密性，金融市场之间的联系更是变得密不可分，再叠加金融市场本身的高杠杆性与高波动性，各个国家之间金融市场的传递显得更为明显，不同金融市场之间的联系更为紧密。

本章将主要论述金融市场波动性之间的传递性与相关性，主要包括金融风险传染性文献综述，股票市场异常波动对资本市场的传导机制和影响，“大资管新规”冲击下债券市场异常波动对资本市场的影响，监管改革措施应对，目前金融市场存在的潜在风险触发点，未来监管政策的建议及结论。

第一节　金融危机的两种传染机制

自 20 世纪 90 年代以来，在金融危机理论的发展过程中，学术界对金融危机的传染原因和途径已经开始探讨。按照 Dornbusch、Park 和 Claessens（2000）的观点，金融危机的传染可以划分为“基于宏观经济基本面关联的危机传染”和“基于投资者行为的危机传染”两种不同的途径。前者是指一国发生的危机恶化了另一国的宏观经济基础，从而导致了他国危机的发生。其传染渠道主要有贸易关联、竞争性贬值和金融关联等。而后者则包含了所有无法以宏观经济和金融变量解释的危机传染，其核心是经济中的多重均衡以及投资者基于理性预期的资产组合调整的自实现过程。

一、基于宏观经济基本面的金融危机传染机制

目前对于金融危机传染的理论中，基本面原因导致的金融传染包含了宏观经济冲击，例如实体经济萎缩导致资金链断裂并因此冲击到金融市场，从而导致的全球范围的经济衰退以及通过贸易联系传递的地区性经济冲击，还有竞争性贬值和其他金融关系等。

① 邓海清：海清 FICC 频道全球首席经济学家。

1. 贸易渠道

贸易联系是另一种类似于一般金融冲击和金融联系的冲击形式。这种类型的经济冲击更多地集中于某种贸易关系形成的一体化市场。当一个国家发生金融危机导致严重的货币贬值时，它的主要贸易伙伴都会经历资产定价的下跌以及大规模的资金外流，甚至当投资者预期到该国发生危机时会有出口下降时，该国将会成为投机攻击者的攻击对象，并因此导致贸易额的恶化。Gorea 和 Radev（2014）对欧元区国家 2007~2011 年的违约传染风险进行了研究，结果表明，实体经济联系在冲击传播中起到了重要的作用，具有较强贸易关联的两个国家间更容易发生违约风险。

2. 竞争性贬值

竞争性贬值，众所周知是一种货币战争，指的是一些国家彼此竞争，想通过各自国家货币的较低汇率来获得竞争利益。当一个国家因为金融危机导致货币贬值时，它会对其他国家的货币施压，尤其当这些货币汇率并非自由浮动时。基于恐慌和不信任，货币贬值会导致各国产生非理性的行为。如果市场参与国预期到货币危机会发展为一场货币贬值的竞争性博弈，它们自然会卖出所持有的债券，削弱它们的贷款，或者拒绝向它们的债权国偿还短期贷款。

3. 金融渠道

在一体化背景下，金融渠道成为金融冲击跨国传导的最重要渠道。随着金融创新的加快和银行同业业务的不断发展，各类金融衍生产品以及银行理财产品被设计出来，促使国际金融机构之间的资产负债关联日益紧密。经济合作与发展组织（OECD，2012）的实证研究表明， 国际银行资产负债表渠道在 2008~2009 年美国次贷危机的全球传播中起到了核心作用，银行渠道导致的全球金融风险传染程度达到历史最高水平。

总体上，基于宏观经济基本面关联的危机传染理论从不同的角度对 20 世纪 90 年代发生的欧洲货币危机、墨西哥金融危机和泰国货币危机在同一地区或宏观经济基本面相似国家间的危机传染给予了较好的解释，但对于危机在宏观经济基本面联系薄弱的国家间传染的解释却显得无能为力。

基于上述危机传染理论面临的挑战，许多学者就一国危机对投资者预期和资产组合调整的影响因素和途径进行了研究，进而形成了基于投资者行为的危机传染理论。

二、基于投资者行为的金融危机传染机制

尽管基于投资者行为的危机传染理论强调了金融危机冲击对投资者心理预期和资产调整行为的影响。但不同学者对危机冲击影响投资者预期和投资行为变化的途径以及投资者资产组合调整的过程却存在着不同的观点，并由此形成了不同的危机传染途径和渠道理论。

1. 投资者“羊群效应”

该理论认为，当受到负面冲击或信息不对称和不完全信息时，投资者的风险厌恶程度会增加，导致投资者“反应过度”和抛售跨国资产。在信息不对称的环境下，由于很多投资者不能或不愿支付较高的信息收集与处理成本，通常采取跟随知情交易者或其他投资者的策略而产生“羊群行为”，造成市场的过度反应和传染性。

Jord 和 Climent（2012）提出了“投资者注意力再分配”的危机传播机制，并用 1997 年亚洲金融危机时期亚洲市场向拉丁美洲国家市场的风险传染来支持这一风险传染机制。

2. 唤醒效应

当某国爆发金融危机后，投资者常常认为，在宏观经济、地理位置、金融或政治特征等方面与初始危机国家类似的国家也可能面临同样的危机，这被称为“唤醒效应”。

Mondria（2006）通过构建一个包含两个独立的风险资产和多个理性不注意的代理人模型，分析了投资者信息处理能力约束对资产价格的影响，提出了金融危机传染的投资者注意力配置传染途径。当发生金融危机的地区吸引了更多的注意时，后期信念中关于其他地区市场的部分就变得模糊，不确定性增加，这会降低投资者的风险容忍度，促使他们清算持有的所有风险资产头寸，从而减少市场流动性，增加价格波动，使危机传染到其他市场上。

3. 财富效应

财富效应理论关注的是金融市场上资产价格变化对不同风险偏好投资者财富水平的影响，以及由此导致的投资者资产组合的变化。

Xiong（2001）在一个连续时间均衡模型中分析了短期套利交易者的交易策略对资产价格波动和市场流动性的影响。在假定趋同交易者完全理性和完全竞争、对数效用函数的情况下，市场基本面冲击将给趋同交易者带来损失，财富效应将使趋同交易者在市场上放大这种冲击。

4. 自我实现的预期与多重均衡

从已经发生的危机来看，很多受传染的国家与危机起源国的经济联系非常薄弱，很难从经济基本面的角度对危机传染做出解释，而且宏观经济基本面决定的单一均衡也无法解释危机传染的各种特征。因此，一些学者考虑用自我实现的预期与多重均衡来解释金融危机的传染现象。

Diamond 和 Dybvig（1983）创立的银行挤兑模型认为无论是银行挤兑还是储户维持存款，都是市场均衡的结果。在经济危机发生时，投资者由于恐慌会突然从一个国家撤回资金，从而引发类似于银行挤兑的效应。

第二节　2018年初的全球股市风险联动

一、股市异常波动对国内市场的影响——理论推演

1. 股市异常波动导致商品期货下跌

股票市场与商品市场具有明显的高度相关性，主要体现在两方面：一是从基本面的角度来看，由于股票市场反映的是企业的经营业绩，商品市场走势主要体现了经济的需求，两个市场均是基本面直接驱动下的资本市场，从而体现出高度的相关性。二是从市场情绪的角度来看，股票市场与商品市场均属于风险资产，这进一步加强了二者的相关性。

根据上述分析，股市异常波动对商品期货的主要影响渠道是：第一，股市暴跌影响中国经济，从基本面角度利空商品期货。第二，股市暴跌影响市场情绪，商品期货多头作为风险资产受损。因此，从理论上讲，两种渠道均表明，股市暴跌将导致商品期货下跌。

2. 股市异常波动加剧人民币贬值压力

汇率作为一国货币的度量衡，体现的是一国的经济预期与经济实力，于是当一国经济信心受到损害

的时候，汇率便会存在一定的压力。

因此，股市异常波动对汇率市场的传导渠道是：股票市场的暴跌会利空一国的经济走势，同时打击投资者对一国的经济信心，从而使得汇率市场存在一定的贬值压力。

3. 股市异常波动对货币市场影响不确定

股市异常波动影响货币市场的渠道主要包括四个路径：

第一，股市暴跌将导致市场风险偏好回落，流入股市资金减少，因而货币市场资金供给增多而需求减少，所以货币市场利率下降；第二，股市暴跌导致人民币贬值、资本外流，这使得货币市场资金供给减少，所以货币市场利率上升；第三，股市暴跌导致政府救市，中央银行通过包括降准在内的多种方式释放流动性，所以货币市场利率下降；第四，股市暴跌时机构难以抛售股票，因此存在流动性压力，对货币市场资金需求增加，所以货币市场利率上升。

4. 股市异常波动增加信用风险

债券市场分为短端和长端，短端主要受银行间货币市场利率及其预期的影响，因此股市对短端债券与对银行货币市场利率的影响是基本相同的，基本结论是股市暴跌对短端国债影响不大，主要受中央银行利率调控影响为主。

股市暴跌对长端债券市场的主要传导渠道是：第一，股市暴跌利空经济基本面，因此利好债市；第二，从风险偏好的角度看，股市暴跌导致市场风险偏好下降，因此利好债市；第三，从资产配置的角度，股市暴跌之后，大量银行资金从股市撤出，同时中央银行持续“放水”，导致银行体系“资产荒”，对债券配置需求增加，利好债市。因此，股市暴跌对长端债券市场而言是重大利好。

对企业债而言，理论上信用利差会放大，因为股市暴跌利空企业，从而使得信用风险增加，信用利差放大，此外，尽管股市异常波动的避险情绪会利好债券，但主要是集中于无风险债券上，而非企业债，因此，股市异常波动会利空企业债。

二、中国股市异常对海外市场的影响——理论推演

我们以中国股市异常波动为例，来分析中国股市异常波动对美国资本市场的影响，主要包括中国股市异常波动对美国股市的影响、对美国债券市场的影响、对美元指数的影响。

1. 利空海外股市，全球股市下跌共振

从理论上讲，中国股市异常波动对国际市场的影响分为三个方面：其一，对中国国内的直接影响：导致全球市场对中国市场的预期陡然转向悲观，这可能导致海外资本逃离中国；其二，对海外市场的影响：由于中国当前是全球经济增长的重要引擎，中国预期转为悲观导致包括美国在内的全球资本市场受到严重拖累，全球资本市场遭遇暴跌；其三，全球资本市场暴跌对中国市场带来负面的示范效应，进一步加剧了我国国内资本市场的暴跌。

总体上，从全球范围来看，中国股市异常波动的传导机制：中国预期变坏→ A 股下跌→海外预期进一步变坏→全球股市下跌→ A 股下跌的循环传染→全球股市下跌共振。

2. 中国股市波动利好海外债市

中国股市异常波动对海外债券市场的影响主要包括两个传导路径：一是中国股市异常波动会由于示范效应导致全球股市异常波动的共振风险，在这样的情况下，可能会加大全球经济的悲观预期，从而从

基本面的角度来利好海外债券市场。二是中国股市异常波动带来的金融市场动荡风险，会增加市场投资者的风险规避，从而利好债市。因此，从理论上讲，中国股市的波动会利好债券市场。不过，具体分析的时候，需要考虑到股债之间的联动性，如果股市的波动本身是由债券利率的快速上行导致的，那么股市的波动可能并不会使得债市出现走好的情况。

3. 对海外外汇市场的影响较小

从理论上讲，由于在美元指数中人民币占比非常小，人民币汇率的变动对美元指数的影响很小。但从实际上看，由于中国是全球市场上的大国，中国股灾会显著影响全球市场的避险情绪，当避险情绪提高时，则美元指数与日元指数受到显著提振，而欧洲由于跟中国经济相关度高，更容易受到中国经济变化预期的打压。

三、2018年美国股市大跌——案例分析

2018年初，美国股市开启了一轮快速下跌，2月8日，美国股指再度暴跌，道琼斯股票指数跌幅达4.15%，标准普尔股票指数跌幅达3.76%，纳斯达克股票指数跌幅达3.9%。对此，国内外的主流观点均是“不要怕，只是技术性调整”。

但是，无论是从当前美股的估值水平上看，还是从美股交易的拥挤程度上看，2018年美国股市的下跌或许并不是技术性调整，而可能是几年牛市的终结。

一方面，1987年美股席勒市盈率仅为17.7倍，而此轮股市下跌开始时美股市盈率为35倍，即使到2月5日时低点也有32倍，是1987年的近2倍之多。

另一方面，从居民直接持股比例来看，1987年美国居民直接持股占居民金融资产的比例仅为15%，而2017年7月这一比例已经达到32%，根据美股涨幅推测，2018年1月这一比例应当已经达到40%，超过2000年的36%。

1. 全球风险偏好下降

（1）全球股市共振下跌

考虑到2018年这一轮股市的大跌，可能起因主要是美股的大跌，但已经演变成全球股市暴跌的“负反馈循环”特征，即全球股市几乎同时开始下跌，然后相互传染，互相加剧。

从全球股市表现来看，以当地时间为标准，以技术图形破位作为下跌开始日，美股见顶于1月26日，下跌开始于1月30日；A股见顶于1月29日，下跌开始于1月30日；欧股见顶于1月23日，下跌开始于1月30日；日经见顶于1月23日，下跌开始于1月30日（图3.11）。

此轮全球股市下跌具有高度同步性，即均于1月下旬见顶，并均于1月30日开始破位下跌。

2月6日美股暴力反弹，之后亚洲的交易日是2月7日，我们发现事情有些不寻常：2月7日亚洲股市普遍高开低走，并未受到美股反弹提振。A股2月7日高开低走，从最高点向下跌幅达3.5%；日经2月7日高开低走，日内跌幅达3.2%；韩国股指2月7日高开低走，日内跌幅达3.5%；港股2月7日高开低走，日内跌幅达3.7%。

很明显，2月6日美股暴力反弹，但2月7日亚洲股市普遍高开低走。

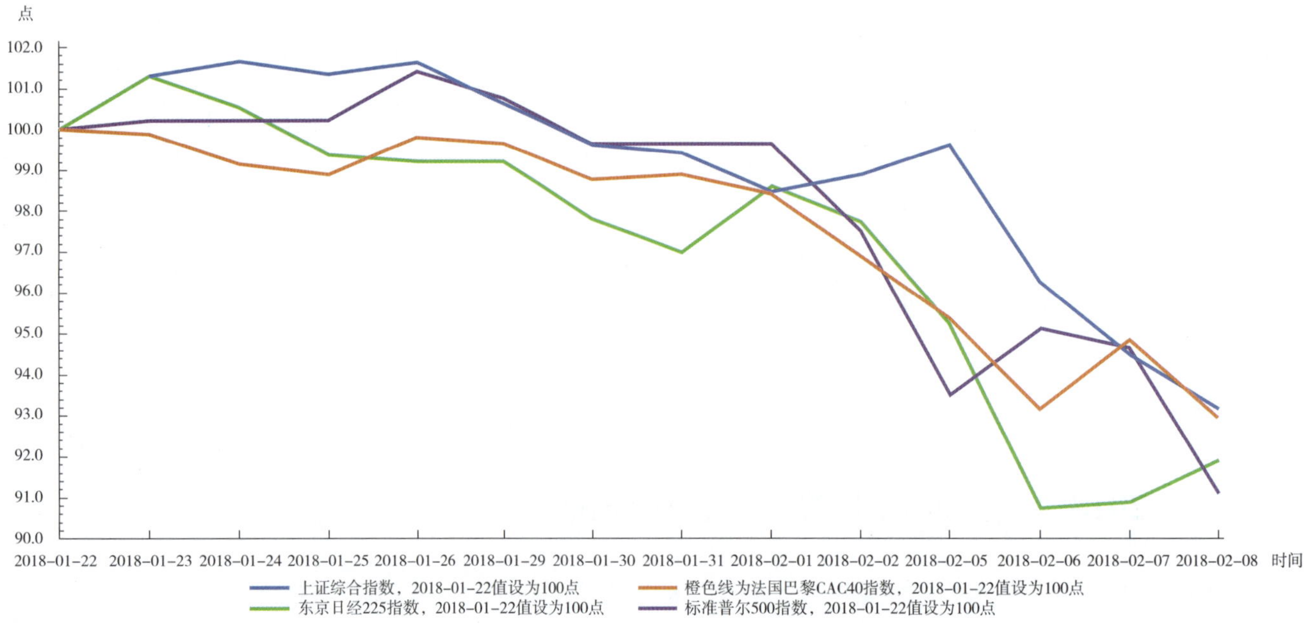

图3.1　全球股市相互传染、共振下跌

更进一步，2 月 8 日，全球股市收盘顺序是亚洲股市—欧洲股市—美国股市，看看全球股市表现：首先，A 股创新低，日跌幅达 1.4%；然后，欧股创新低，日跌幅达 2.2%；最后，美股创新低，日跌幅达 4%。

2 月 8 日全球股市普遍大跌并创新低，A 股先跌，欧股其次，美股最后。美股情绪在 2 月 6~7 日本来已经很好，但受到其他主要股指下跌的影响，2 月 8 日再创新低。

因此，我们认为，本轮全球股市下跌具有高度共振性，而不仅仅是美股暴跌导致全球暴跌那么简单；这一轮全球股市暴跌具有“负反馈循环”的特征，即全球股市几乎同时开始下跌，然后相互传染，互相加剧。

（2）美国股市与美国债市同跌

对于美国债券市场而言，此次与2015年中国股市大跌导致的情况完全不同，这一次全球股市大跌期间，美国债券市场利率持续上升，股债呈现出“同跌”（图 3.2），而非“跷跷板效应”。

究其原因，主要在于这一轮全球股市大跌的“导火索”可能是美债利率预期的快速上行，美债利率预期的快速上行是导致美国股市下跌的直接因素，美国股市进而带动了全球股市大跌，进而产生了全球股市暴跌共振。具体过程如下。

由于利率是资本市场的重力性因素，股票市场对利率更是十分敏感，2018 年美联储加息预期的逐渐升温，正是此次美股闪崩的导火索。

2017 年 12 月，美联储对 2018 年加息预期为三次，但是市场对此并没有全然接受，市场预期 2018 年美联储加息仅为 1~2 次。从芝交所的利率期货隐含的加息预期来看，2017 年 12 月 14 日，市场预期 2018 年加息一次的概率约为 86%，加息两次及以上仅为 47.6%，加息三次及以上为 13.3%。在美国经济复苏与美联储加息分歧之下，美国股市进一步延续牛市 1 个多月。

但是，2018 年之后，随着美国经济数据的逐渐走好，市场逐渐接受了美联储三次加息的预期；2018 年 2 月 3 日，市场预期 2018 年加息一次的概率为 98.6%，加息两次及以上为 87.9%，加息三次及以上为 58.9%，加息预期的变化导致美债急剧调整。

由于此前美股对经济的预期打得更满但对加息预期却更是心存侥幸的情况下，导致近期美国经济走

强反而被解读成了对加息预期升温的美股利空。

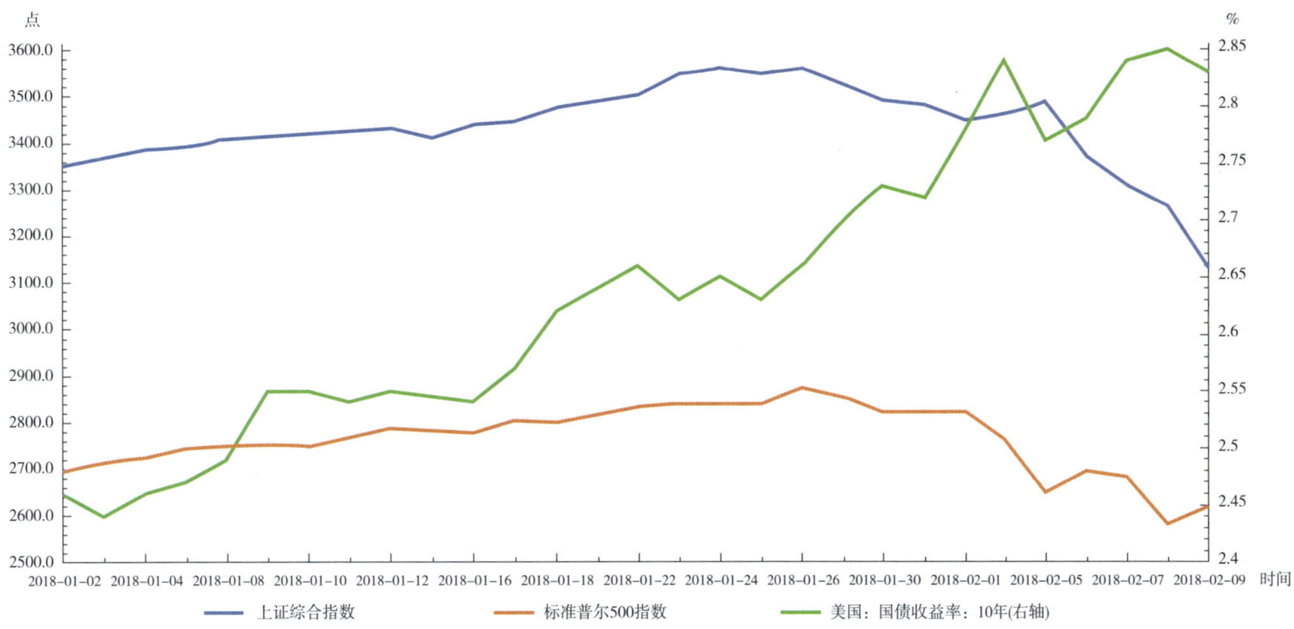

图3.2 美国债市与股市“同跌”

因此，从总体上看，由于此次股市大跌的原因本身是债券市场利率上行预期的升温，从而导致在股市大跌的过程中并未出现美国债券市场利率的快速下行，反而是美国债券市场利率出现了快速上行，这一点与2015年中国股市大跌带动美国股市大跌，进而提高市场风险规避情绪、利好美债市场不同。

（3）避险情绪增加，推高美元指数

2018年股市大跌期间，美元指数出现了明显的回升，这主要在于市场的避险情绪增加，从而对美元指数产生了一定的提振，美元指数走强（图3.3）。

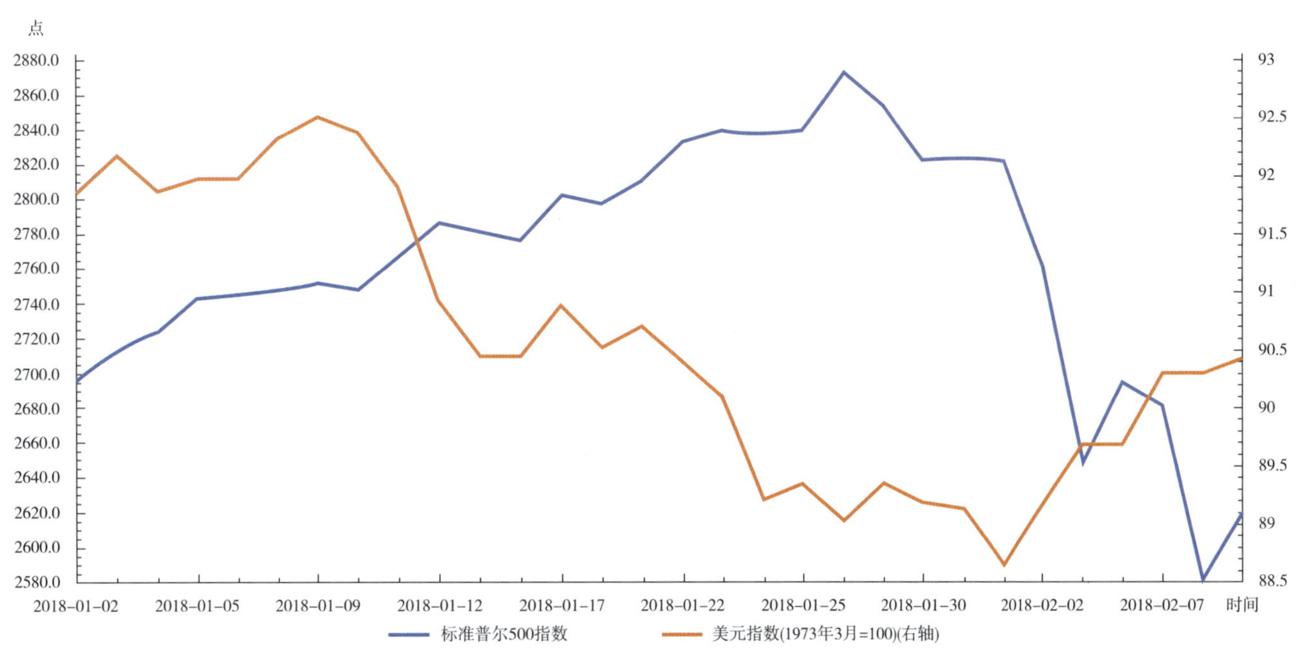

图3.3 美元指数走强

美国股市作为美国经济的“晴雨表”的功能比较明显：首先，由于美国居民大量持有股票，导致美国存在明显的财富效应，即股票涨跌会显著改变居民收入水平；其次，美国是消费主导的国家，居民财富缩水导致消费下滑，进而导致经济下行；最后，股市作为信心指数，会影响居民和企业的行为，导致周期性变化。

因此，当2018年初美国股市大跌增加了市场对美国经济的悲观情绪，进而影响市场对全球经济的悲观预期，当市场对全球经济产生边际悲观预期时，投资者会相对谨慎地选择风险规避的资产，从而对美元指数形成利好。

2. 除中国股市外，与中国市场联动性较弱

（1）与原油关系密切，但与中国商品相关性不高

这一轮全球股市大跌始于美国股市的大跌，进而传导至中国股市大跌，从2018年1月30日至2018年2月9日，上证综指从3488点大跌至3130点，跌幅超过10%，无论是美欧股市的大跌，还是中国股市的大跌，给市场带来了一定的恐慌情绪，给未来的经济走势蒙上了一层阴影，反映在期货市场中主要是原油价格的同步大跌（图3.4），WTI原油期货价格从64.5美元/桶大跌8.2%至59.2美元/桶。

对国内的期货市场而言，螺纹钢、焦炭、豆粕与这一轮中国股市大跌的相关度不高，螺纹钢、焦炭、豆粕并未出现明显的大跌，这可能与中国商品市场受到供给侧改革、环保限产等因素有关，再叠加2018年初经济表现出一定的韧性，这同样导致了商品市场相对抗跌（图3.5）。

总体上，中国股市的大跌与商品期货市场的高相关性主要反映在原油市场上，两者出现了同步大跌的情况，但是，国内商品期货市场的其他品种，包括螺纹钢、焦炭、豆粕并未出现明显的相关性，两者之间的相关性并不明显。

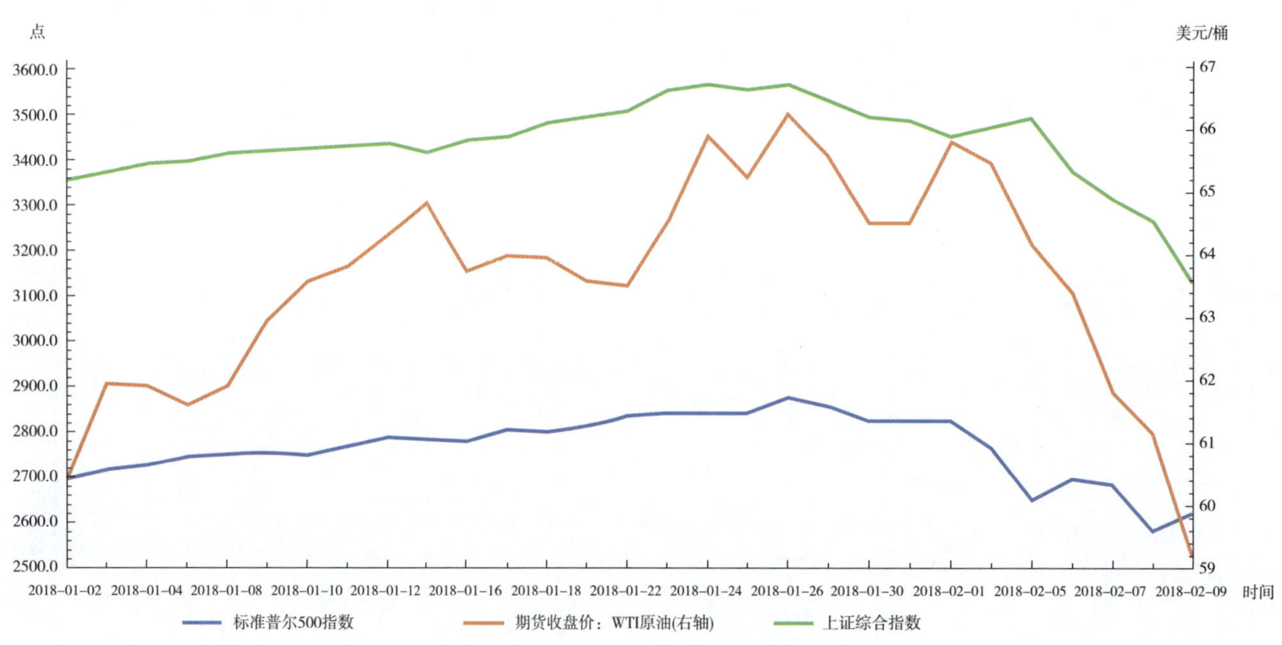

图3.4　原油价格与上证综指、标普500指数呈现高相关性

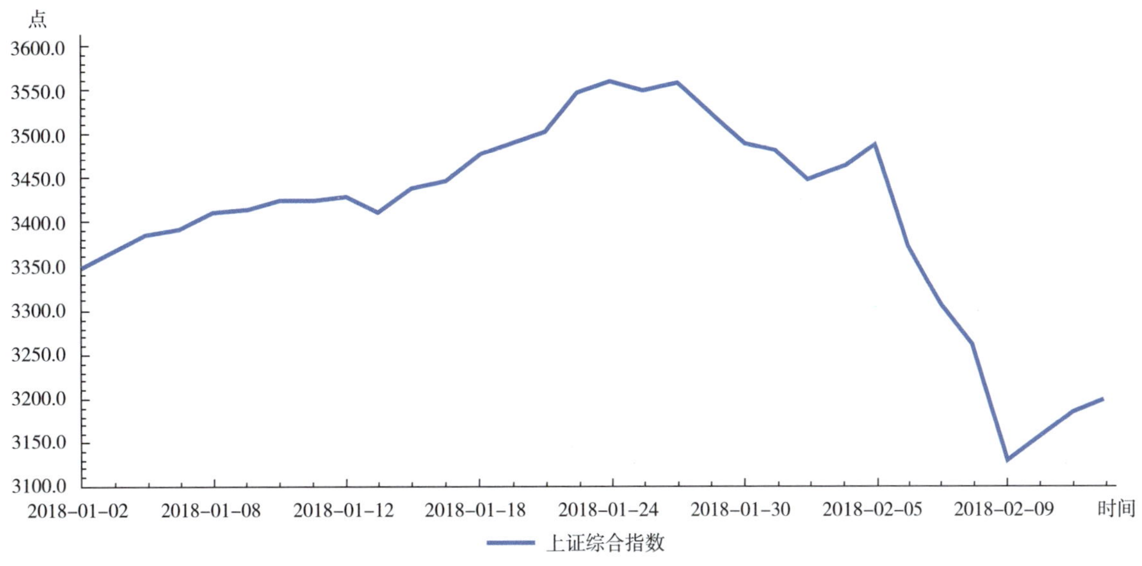

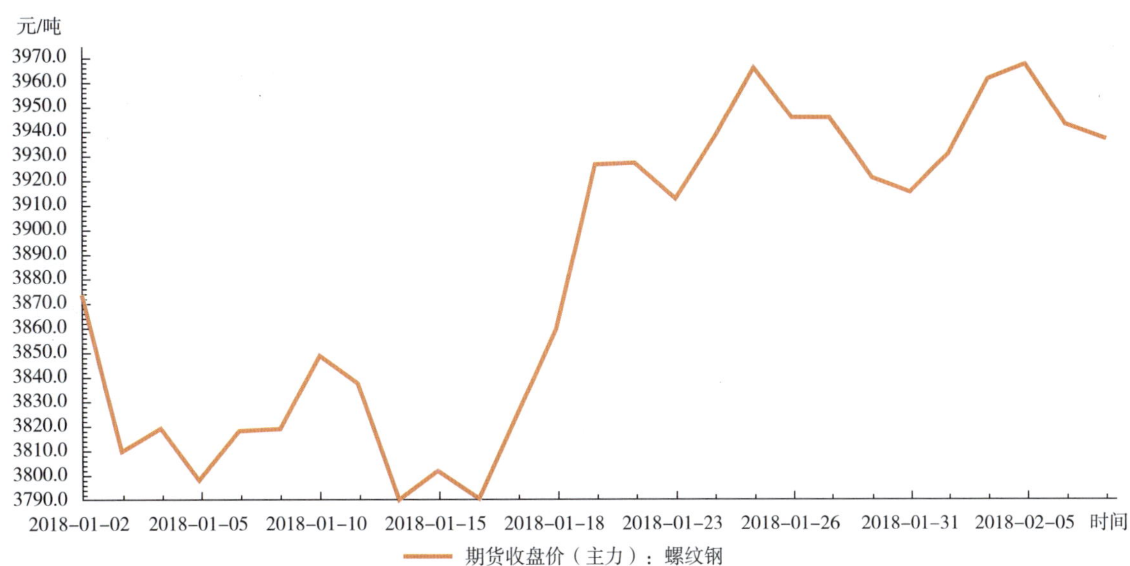

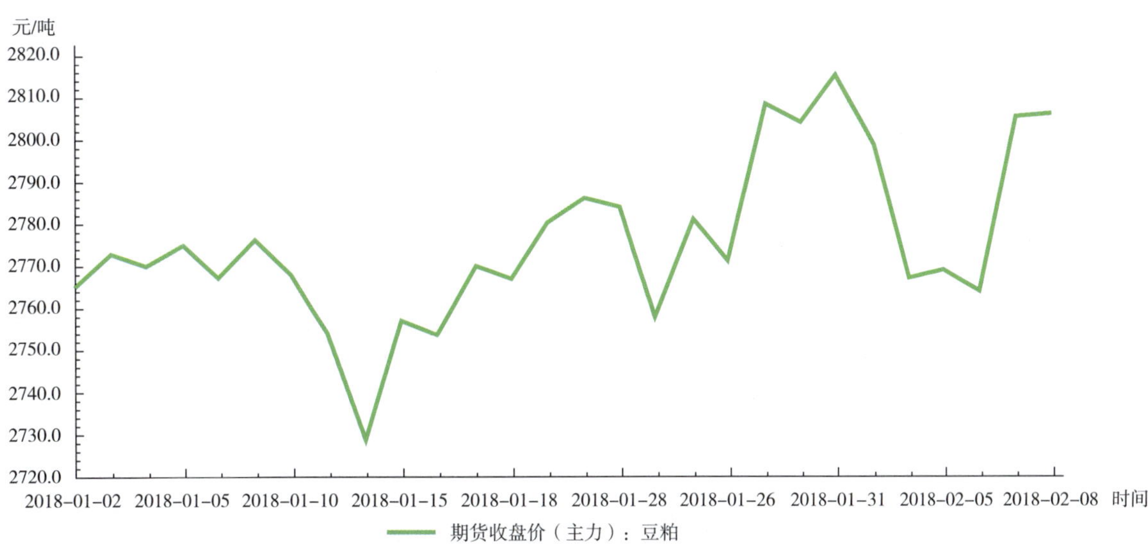

图3.5　原油价格与其他国内商品期货走势相关性不明显

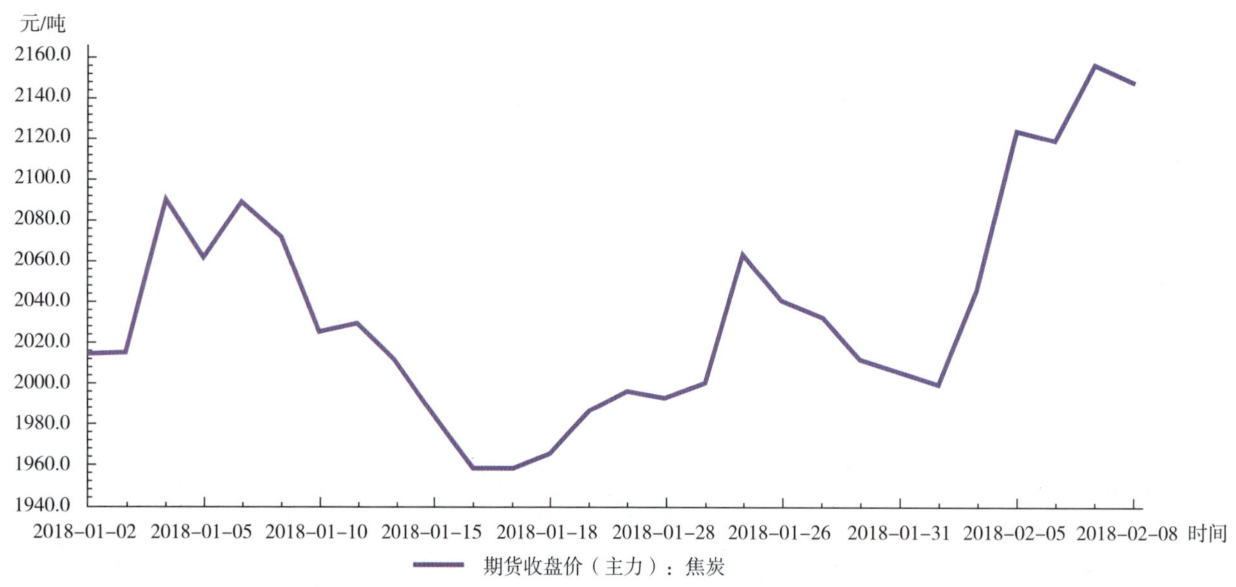

图3.5 原油价格与其他国内商品期货走势相关性不明显（续）

（2）美股大跌下，人民币汇率震荡走势

2017年以来，由于人民币兑美元汇率的贬值预期逐渐消失，人民币的汇率调控机制开始逐渐反映出市场的供需价格，更多的是由市场来决定的，这一点与2015年“8·11”汇改影响人民币汇率走势不同，因此，我们在考察2018年这一轮股市大跌的过程中，人民币汇率的决定因素可以直接考虑两者之间的相关性即可。

我们观察2018年1月这一轮股市大跌期间的人民币汇率走势，发现股市大跌主要是在2018年1月30日至2018年2月9日，但是期间人民币兑美元汇率并未出现明显的波动，同时，人民币兑美元的波动主要是由于美元指数的小幅反弹，两者之间的相关性并不明显（图3.6）。

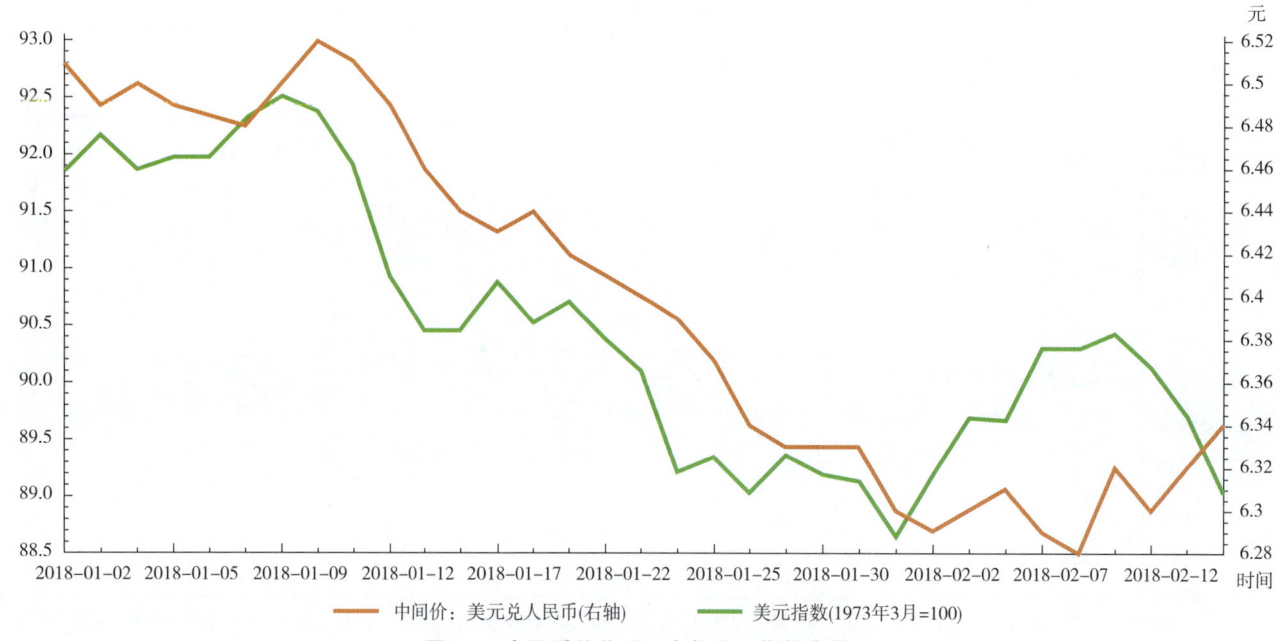

图3.6 人民币兑美元汇率与美元指数走势

更进一步，我们认为，中国股市对人民币汇率的影响并不明显的原因主要在于：由于影响人民币兑美元汇率的一个主要因素是美元指数，在2018年美国股市大跌导致的全球股市动荡的时候，美元指数反而起到了避险的作用，从而美元指数的走强导致了人民币汇率的震荡。

因此，在考察股市对汇率市场影响的时候，由于全球金融市场的联动性越来越高，一国股市的异常波动可能并不能简单地由于股市异常波动影响经济预期而直接导致汇率贬值，其影响应该是多层次、多方面的，进而才能判断出股市对汇率市场的具体影响。

（3）中国人民银行呵护情绪明显，利好货币市场流动性

2018年中国股市大跌正好赶上春节前后，该期间市场对货币市场的影响因素较多，不仅包括跨春节资金的周期性紧张，还包括春节前的人民银行货币市场投放增加，从而导致对该期间货币市场波动的干扰因素较多，因此，在分析中国股市异常波动对货币市场的影响时，相对较难。

我们简要分析2018年股市异常波动期间货币市场指标的走势情况（图3.7）。我们发现，股市大跌期间，银行间货币市场R007的走势出现明显的下降趋势，反映出股市大跌对货币市场利率反而是利好，这主要是中央银行对货币市场流动性的呵护，来维护市场的稳定性。

更进一步，我们简要分析人民银行的流动性公告，“考虑到金融机构有序动用临时准备金动用安排（CRA）和月末财政支出可吸收中央银行逆回购到期、现金投放等因素的影响，为维护银行体系流动性合理稳定，人民银行不开展公开市场操作”以及“目前银行体系流动性总量处于较高水平，可吸收央行逆回购到期、现金投放等因素的影响，人民银行不开展公开市场操作”。总体上，人民银行由于提前开展了临时准备金动用安排（CRA）和考虑到财政支出，一直以来保持着流动性的适度宽松，反映出了央行对货币市场的呵护情绪。

因此，2018年股市大跌对货币市场的影响，主要是利好因素，原因在于，2016年第四季度以来，人民银行对货币市场进行预调微调，货币市场的流动性主要与央行态度有关，相对受风险偏好、资本外流等因素较弱，总体上看，在中国股市大幅下跌的情况下，人民银行对流动性呵护的态度明显，从而利好货币市场流动性。

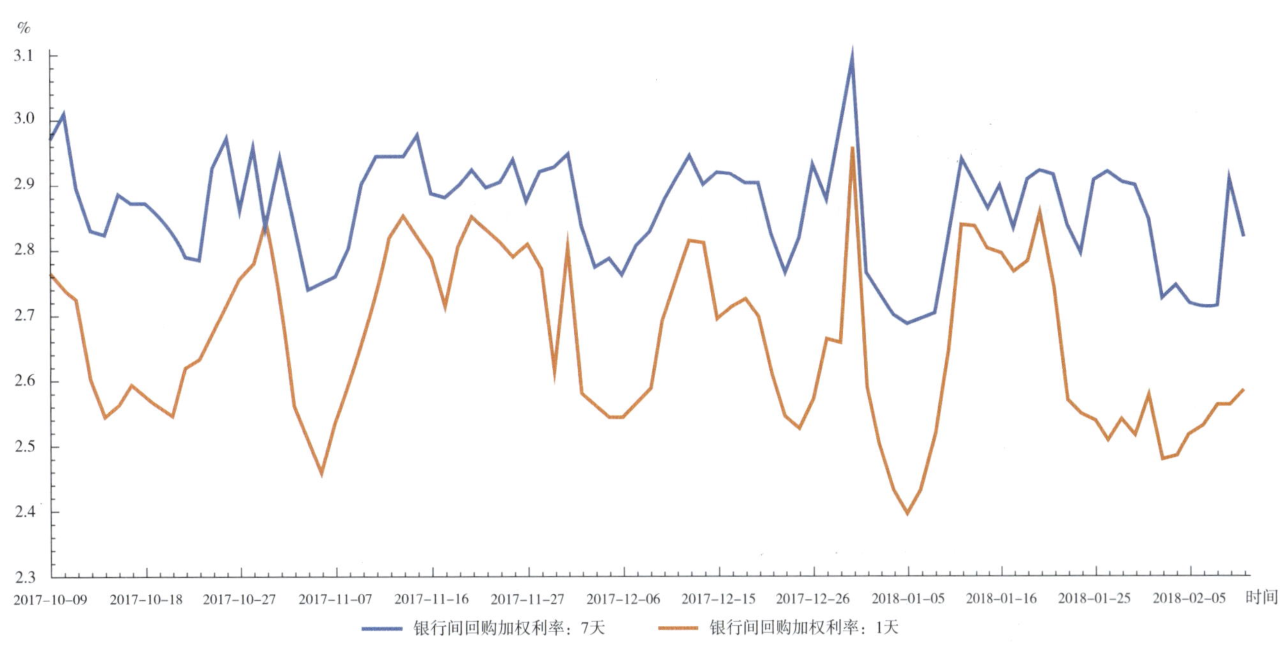

图3.7　银行间货币市场利率（R001、R007）

（4）美股下跌利空中国经济，利好中国债市

2018 年初这一轮中国股市大跌，对中国债券市场是利多。

一方面，尽管 2018 年全球股市大跌伴随着美债的上行，但由于 10 年期美债收益率破 3% 难度很大，再加上，从汇率的角度来看，不存在维持利差保汇率的逻辑，中国债市不会跟随美债上行（图 3.8）。

更进一步讲，我们一直不认可“美债 + 中美利差”的分析逻辑，因为中美利差是结果而不是原因，不应本末倒置；先有了中债和美债利率，才有中美利差，而不应该用中美利差去倒推中债利率。当前，由于美国常规化货币正常，这可能导致中美利差出现趋势性下台阶的可能性。

另一方面，由于美国股市“小型股灾”的风险将不利于美国经济，同时在 2018 年中国经济高度依赖于出口的情况下，美国经济的利空风险可能会进一步加大中国经济的下行幅度，从而利多中国债市。

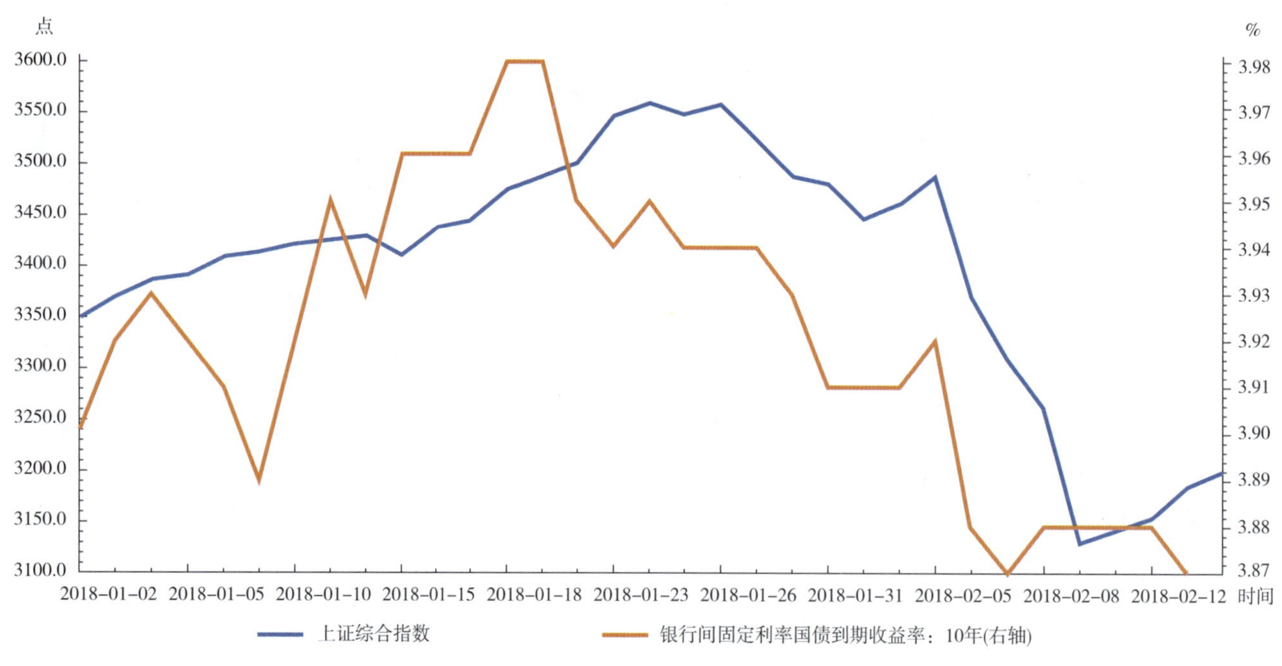

图3.8　银行间10年期国债利率与上证综指

第三节　2017年第四季度的中国债市冲击

2017 年 11 月 17 日，中国人民银行等四部委联合发布《关于规范金融机构资产管理业务的指导意见（征求意见稿）》，叠加月末资金面的冲击，债市再度大幅调整，10 年期国债收益率再破 4%，10 年期国开债（170210）收益率破 5%。

由于“大资管新规”中关于刚性兑付、净值法管理等规定较为严格，对银行理财、信用风险将造成重大影响，进而利空债券市场（图 3.9）。

对于债券市场而言，主要的矛盾在于市场对于银行理财新规和政策不确定性的担忧，导致市场对于未来债市存在悲观预期，以致出现“抢跑”现象，从买债变为卖债，债券市场出现大跌。

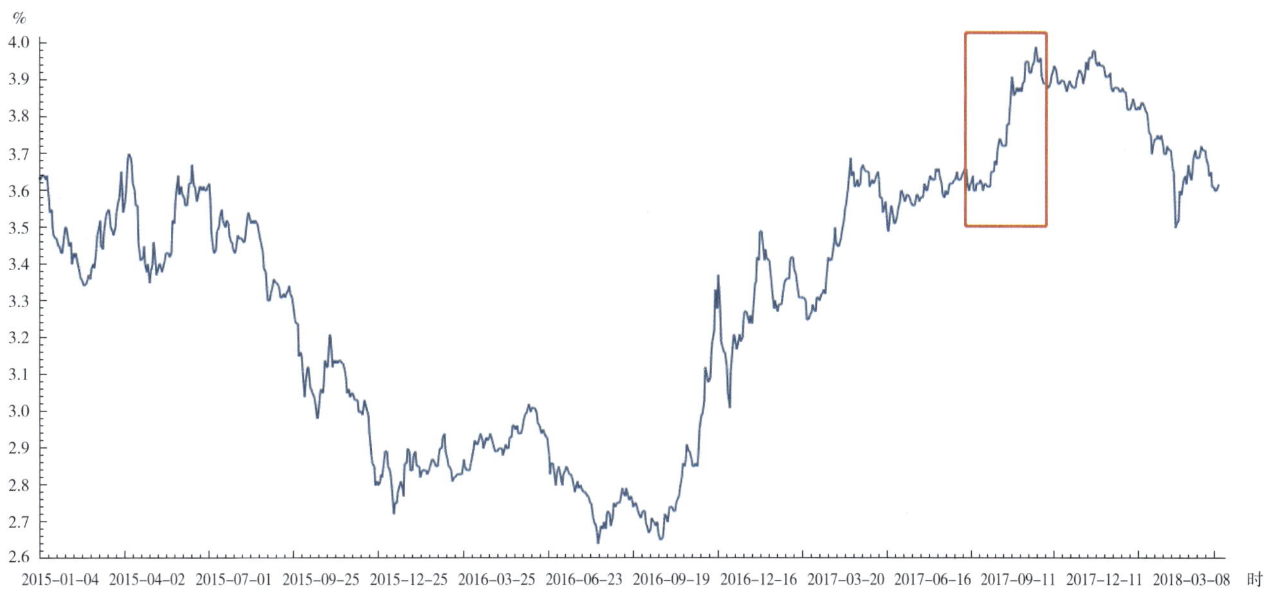

图3.9　2017年“大资管新规”严监管冲击波下，债券市场大跌

一、债券市场大跌并非“基本面、货币政策”的因素导致

2017 年 10 月 9 日以来，债券市场利率出现了新一轮的快速上行，在一个多月时间内，10 年期国债利率从 3.61% 快速上行至 4.02% 的水平，上行速度之快堪称新一轮的“债灾”。如果从 2016 年 10 月起算，债市利率上行幅度已经达到了 139 个基点之多，债市的跌势之迅猛甚至已经超出了很多空头的预期（图 3.10）。

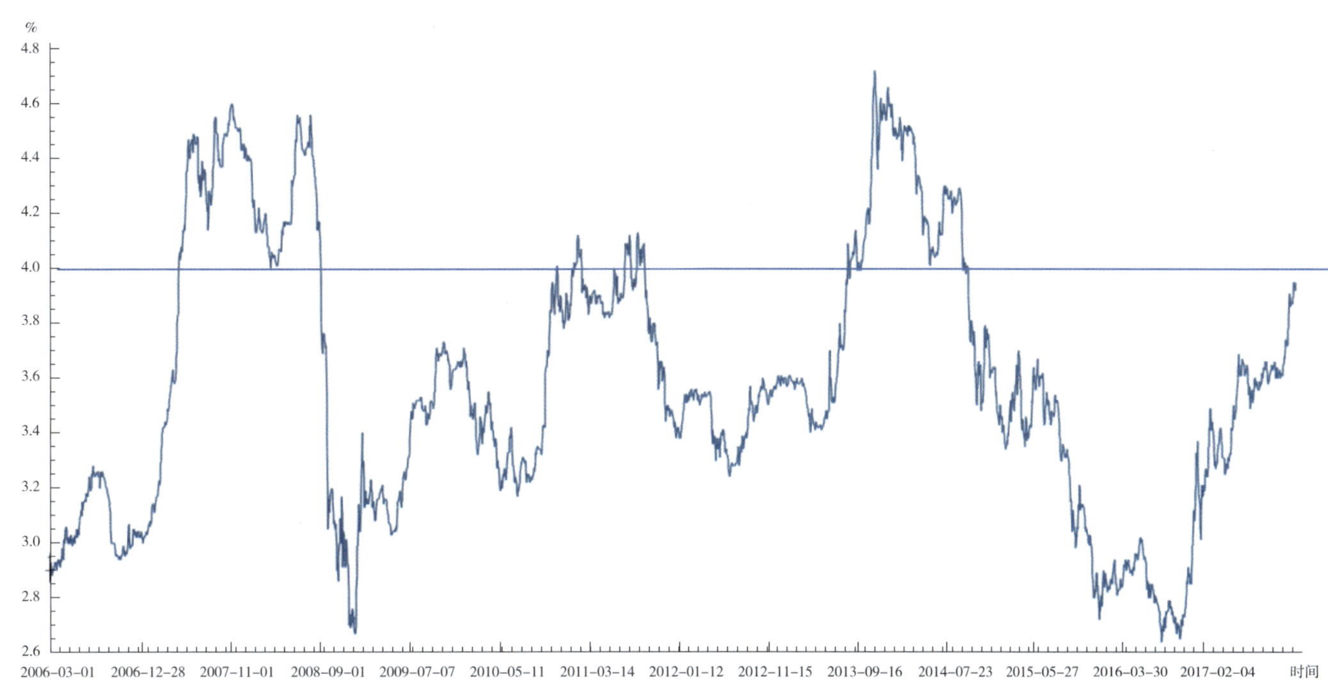

资料来源：Choice数据。

图3.10　历史上，10年期国债利率突破4%有三次，分别为2007年、2011年和2013年

除去2017年11月17日公布的“大资管新规”对债市的影响外，债券市场早已经开始了“跌跌不休”的过程，海清FICC频道试图以传统的基本分析框架来理解市场的下跌走势，但从经济增长、通胀预期、货币政策、资金面等方面上看，似乎都无法充分说明，而对比历史经验来看，这一轮的“债灾”与之前同样相去甚远。

历史上10年期国债利率上行超过4%的时期，主要为2007年、2011年、2013年三个时期，但此三个时期利率上行均有明显的基本面因素推动：2007年属于明显的经济过热时期，2011年是典型的高通胀时代，2013年则是货币政策收紧导致货币市场拉高债券市场（图3.11）。

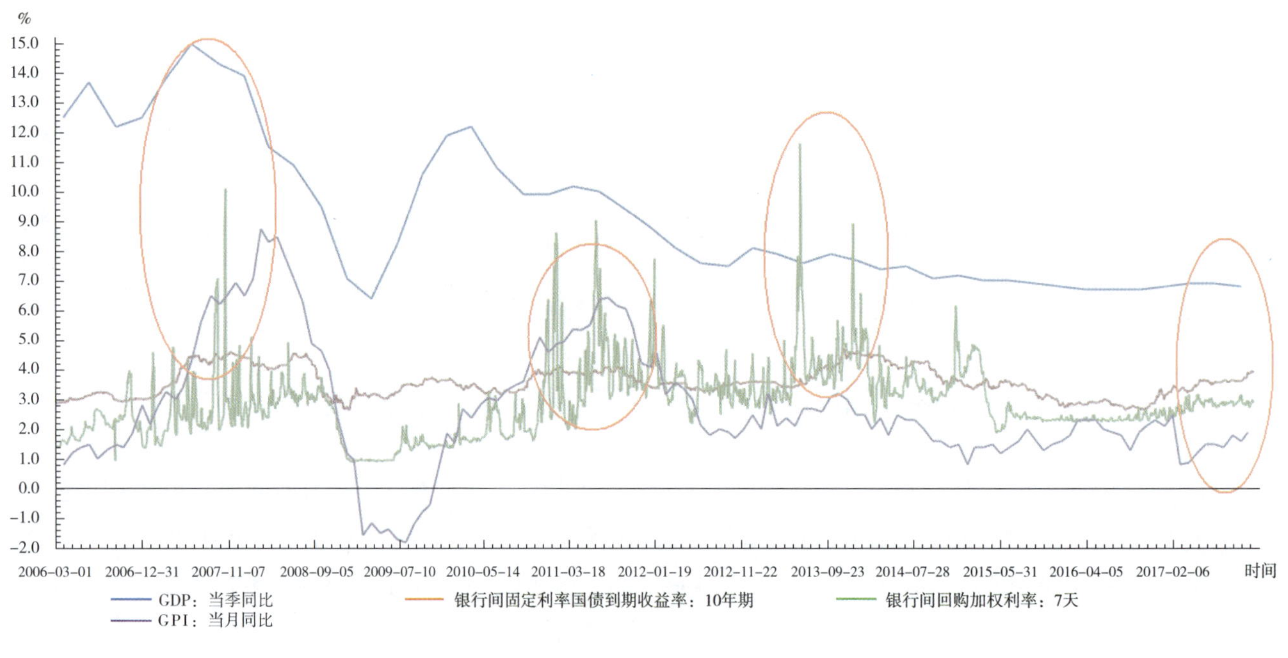

资料来源：Choice数据。

图3.11　2007年经济过热（高GDP）、2011年高通胀（高CPI）、2013年货币过紧（R007趋势性高于10年期国债）

但是，市场的基本因素无法成为推动债市利率快速上行的充分理由：

中国经济基本面回落，2017年第三季度GDP回落，10月PMI、进出口、工业增加值均不及预期，经济“前高后低”已被充分验证，同时，11月14日公布的数据显示，10月经济数据不及预期，市场反而大跌，同样反映出经济增长因素并不能成为推动债市大跌的核心理由。

从货币政策和资金面的角度来看，一方面，人民银行开展63天逆回购及罕见辟谣市场传言，反映出中央银行货币政策明显的呵护态度，但市场仅是在短暂休整后继续下跌。另一方面，2011年和2013年均出现明显的货币市场利率与10年期国债利率倒挂现象，即货币市场推高债券市场，而2017年10月以来债券市场利率明显高于货币市场，货币市场仅存在短期波动。

至于当前的通胀水平，尽管市场对于未来的通胀预期存在一定的上修，但对于2018年通胀中枢的主流预期不会超过2.5%，而对比同样10年期国债4.0%时代，2007年、2011年CPI均为5%以上，所以通胀预期也不足以成为压垮债市的理由。

此外，10月信贷不及预期，消费贷出现了明显的大幅下滑，2017年以来信贷持续“高烧”终于褪去，从资产配置挤出的角度看，边际上反而是利好债市，更不可能成为利空债市的理由，在下文中我们也会重点分析，因此可以看出，所谓“配置利率不足”并非“债熊”的根源，而只是“债熊”的结果（图3.12~图3.14）。

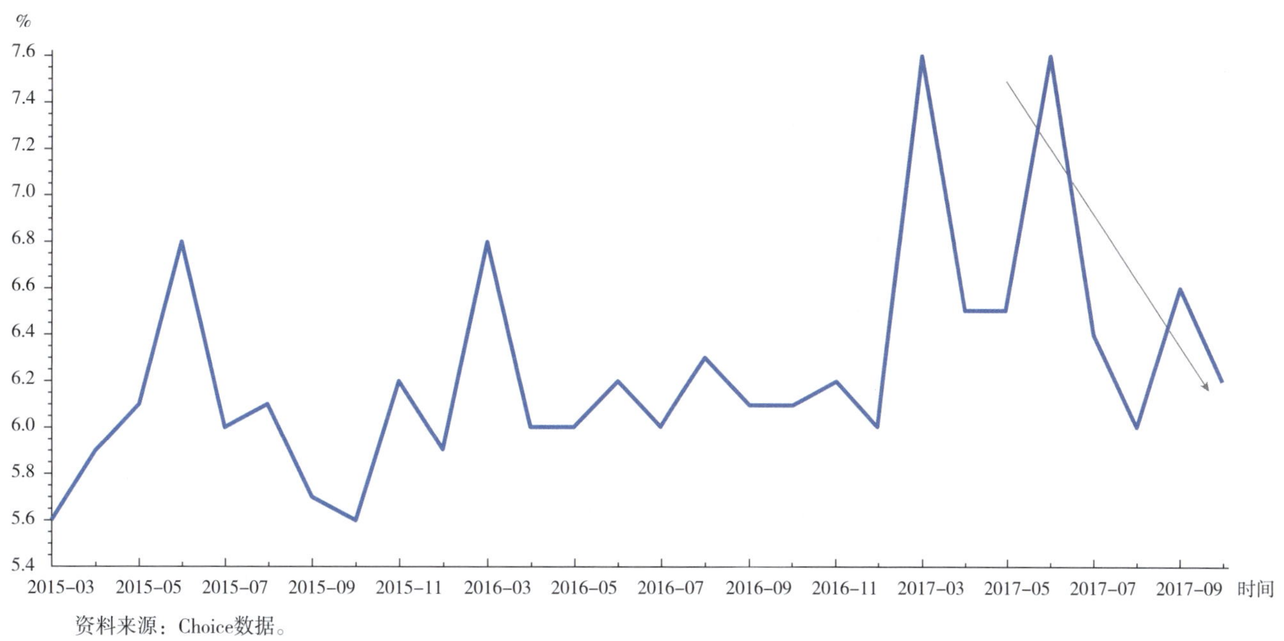

资料来源：Choice数据。

图3.12　2017年6月之后，经济增速逐渐回落的趋势明显

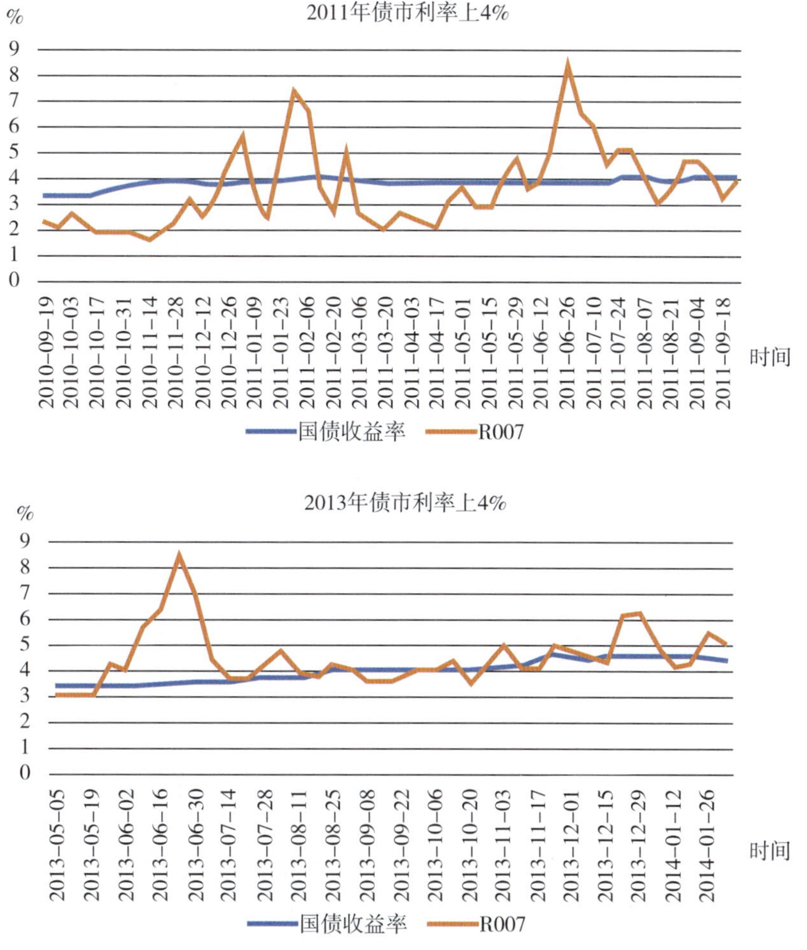

图3.13　2011~2013年货币市场推高债券市场，而2017年10月以来货币市场利率明显低于债券市场

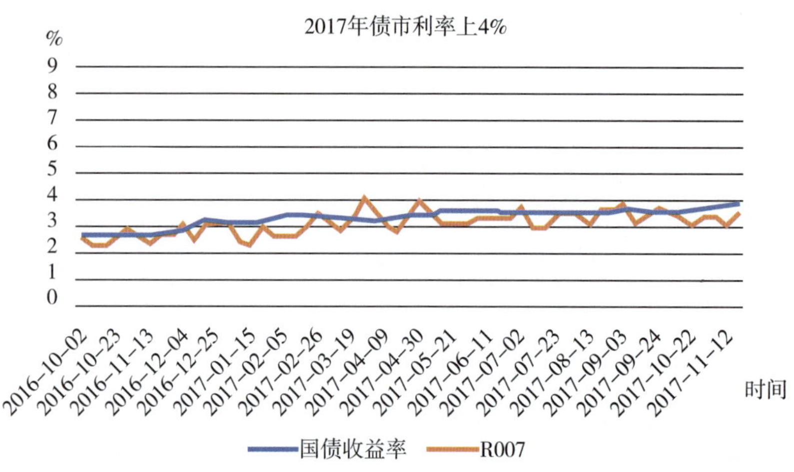

图3.13　2011~2013年货币市场推高债券市场，而2017年10月以来货币市场利率明显低于债券市场（续）

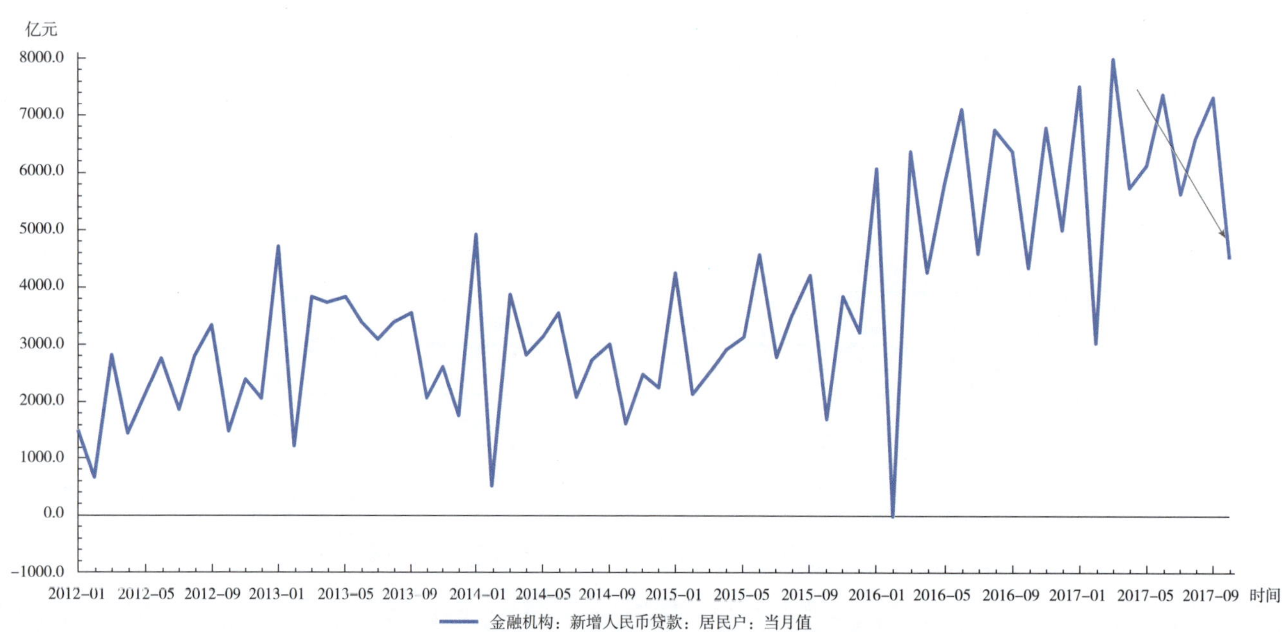

图3.14　消费贷持续“高烧”，10月已然“退温”

总体来看，2017 年 10 月以来，新一轮债券市场的快速下跌，无论从经济基本面、人民银行货币政策和资金面、通胀水平及预期、银行配置行为等方面，均不能很好地解释债市的“大跌”。

二、“大资管新规”严监管冲击波，债券市场遭遇大幅调整

由于“大资管新规”对银行理财采取“一刀切”，这意味着过渡期之后，如果银行继续选择发行净值型理财产品，在债券市场熊市的情况下，净值法管理方式将使银行理财产品面临大幅亏损，进而导致银行理财面临较大的赎回压力，进一步带来债券市场抛售，同时，银行赎回与债市抛售将会相互促进与自我循环。

于是，在“大资管新规”的政策引导下，银行理财将面临大规模的萎缩，或者净值型银行理财资金并不投向债券市场。这意味着，在未来银行理财的转型期间，当前银行理财（占比银行理财总规模40%~50%，15万亿元左右）已经投向市场的债券会面临无资金接盘的情况，进而有可能导致中短期债券市场的大幅动荡，再叠加市场的预期效应——“早跑好过晚跑”，从而对债券市场形成较大的不利影响。

同时，“大资管新规”要求在净值管理和刚性兑付下，银行理财投资风险或由银行转向普通投资者，这意味着“僵尸企业”不兑付债券所面临的政府压力大幅下降，“僵尸企业”违约率风险快速提升，这有可能导致信用冲击下“流动性高的利率债先行调整”历史的重现。

总体上看，由于“大资管新规”中关于刚性兑付、净值法管理等规定较为严格，对银行理财、信用风险将造成重大影响，进而利空债券市场，主要逻辑包括以下两点：

一方面，在“大资管新规”对银行理财“一刀切”的情况下，银行理财或面临重大调整，这意味着在未来银行理财转型期间，当前银行理财投向债市的部分或将面临无资金接盘的情况，再叠加市场的预期效应——“早跑好过晚跑”，进而利空债券市场，造成债券市场动荡。

另一方面，在“大资管新规”明确要求净值管理和禁止刚性兑付情况下，银行理财的投资风险或由银行转向普通投资者，这意味着“僵尸企业”等主体不兑付债券所面临的政府压力会大幅下降，随着“僵尸企业”等融资主体刚性兑付的逐步打破，“僵尸企业”等融资主体违约风险有可能快速提升，这将导致信用风险冲击下“流动性高的利率债先行调整”历史的重现。

三、在债券市场大跌的情况下，中国股市走势相对平稳

尽管“大资管新规”对整个资管体系和银行理财均产生了明显的影响，但是，2017年第四季度经济基本面保持着良好的韧性，且货币政策流动性相对平稳，对于股市的“基本面 + 流动性”具有明显的支撑，从而缓冲了严监管政策对股票市场的影响，股票市场走势相对平稳（图3.15）。

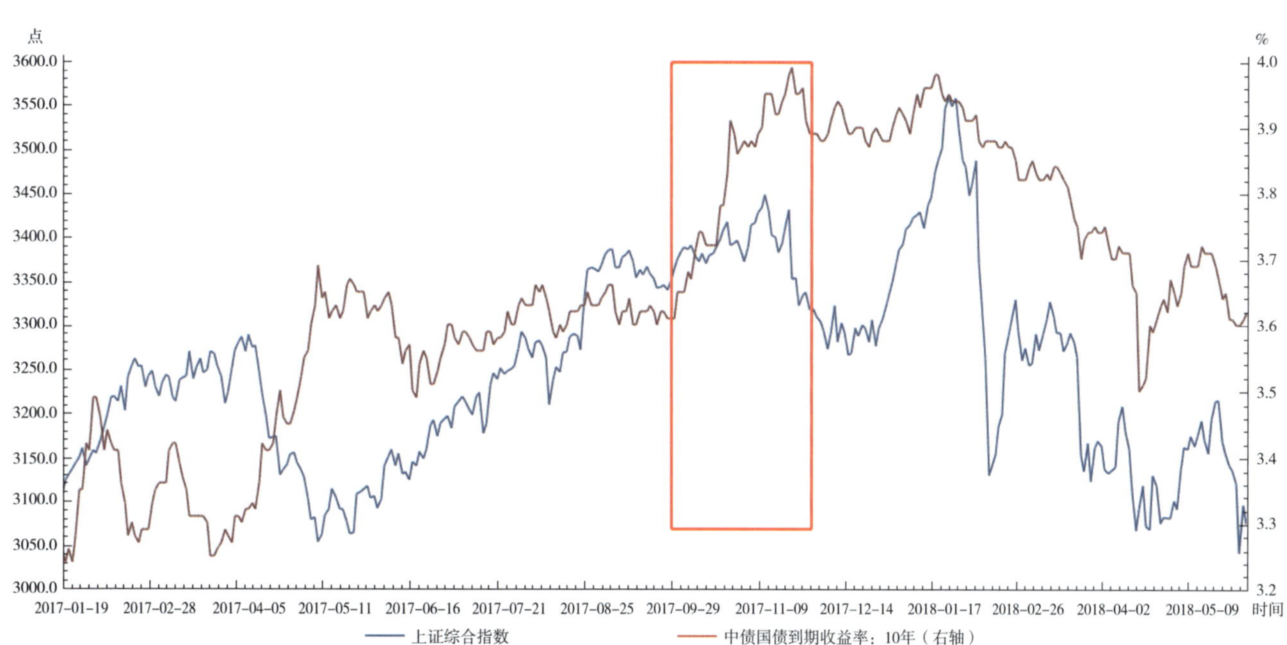

图3.15　2017年债市大跌的情况下，股市走势相对平稳

一方面，2017 年第四季度，中国经济走势表现出良好的韧性，从工业增加值和工业企业利润数据上看，2017 年第四季度均保持着较好的走势，工业增加值保持在 6.7% 左右的“上台阶”水平，工业企业利润累积同比增速超过了 20%，反映出中国经济表现良好，对于企业基本面的盈利形成明显的支撑（图 3.16）。

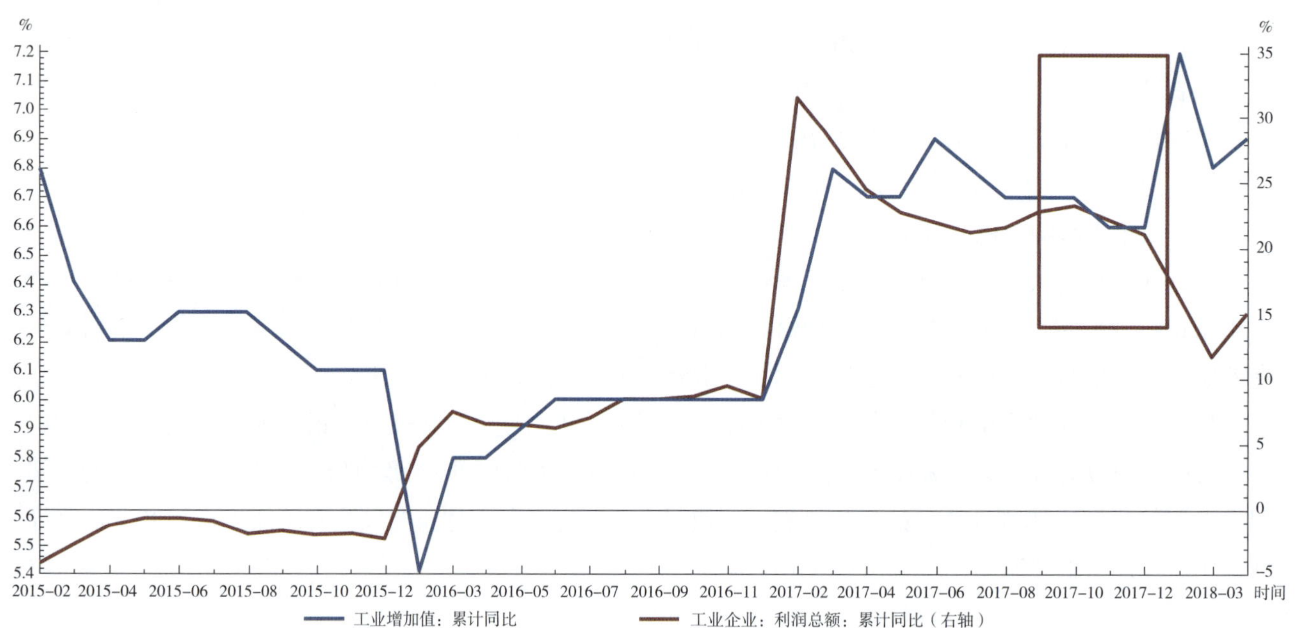

图3.16　2017年中国经济基本面走势良好，企业盈利支撑股票市场

另一方面，我们发现，为了对冲严监管政策对经济和金融市场冲击的影响，货币市场流动性在 2017 年第四季度之后保持着相对平稳的走势，不仅货币市场利率中枢不再进一步上行，同时货币市场利率的波动性出现下降，反映出货币政策对于货币市场的呵护，从而在流动性上同样利好股票市场（图 3.17）。

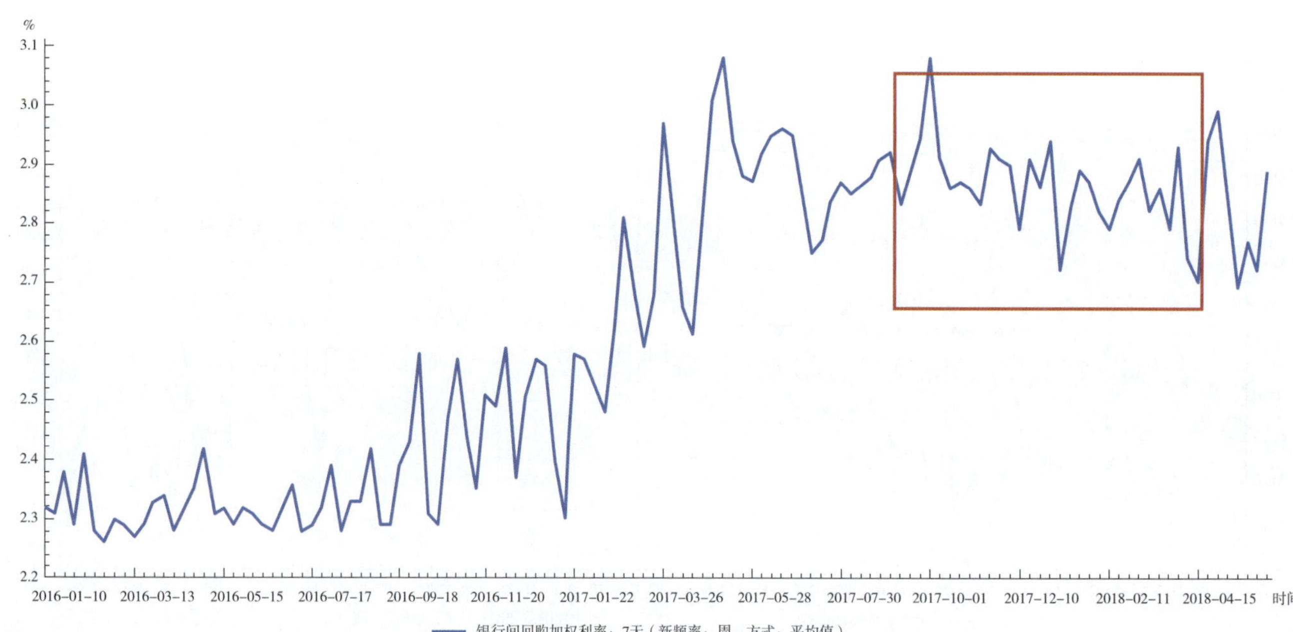

图3.17　货币政策边际宽松，对冲严监管政策冲击，利好股票市场

从总体上看，尽管“大资管新规”下的严监管以及债券市场利率水平的大幅走高，对于股票市场会产生一定的冲击，但是2017年第四季度经济基本面走势平稳、企业盈利维持在明显的高位水平等因素，再叠加货币市场流动性放缓，会利多股票市场，使得股票市场走势相对平稳。

第四节　金融市场联动背景下的监管改革

2015~2016年，中国股市、债市风险频繁爆发，金融乱象突出，“严监管”势在必行。

2017年是金融监管改革进入“改革深水区”的一年，“一行三会”等监管机构针对金融体系出台一系列金融监管政策，把主动防范化解系统性风险放在三大攻坚战之首，形成了人民银行宏观审慎监管、“两会”微观行为监管的两大监管支柱，初步形成了相对完善的宏微观审慎监管体系。

监管改革之后，金融乱象明显改善，金融服务实体经济能力显著增强，市场风险传染的可能性进一步下降，有助于降低金融系统风险。

（一）监管决策层“纲领性”监管文件

1. 中央政治局会议定调“防范金融系统性风险”

2017年4月25日，中央政治局集体学习“维护国家金融安全”，把维护金融安全作为治国理政的一件大事，提出六大任务：深化金融改革、加强金融监管、采取措施处置风险点、为实体经济发展创造良好金融环境、提高领导干部金融工作能力、加强党对金融工作的领导。

2017年7月24日，中央政治局会议部署下半年经济工作，提出“整治金融乱象”，加强金融监管协调，提高金融服务实体经济的效率和水平。

2017年12月8日，中央政治局会议分析研究2018年经济工作，提出防范化解重大风险要使宏观杠杆率得到有效控制，金融服务实体经济能力增强。

2. 全国金融工作会议：强化金融监管，设立国务院金融稳定委员会

2017年7月，五年一次的全国金融工作会议召开，会议决定设立国务院金融稳定发展委员会，强化宏观审慎和系统性风险防范责任。会议强调：其一，防范金融风险，强调金融要回归本源，要以强化监管为重点、以防范系统风险为底线。增强金融监管协调的权威性有效性，强化金融监管的专业性统一性穿透性，所有金融业务都要纳入监管，及时有效识别和化解风险。其二，强化监管问责，监管“长牙齿”，明确提出“有风险没有及时发现是失职、发现风险没有及时提示和处置是渎职”，形成敢于监管、严格问责的严肃监管氛围。其三，把国企降杠杆作为重中之重，进一步严控地方政府举债，终身问责，倒查责任。

3. 中央经济工作会议：三大攻坚战，“防范金融系统性风险”为首

2017年12月18~20日，中央经济工作会议举行，会议强调今后3年要打好防范化解重大风险、精准脱贫、污染防治三大攻坚战，重点是防控金融风险，要促进金融与实体、金融与地产、金融体系内部的良性循环，做好重点领域风险防范和处置，打击违法违规金融活动，加强薄弱环节监管制度建设。尽管会议没有提及“去杠杆”，但金融防风险仍是重点，不管是实体、地产，还是金融机构、地方政府融资的风险，根子都在金融，未来宏观政策的重心将围绕防风险服务，有效控制化解这些部门的宏观杠杆率，金融严监管还将继续深化。

4. 五部委联合发布“大资管新规”征求意见稿：纲领性文件

2017 年 11 月 17 日，人民银行联合“三会”及外汇局发布《关于规范金融机构资产管理业务的指导意见（征求意见稿）》，这是金融体系“大资管行业”的纲领性文件，主要要点包括：

第一，打破刚性兑付，实行净值化管理。净值法和打破刚兑是大资管新规的核心内容。真正净值化将从根本上改变客户对于银行理财的认可模式，净值波动加剧甚至会发生亏损，尤其对以预期收益类产品为主的银行理财、私人银行、信托产品冲击明显，客户资金面临明显分流。同时，这也将改变机构投资偏好，压缩波动性产品的投资。

第二，规范“资金池”，禁止非标与资管产品期限错配。“资金池”是不少资管的生命力所在，新规要求资管产品实行“三单”管理，不得开展滚动发行、集合运作、分离定价特征的“资金池”业务。

第三，金融机构之间、机构与通道之间的刚兑也被打破。新规要求金融机构不得为资管产品投资的非标债权类资产或者股权类资产提供任何直接或间接、显性或隐性的担保或者回购承诺；不得直接或者间接对优先级份额认购者提供保本保收益安排。一旦机构之间的刚兑、回购兜底承诺等被取消，很多非标、通道出标业务将受到显著影响，尤其对于券商、基金子公司、信托等通道冲击更为剧烈。

第四，消除多层嵌套和通道。资管只能有 1 层通道，委外投资公募和 MOM 产品除外。两层以上的通道被禁止，许多非标、信贷融资的出表没法做了；银行理财借道通道辗转在交易所开户的行为也受到抑制，不利于交易所非公开债。

（二）人民银行“宏观审慎政策”框架逐步完善

党的十九大报告明确要求，健全货币政策与宏观审慎政策双支柱调控框架。这是反思国际金融危机教训并结合我国国情做出的重要部署，有助于在保持币值稳定的同时促进金融稳定，提高金融调控的有效性，防范系统性金融风险，切实维护宏观经济稳定和国家金融安全。

2017 年人民银行监管政策主要包括：完善 MPA 框架，加强理财、同业存单监管。

第一，表外理财正式纳入 MPA 考核。人民银行自 2017 年第一季度起，在 MPA 评估时正式将表外理财纳入广义信贷范围，以合理引导金融机构加强对表外业务风险的管理，以防止银行通过表内与表外资产腾挪规避监管，这对于前期跨越式扩张的中小银行的限制尤为明显，导致表外理财规模增速大幅放缓，理财业务规模受到上限约束，有利于去杠杆和强化资本监管。

第二，部分同业存单即将纳入 MPA 考核，取消 1 年以上 NCD 发行。2017 年 8 月 11 日，人民银行在第二季度货币政策执行报告中提出，为了更全面地反映金融机构对同业融资的依赖程度，拟于 2018 年第一季度评估时将资产规模 5000 亿元以上的银行发行的 1 年以内 NCD 纳入 MPA 同业负债占比指标进行考核。同时，2017 年 8 月 31 日，人民银行公告〔2017〕第 12 号规定，自 2017 年 9 月起，金融机构不得新发超过 1 年的同业存单。

同时，为健全宏观审慎政策框架、并与货币政策、微观监管相互配合，能够更好地将币值稳定和金融稳定结合起来，宏观审慎政策将集中作用于金融体系本身，能够“对症下药”，侧重于维护金融稳定和防范系统性金融风险。

2017 年完善 MPA 宏观审慎框架已经取得的成绩包括以下三个方面。

第一，完善以 MPA 为核心的约束机制。2011 年正式引入差别准备金动态调整机制，其核心是金融机构的信贷扩张应与经济增长的合理需要及自身的资本水平等相匹配，也就是要求金融机构“有多大本钱就做多大生意”，不能盲目扩张和过度加杠杆。针对金融市场和金融创新的快速发展，自 2016 年起将差别准备金动态调整机制“升级”为宏观审慎评估体系（MPA），将更多金融活动和资产扩张行为纳入宏观审慎管理，从七大方面对金融机构的行为进行引导，实施逆周期调节。之后，又于 2017 年将表外理财纳入 MPA 广义信贷指标范围，以引导金融机构加强表外业务的风险管理，2018 年还将把同业存单纳入 MPA 同业负债占比指标考核。

第二，将跨境资本流动纳入宏观审慎管理范畴，从外汇市场和跨境融资两个维度，从市场加杠杆融资和以自有资金短期炒作两种行为模式入手，以公开、透明、市场化的手段进行逆周期调节，促进金融机构稳健经营，维护金融稳定。

第三，继续加强房地产市场的宏观审慎管理，形成了以因城施策差别化住房信贷政策为主要内容的住房金融宏观审慎政策框架。从政策落实情况看，当前银行体系流动性基本稳定，货币信贷和社会融资规模保持平稳增长，绝大多数银行业金融机构经营稳健，金融市场上的加杠杆和投机行为得到了一定程度的抑制，企业和居民的正常融资需求也得到了保障。货币政策和宏观审慎政策相互配合，为供给侧结构性改革营造了中性适度的货币金融环境，同时，较好地防范了系统性金融风险，维护了金融稳定，有力地促进了宏观经济健康可持续发展。

（三）银保监会、证监会“微观审慎监管”成效卓著

传统的金融监管体系主要是微观监管框架，但由于微观审慎的分业监管模式导致了一系列套利行为，使得内部人控制、关联交易等一系列问题突出，使得金融系统风险不断累积。

根据上述问题，2017 年我国在防范金融系统性风险方面出台了大量的微观审慎政策举措，主要是银监会与保监会部署开展的“三三四十”微观监管体系的构建。

第一，银监办发 45 号文：整治“三违反”（自查细则）。

2017 年 3 月 28 日，银监会发布《关于开展银行业“违法、违规、违章”行为专项治理工作的通知》，提出为进一步防控金融风险，治理金融乱象，扎严制度“笼子”，更好地服务实体经济，对于银行业金融机构制度存在的一些漏洞现象，有章不循、违规操作等问题，决定在银行业开展“违法金融法律、违反监管规则、违反内部规章”（以下简称“三违反”）行为专项治理。消除风险管控盲区，要求银行开展全系统自查及上对下抽查，全面覆盖体制、机制、系统、流程、人员及业务，要求全面完成自查、“上查下”以及监管检查问题的整改和问责。

第二，银监办发 46 号文：整治“三套利”（自查细则）。

2017 年 3 月 28 日，银监会发布《关于开展银行业“监管套利、空转套利、关联套利”专项治理工作的通知》，主要针对银行同业业务、投资业务、理财业务等跨市场、跨行业等交叉金融业务中存在的杠杆高、嵌套多、链条长、套利多等问题开展专项治理。文件强调交叉金融监管的原则是“资金来源于谁，谁就要承担管理责任，出了风险就要追究谁的责任”，对于资金来源于自身的资管计划，银行要承担起主体责任，不能将风险转移给“通道机构”。

文件细则针对监管套利、空转套利和关联套利，全面列举了 95 条“是否”套利方式，以便进行自查，银行业务面临全面和实质性的调整。文件要求各银行业金融机构要完成自查、“上查下”以及监管问题的整改和问责工作。

第三，银监办发 53 号文：整治“四不当”（自查细则）。

2017 年 4 月 6 日，银监会发布《关于开展银行业“不当创新、不当交易、不当激励、不当收费”专项治理工作的通知》，与“三套利”自查内容有所重合，但重点在于检查银行的金融创新业务、运行情况、创新活动风险，银行是否定期评估、审批金融创新政策和新产品的风险限额，是否建立了金融创新的内部管理制度和程序，使金融创新限制在可控制的风险范围内。

第四，银监发 5 号文：整治“十乱象”。

2017 年 4 月 7 日，银监会发布《关于集中开展银行业市场乱象整治工作的通知》，由银监会现场检查局牵头，组织全国银行业进行集中整治市场乱象，这十大乱象包括：（1）股权和对外投资；（2）机构与高管；（3）规章制度；（4）业务；（5）产品；（6）人员行为；（7）行业廉洁风险；（8）监管履职；（9）内外勾结违法；（10）非法金融活动，如非法集资、地下“钱荒”、乱办金融等活动。

这一文件强化了对于银行行为的外部监管，对于公司内部治理、激励机制、人员行为和行业廉洁等也做出严格规定和改革调整，大幅抑制银行机构冒险冲动，引导部分机构从追求利润转向追求安全性。

第五，银监会：《商业银行流动性风险管理办法（修订征求意见稿）》。

2017 年 12 月 6 日，银监会发布《商业银行流动性风险管理办法（修订征求意见稿）》，此次修订的主要内容包括：第一，新引入三个量化指标，即净稳定资金比例、优质流动性资产充足率、流动性匹配率，其中，净稳定资金比例适用于资产规模在 2000 亿元（含）以上的商业银行，优质流动性资产充足率适用于资产规模在 2000 亿元以下的商业银行，流动性匹配率适用于全部商业银行。这些指标与已有的流动性比例、流动性覆盖率一起，成为银行流动性风险的监管指标。第二，进一步完善流动性风险监测，对部分监测指标的计算方法进行优化。第三，细化了流动性风险管理相关要求，如日间流动性风险管理、融资管理等。

在银监会“三三四十”大检查等微观监管政策下，金融乱象、金融风险高企及“脱实向虚”等问题得到明显好转，2017 年取得的主要监管成绩包括以下方面。

第一，银行表外业务萎缩，资产结构有所优化。在监管强化的背景下，银行业主动压缩表外规模，部分表外资金主动回表，贷款占资产的比重上升。截至 2017 年 10 月末，银行业新增贷款 12.2 万亿元，占新增资产的比例较上年同期大幅提高 35.3 个百分点。制造业贷款增速连续保持正增长，增速较上年同期上升 1.6 个百分点。银行信贷对实体经济的支持力度持续提升。

第二，同业、理财等资金空转业务萎缩。截至 2017 年 10 月末，同业资产、同业负债分别较 2017 年年初减少 2.6 万亿元和 2 万亿元。其中，股份制银行同业资产与 2017 年初相比降幅达 45%。理财产品余额同比增速降至 4.7%，较 2016 年同期下降 30 个百分点，其中，同业理财 2017 年以来累计减少 2.7 万亿元。中小银行下降得尤为明显，城商行和农商行理财余额的同比增速分别下降 40 个、90 个百分点。

第三，资金链条缩短，对实体经济的支持力度上升。随着监管穿透力度的增强，2017 年以来，SPV 投资和委托贷款增速明显放缓，意味着投向实体经济的资金链条缩短，多层嵌套加杠杆、加链条的现象得到明显遏制。SPV 投资同比少增 4 万多亿元，增速较上年同期大幅下降 47 个百分点。委托贷款余额从 2017 年 4 月以来一直保持减少态势，同比少增 6100 多亿元。

总体上，自 2017 年初至今，MPA 宏观审慎和“三三四十”微观审慎监管治理金融乱象取得了明显成效。金融空转现象得到了明显的遏制，去杠杆正在有序进行。从中长期看，金融回归本源可以为实体经济稳中向好创造更为良好的货币金融环境，反过来，也为金融行业奠定了可持续发展的基础。

第五节　基于金融稳定视角的监管政策建议

一、金融乱象频发，加强监管是大势所趋

金融监管对经济稳定至关重要，金融监管体制的改革是中国经济结构转型的需要，势在必行。另外，从国际经验上看，每一次危机背后都有着金融危机的影子，2008 年国际金融危机之后，各国均加强金融体制建立，中国加强金融监管符合国际经验。

第一，从国际经验来看，每一次经济危机都离不开金融危机的影子，无论是 2008 年美国次贷危机、1998 年东南亚金融危机，还是更早的拉美危机都与金融危机有关。目前，中国正处于改革关键期，且经济增速由高速增长转变为中高速增长，金融的稳定对经济转型至关重要。如果再遭遇经济危机，中国经济根本无法承受。

第二，金融监管体制改革是 2008 年国际金融危机后全球金融监管大趋势。加强金融监管改革和建立宏观审慎体系是 2008 年以后全球监管的一个重要举措，但此前中国在金融监管改革上一直没有明显的进展。目前中国金融乱象越来越多，加强金融监管的建设越来越迫切，中国要适时逐步进行金融监管体制改革。

第三，从中国基本情况看，自 2014 年以来金融系统的乱象越来越多，比如，2015 年股灾、2016 年债市泡沫、e 租宝事件、资管乱象等，都表明中国金融系统的稳定性出现下降，金融监管已经越来越跟不上金融创新的脚步。因此，金融监管系统越来越多地需要跨市场监管，完善金融系统的监管体系非常必要。

二、大数据监管应对金融风险“黑科技”

伴随着金融科技的快速发展，如果大量交易参与者是“人工智能”或者是一类算法，当金融定价出现大幅偏离的时候，算法会加大一致偏误的概率，使得价格朝着“发散”的方向进行，引起金融资产价格的大幅波动，甚至是金融体系的动荡。从市场交易和稳定性的层面看，金融科技会明显增加“金融市场动荡”小概率事件发生的频率，不利于金融市场的稳定性。

金融科技发展的核心是信息与数据，在互联网金融快速发展的情况下，大量数据信息的准确性、完备性、秘密性会受到动摇。由于网络安全技术与数据牟利是相辅相成的，无论网络安全技术如何发展，数据牟利者总是会利用相关技术来伪报、篡改、泄露数据，随着金融科技快速渗透到各个领域，来自金融数据的利用和黑色交易会进一步增加，使得金融交易的数据安全面临威胁。

在金融科技的背景下，以大数据、区块链为代表的技术，将使得金融交易的习惯与方式面临重构，这会大大加快金融交易创新的速度，使得传统的金融监管体系的有效性面临挑战。同时，金融科技的发展还会产生之前从未被定义的金融领域，新金融领域交易行为面临金融立法暂时缺位的情况，提升了金融监管有效性的难度。

金融科技的发展会大大加深全球金融体系之间的联动性，这种全球互联互通的金融体系意味着全球金融风险的传染性将会大大增加。一国的金融风险爆发，会迅速地扩散和蔓延至其他国家，影响其他国家金融体系的正常运行，对全球金融链条形成冲击和破坏。因此，金融科技的发展会加剧全球金融风险

的传染性，金融科技在发展的过程中应该建立起良好的全球金融防火墙。

目前，随着科技的迅猛发展，金融市场发展同样日益复杂，传统的金融监管已经无法跟上金融市场的“科技化”。在“央行 4.0”的大数据时代下，货币政策操作只有结合大数据等新兴技术，探索仿真货币政策实验，促进货币政策精准化、实时化，通过“大数据”进行监管，才能紧跟日益复杂的金融发展形势。

第一，加强金融基础设施的统筹监管和互联互通，推进金融业综合统计和监管信息共享。实现金融综合监管的统一性和穿透性，需要全面、准确、动态的金融数据作支撑。建议打破目前各部门、各金融机构、各金融市场分割的“信息孤岛”，统一金融数据的采集、分类、监测、管理标准，形成支撑统一监管的跨部门、跨机构、跨市场的金融大数据平台，压缩因信息不对称而形成的监管套利空间，充分利用现代信息技术手段提高金融监管的效率和精准度。

第二，发挥行业自律组织的作用。行业自律组织可以在规范行业内部大数据的使用等方面发挥作用。行业自律组织可以积极制定大数据信息采集、使用标准，探索大数据信息数据库的安全管理标准和异议处理机制，引导规范大数据产业发展，保护信息主体的权益。同时，行业自律组织有利于推动大数据标准化。标准真实的大数据是人工智能大数据分析的基础，行业自律组织可以积极牵头或者配合监管机构制定大数据标准，并整合不同行业的大数据。

第三，注重培养自己的大数据应用人才。大数据应用需要专业技术人才的前期开发和后期维护，要建立完善自我培养机制，从本系统每一个业务条线抓起，培养各类大数据应用人才，让大数据人才在探索实践中形成数据直觉，锤炼大数据应用本领。

第四，着力抓好数据安全工作。数据安全是大数据应用必须把好的一道关口。严格执行有关法律法规和授权管理规定，规范数据采集、录入、储存、传输、共享、公示的标准和流程，督促操作人员严格落实安全责任，共同守护好安全关口。

三、监管的最终目标应为“更好地服务实体经济”

尽管全球经济与金融市场的关系日益紧密直接导致了市场波动之间的传递性与传染性更为明显，但是，不容忽视的是，在全球金融市场紧密联系的背后，各个市场之间的关系也变得更为复杂，为了得出市场传递之间关系的准确性，我们不能简单地套用理论框架，而是应该更多地分析市场传递之间的本质因素。具体结论如下：

一方面，各个金融市场之间的关系仍然紧密，比如，股市大跌利空原油市场，这一点可从 2015 年、2018 年得到印证，股市利空经济并导致了风险规避，原油市场因此而跟随大跌。此外，股市对外汇市场、货币市场、债券市场、海外股市、海外债市、海外汇率市场的影响同样明显，也大体符合第一部分中的理论分析，这反映出金融市场风险之间传递性的共性。

另一方面，在不同时期，各个金融市场之间传递性的表现却不一定相同，比如，2015 年中国股市大跌导致美国股市的大跌并导致美国债市利率的快速下行，从而出现了明显的“股债跷跷板”效应，但是，在 2018 年美国股市大跌导致全球股市暴跌共振的情况下，美国债市利率却出现了快速上行，这主要在于美国股市大跌的导火索本身就是美债利率预期的快速上行，从而出现了“股债同跌”情况。

同时，我们观察股市大跌对货币市场的影响可以看出，在 2015 年股市暴跌初期，由于流动性压力导致了货币市场利率上行，但上行幅度有限，流动性冲击结束之后，对交易所货币市场而言，风险偏好下降、资金需求减少是主要矛盾，导致交易所货币市场利率较股市暴跌之前中枢性下降，因此，股市下跌事件本身，在不同时期所造成的影响同样会不同，这体现出了金融市场传递性之间的特性。

我们认为，随着金融市场发展的日益完善与紧密联系，不同市场之间的传递性与传染性要更为明显，这主要体现了市场传递性之间的共性，但具体的影响之间却会由于起因不同而导致不同的表现结果，这主要体现了市场传递性之间的特性。

由于中国高度重视防范金融系统性风险，具体政策上不断出台相关政策来去金融杠杆、去实体经济杠杆，取得了一定的成效，但同时需要注意到，目前金融市场上仍然存在潜在的风险触发点，主要包括打破刚性兑付的节奏风险、房地产下滑“失速”风险、农村商业银行面临发展“退步”的风险和消费降级的风险。

从目前来看，我国宏观审慎和微观审慎监管均取得了一定的成绩：一方面，着力建立和完善了宏观审慎政策框架，不少探索从全球看也是具有创新性的。另一方面，以“三三四十”为基础的微观审慎框架得以建立，行为监管和功能监管的监管体系成效明显。

我们认为，金融监管的最终目的是“更好地服务实体经济”，即在降低金融系统风险与提高金融市场效率之间寻求平衡。在监管政策取得明显成效的同时，还应当注意，监管政策需要避免只追求降低风险而完全忽略效率的情况。监管政策确实需要降低金融系统风险，这是毫无疑问的，但是为了追求绝对的降低风险，而完全忽略效率，甚至与国际通行规则脱钩，是不利于发挥市场在资源配置中的决定性作用的。

在金融风险传染性日益突出的背景下，需要通过“大数据”及早发现风险隐患，更好地为风险应对做好准备，“大数据监管”势在必行。

参考文献

[1] 黄飞鸣．金融危机跨国传染的实证检验——以美国金融危机为例［J］．投资研究，2012，31（5）：141-149.

[2] 韦艳华、齐树天．亚洲新兴市场金融危机传染问题研究——基于 Copula 理论的检验方法［J］．国际金融研究，2008（9）：22-29.

[3] 叶五一、李飞、缪柏其．基于局部相关系数的美国次贷危机传染分析［J］．数理统计与管理，2016，35（3）：525-535.

[4] 安辉．现代金融危机国际传导机制及实证分析——以亚洲金融危机为例［J］．财经问题研究，2004（8）：45-48.

[5] 刘平、杜晓蓉．对金融危机风险传染效应的比较研究——基于静态与动态 Copula 函数的分析［J］．经济经纬，2011（3）：132-136.

[6] 孙建华．近代以来国际金融危机传染中国的机制及其启示［J］．区域金融研究，2009（10）：34-38.

[7] 徐飞、唐建新．股脂波动率、市场流动性与全球股市崩盘传染［J］．金融论坛，2017（8）：58-69.

[8] 李守伟、何建敏、孙婧超、谭音邑．金融危机前后中国银行业系统性风险实证研究［J］．华东经济管理，2014，28（1）：92 - 96.

[9] 鲍勤、孙艳霞．网络视角下的金融结构与金融风险传染［J］．系统工程理论与实践，2014，34（9）：2202 - 2211.

[10] 肖斌卿、王粟旸、周小超、颜建晔．债务网络投资者行为与传染性风险：来自中国银行业与房地产业的研究发现［J］．管理科学学报，2014，17（11）:139–150.

[11] 郑仁杰．金融危机后美国金融监管改革及其启示［J］．金融论坛，2010（7）：27–32.

[12] 宫晓琳．宏观金融风险联动综合传染机制［J］．金融研究，2012（5）:56–69.

[13] 佘永定、邓海清等．也论经济危机的可能触发点［J］．国际经济评论，2014（4）: 9–20.

[14] Calvo G.Contagion in emerging markets:When Wall Street is a carrier [R].University of Maryland Working Paper, 1999.

[15] Arezki R., Candelon B., and Sy, R..Sovereign Raring News and Financial Market Spillovers：Evidence from the European Debt Crisis［R］.International Monetary Fund,Washington D.C.Working Paper, No.11, 2011.

[16] Boss, Elsinger, Thurner, M.Summer, Network topology of the interbank market [J]. Quantitative Finance, Vol.4, No.6, 2004.

[17] Cova P., Pisani M., Rebucci.A.Macroeconomic Effects of China's Fiscal Stimulus[R].IDB Working Paper 2010, No.211：1–28.

[18] Dedola L., Karadi P., Lombardo G.Global Implications of National Unconventional Policies[J]. Journal of Monetary Economics, 2013, 60（1）：66–85.

[19] Park C.Y., Mercado, Jr.R.V.Determinants of financial stress in emerging market economies [J].Journal of Banking & Finance, 2014, 45（8）: 199–224.

[20] Masson, P.Contagion: Monsoonal effects,spillovers, and jumps between multiple equilibria [R].IMF Working Paper, 1998.

第四章　管理人民币汇率和资本流动

■ 管涛[1]

2016年底，当人民币兑美元汇率距破“7”、外汇储备离破三万亿美元仅一步之遥时，跨境资本流动冲击风险已近在咫尺，国内掀起了保汇率还是保储备之争。然而，2017年，全球经济延续复苏态势，国际金融市场相对平稳，国内经济总体稳中向好，人民币汇率逆势反弹，外汇储备止跌企稳，我国跨境资本流动在经历了一段时期的持续外流后逐步走向平衡，相关监管政策回归中性。从应对本轮外部冲击的经验看，可信的汇率政策是成败的关键，跨境资本流动管理为改革和调整争取了时间。2018年，预计国际收支自主平衡的条件继续存在，但还需要进一步夯实基础，为可能发生的不确定事件做好准备。

第一节　跨境资本流动冲击风险得到化解

自2015年“8·11”汇改以来，经历了1年多时间的资本外流、储备下降、汇率贬值的跨境资本流动冲击。到2016年底，人民币兑美元汇率距破“7”、外汇储备离破三万亿美元仅一步之遥，市场上掀起了保汇率还是保储备之争。但是，2017年，资本大规模集中流出，“海啸”终于“退潮”，人民币汇率不仅没有破“7”反而升值6%以上，外汇储备也止跌回升，跨境资本流动冲击风险得到了有效抑制。

一、人民币兑美元汇率双向波动，多边汇率相对稳定

人民币兑美元汇率强势逆转。2015年和2016年，人民币兑美元汇率（以下如非特指，人民币汇率均指人民币兑美元汇率）中间价分别下跌了5.8%和6.4%，2017年初最高跌至6.9526元人民币/美元，市场上曾一度担忧人民币将进一步跌破“7”。然而，2017年以来的情况却出现了峰回路转的变化，全年的汇率中间价、境内交易价（CNY）和境外交易价（CNH）分别升值6.2%、6.7%和7.1%。以2017年5月底中间价报价机制中引入逆周期因子为界，2017年前5个月，人民币兑美元汇率在一段时期的盘整后基本实现了止跌略升，汇率中间价、CNY和CNH分别升值1.1%、1.9%和3.4%；6~7月，人民币汇率在波

① 管涛：中国金融四十人论坛高级研究员。

动中总体较快升值，汇率中间价、CNY 和 CNH 分别升值 5.0%、4.8% 和 3.6%（图 4.1）。人民币汇率波动性有所上升，2017 年 12 月末，境内外市场人民币兑美元汇率 1 年期历史波动率分别为 3.1% 和 3.7%，较年初分别上升 12.3% 和 8.5%（图 4.2）。

资料来源：中国外汇交易中心，路透数据库。

图4.1　人民币兑美元汇率走势

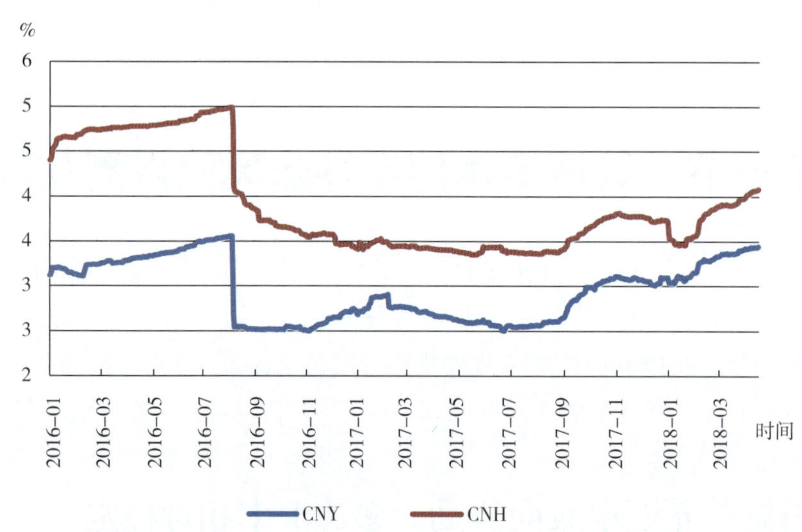

资料来源：彭博资讯。

图4.2　境内外市场人民币兑美元汇率1年期历史波动率

人民币汇率指数保持相对稳定。在美元大幅走弱的背景下，其他许多非美货币兑美元汇率也升值，甚至升幅更大，所以，人民币兑不少非美货币汇率贬值，如 2017 年人民币兑欧元、英镑、澳大利亚元和加拿大元汇率中间价分别贬值 6.4%、3.1%、1.5% 和 1.2%。在此情况下，人民币汇率指数（也称多边汇率或者篮子货币）保持了基本稳定。2017 年，中国外汇交易中心公布的 CFETS、BIS 和 SDR 三个口径的人民币汇率指数分别上涨 0.02%、下跌 0.32% 和上涨 0.51%（图 4.3）。

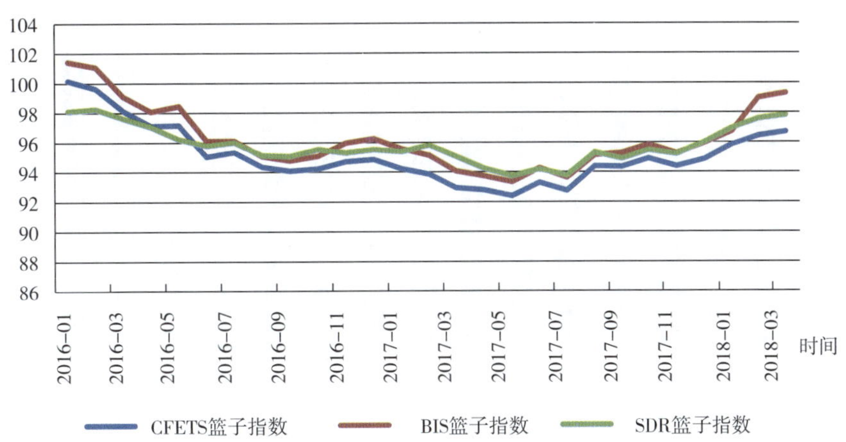

资料来源：中国外汇交易中心。

图4.3　人民币名义有效汇率指数

人民币兑美元汇率预期出现分化。历史上，人民币兑美元汇率曾出现过单向的升值预期和单向的贬值预期，随之带来持续的外汇净流入或净流出。2016 年底至 2017 年初，市场上依然弥漫着较浓厚的人民币贬值预期，以香港无本金交割远期外汇市场价格（NDF）为例，显示在2016年人民币兑美元汇率贬值6.4%以后，未来 1 年内仍会贬值 5% 左右，除 2% 的中美正向利差影响外，NDF 远期价格中仍隐含着接近 3% 的人民币贬值预期（图 4.4）。但随着外汇市场的变化以及人民币汇率止跌回升，人民币贬值预期逐步减弱，但持续较强的升值预期也没有形成，远期汇价主要反映中美利差情况。同时，从 CNY 收盘价相对当日中间价的变动看，自 2017 年下半年起，收盘价偏强的交易日开始增多（图 4.5）。与此同时，CNY 与 CNH 的价差也改变了 2016 年大部分时间里 CNH 更弱的走势，2017 年，CNH 相对 CNY 更强的交易日明显增多（图 4.6）。

资料来源：路透数据库。

图4.4　中国香港NDF市场价格隐含的1年期人民币升贬值幅度

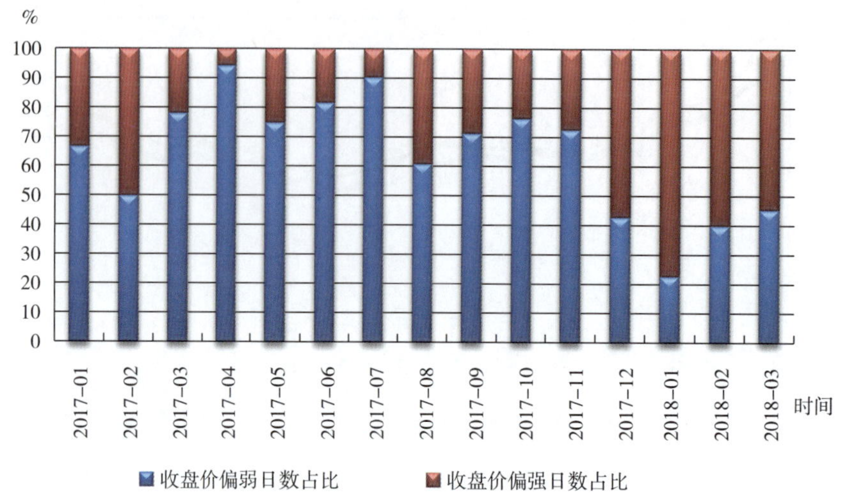

资料来源：中国外汇交易中心。

图4.5　人民币兑美元汇率收盘价相对中间价偏强或偏弱的交易日占比

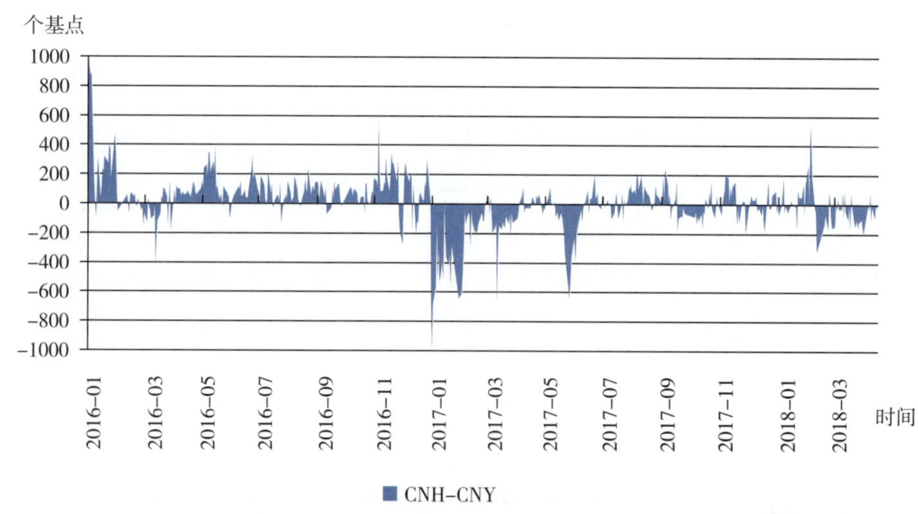

资料来源：中国外汇交易中心，路透数据库。

图4.6　CNH与CNY价差

专栏4-1　2017年人民币升值对企业财务管理的挑战更甚于出口竞争力

自2017年以来，人民币兑美元汇率止跌回升，尤其是2017年6月以后加速升值，被认为对我国出口增长形成拖累。然而，更加深入的数据分析表明，人民币升值对于我国出口行业的冲击不主要表现在国际竞争力方面，而主要是在于对财务管理能力的挑战方面。国内企业需要适应人民币汇率双向波动的新环境，树立正确的市场风险意识，不断提高管理汇率风险的能力。

历史上，无论人民币是双边汇率还是多边汇率的变动对中国出口的影响都不大。在 2015 年以前，人民币兑美元汇率以及人民币对主要贸易伙伴货币的多边汇率总体升值①。2005 年初到 2015 年底，人民币汇率中间价累计升值了 27.5%，国际清算银行（BIS）编制的人民币名义和实际有效汇率指数分别升值了 50.1% 和 59.2%。其间，中国出口逐渐跃居世界第一。根据世界贸易组织（WTO）的统计，中国在全球的出口市场份额也由 2006 年的 8.0% 稳步升至 2015 年的 13.8%。恰恰在 2016 年，人民币兑美元汇率中间价下跌 6.4%，名义和实际有效汇率分别贬值 5.9% 和 5.7%，反而中国出口的世界市场份额降至 13.1%。具体到 2017 年的情况，虽然人民币兑美元汇率中间价较上年末升值 6.2%，但年平均汇率反而下跌了 1.7%，BIS 口径的人民币汇率指数全年也下跌了 0.3%。

中国的出口对外需敏感而对汇率不敏感。事实上，大多数实证分析的结果显示，国际经济形势好、外需强劲时，中国出口好；中国出口不好的时候，通常是国际经济形势差、外需疲软的时候，而此时人民币贬值也无助于提振出口（屈宏斌，2016）。更不要说，从短期看，汇率对于出口的影响还存在一个所谓 J 曲线效应，即从汇率升值到企业减少出口，中间有时间差（李治国等，2007）。2005 年“7・21”汇改前后，大部分人预测如果人民币兑美元升值 5% 以上，中国出口行业将崩盘，但实际上人民币最多时升值 30% 以上，中国出口却做成了世界第一。一方面，这得益于“7・21”汇改以后直到 2007 年之前，世界经济进入高增长、低通胀的“大缓和”时期，外需强劲，抵消了人民币升值造成的冲击。另一方面，在升值压力下，国内企业通过技术改造、转型升级、降低生产成本、提高非价格竞争力，较好保持了国际竞争力。

当前相关数据尚不能给出升值影响出口的信号。首先，随着人民币双边和多边汇率加速升值，我国出口增速并未持续下滑。2017 年第一季度至第四季度，我国出口同比增速分别为 7.2%、8.2%、6.4% 和 9.6%。其次，我国出口在全球的份额没有持续萎缩。根据世贸组织（WTO）统计，2017 年中国出口占全球的比重为 12.8%，比 2016 年略低 0.4 个百分点，但第一季度至第四季度比重分别为 11.7%、13.1%、13.3% 和 13.5%。这说明如果中国出口竞争力受到汇率升值的影响，也是前期人民币长期升值造成的趋势性影响，与短期汇率走势相关性较低。最后，我国出口预期依然相对稳定。海关总署编制的出口先导指数显示，2017 年上半年月均为 40.5，下半年月均为 41.7，2018 年前两个月月均为 41.5，说明未来我国出口仍将保持较好的发展势头。

汇率角度真正对出口企业造成重大影响的是对人民币汇率走势的误判。例如，中国企业对泰国出口大都是用美元计价结算的。2016 年底，企业出口时的汇率水平在 6.94 元人民币 / 美元，当时通过美元折算的人民币兑泰国铢汇率约为 5.15 泰国铢 / 元人民币（图 1）。在当时的汇率水平上，中国产品相对于泰国是有竞争力和吸引力的，中国企业对泰国的出口也应该是赚钱的。到 2017 年底，人民币兑泰国铢汇率跌至 4.97，中国产品在泰国市场应该更具有竞争力。假定出口利润率是 3%~4%。基于 2016 年底市场极度看空人民币，大概率事件是中国企业出口对泰国收入美元没有结汇，但 2017 年人民币兑美元汇率不仅没有破“7”，反而最多升值了 7%，当时没有卖出美元的国内企业肯定遭受了汇兑损失。这也是当人民币兑美元汇率在 8 月初升破 6.70 之前，市场较为犹豫，而之后用 3 个星期就升破了 6.60，一个星期又升破了 6.50 的主要原因。因为当人民币汇率升幅接近甚至超过出口

① 2015 年，人民币兑美元汇率贬值主要发生在“8・11”汇改之后。而且，尽管全年人民币兑美元中间价和境内交易价分别下跌了 5.7% 和 4.5%，但人民币名义和实际有效汇率指数依然分别升值了 3.7% 和 3.8%。

盈利水平后，国内企业纷纷通过结汇或者用美元对外支付的方式减持美元头寸，美元多头被逼成了空头。据人民银行外汇信贷收支表统计，居民个人从2017年2月起就减持外币储蓄存款，而国内企业直到7月人民币加速升值以后才开始启动，2016年9月到2017年6月企业累计增加外汇存款824亿美元，2017年7~9月累计减少253亿美元（图2）。

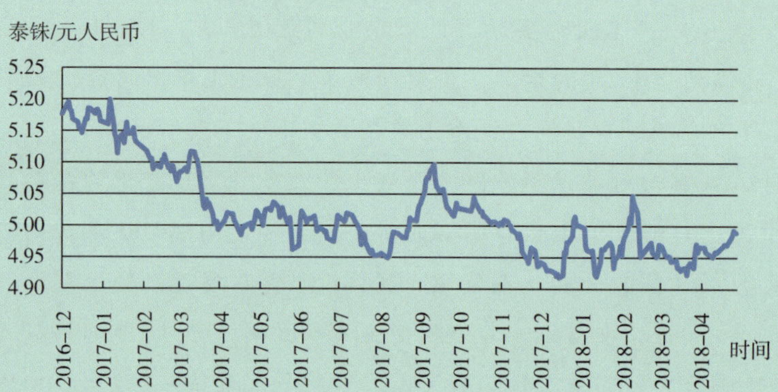

资料来源：环亚数据库（CEIC）。

图1　2016年底以来人民币与泰铢汇率变动

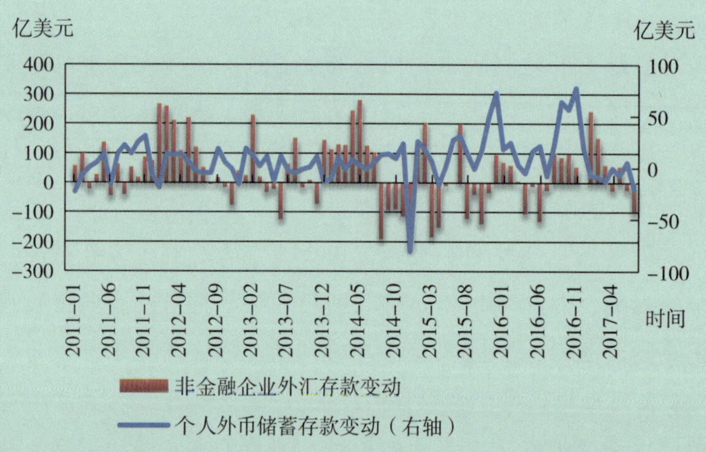

资料来源：中国人民银行。

图2　2017年国内企业对汇率升值的反应较慢

总体来看，人民币汇率走向清洁浮动是大势所趋，国内企业应抓紧时间，逐渐培养和提高适应汇率波动的能力，树立正确的金融风险意识，专注主业，管理好货币敞口风险，不要用市场判断替代市场操作。政府部门也需要在继续深化汇率市场化改革、退出外汇市场常态干预的同时，加快外汇市场培育，增加交易主体、放宽交易限制、丰富交易产品，给予国内企业正确的激励和约束，支持和引导企业更为便利和廉价地管理汇率风险。

二、跨境资本流出压力明显缓解，外汇供求趋向平衡

跨境资本净流出规模大幅减少。从国际可比的国际收支数据看，2017 年，中国经常项目顺差 1649 亿美元，较 2016 年下降 18%；资本和金融项目逆差（不含储备资产，含净误差与遗漏，下同）734 亿美元，减少 89%。从项目构成看（图 4.7），其主要原因是非储备性质金融账户的资产（即对外投资）和负债项目（即利用外资）收支状况双双改善。其中，资产项下净流出 2867 亿美元，同比下降 58%，占到资本净流出规模降幅的 68%；负债项下自 2016 年第二季度起恢复净流入，2017 年累计净流入 4353 亿美元，同比增长 68%，占到资本净流出规模降幅的 31%；净误差与遗漏负值累计 2219 亿美元，同比下降 3%，仅占资本净流出规模降幅的 1%。可见，2017 年我国跨境资本流动状况的改善，主要是针对“看得见、摸得着”的资本流动加强管理的结果，而与净误差与遗漏的负值变化相关性不高。

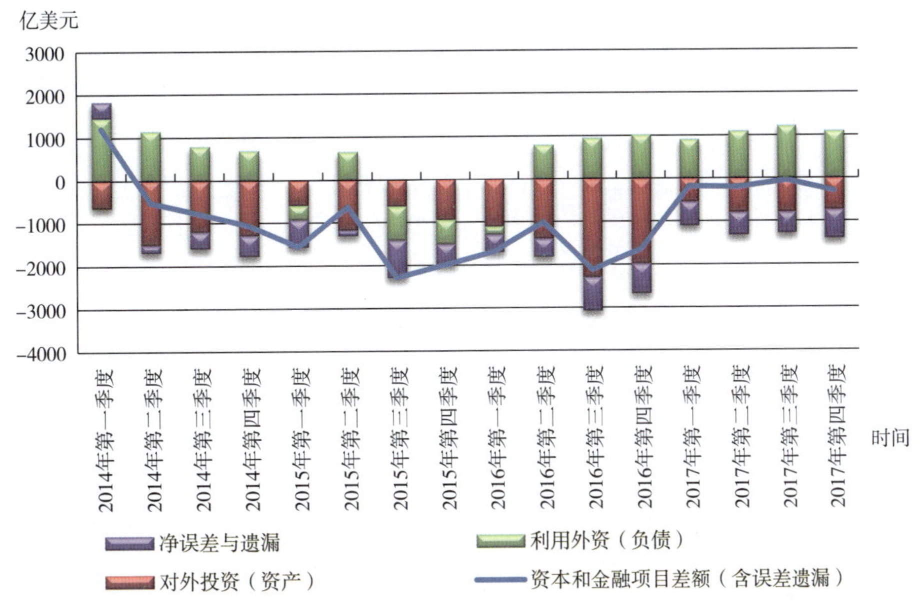

资料来源：国家外汇管理局。

图4.7　资本和金融项目差额以及对外投资和利用外资情况

短期资本流出压力大幅缓解。2017 年，我国短期资本净流出（即国际收支口径的证券投资、金融衍生工具、其他投资和净误差与遗漏合计）1396 亿美元，同比减少 77%。从项目构成看（图 4.8），主要是因为非直接投资形式的各项资本流动状况大幅改善。其中，证券投资项下由上年净流出 523 亿美元转为净流入 74 亿美元，对短期资本净流出下降的贡献为 13%，反映近年来我国证券市场扩大对外开放，以及支持境内企业海外发债融资的积极成果；其他投资项下净流入 744 亿美元，上年为净流出 3167 亿美元，对短期资本净流出下降的贡献达 84%，反映其他投资资产和负债项目的同步好转。

基础国际收支顺差进一步扩大。基础国际收支顺差（国际收支口径的经常项目与直接投资差额合计）是短期资本外流与国家外汇储备之间的缓冲地带。2017 年，在经常项目顺差下降的情况下，我国基础国际收支顺差为 2312 亿美元，较 2016 年增长 44%，主要是因为对外直接投资重新回归理性。2017 年，国际收支口径的对外直接投资净流出 1019 亿美元，较 2016 年减少 53%；外来直接投资净流入 1682 亿美元，

减少 4%；跨境直接投资从 2016 年第四季度开始恢复净流入，2017 年全年净流入 663 亿美元，2016 年为净流出 417 亿美元（图 4.9）。规范国内企业“走出去”，不仅短期内有利于化解跨境资本流动冲击风险，还有助于避免重蹈其他国家盲目对外投资的覆辙。

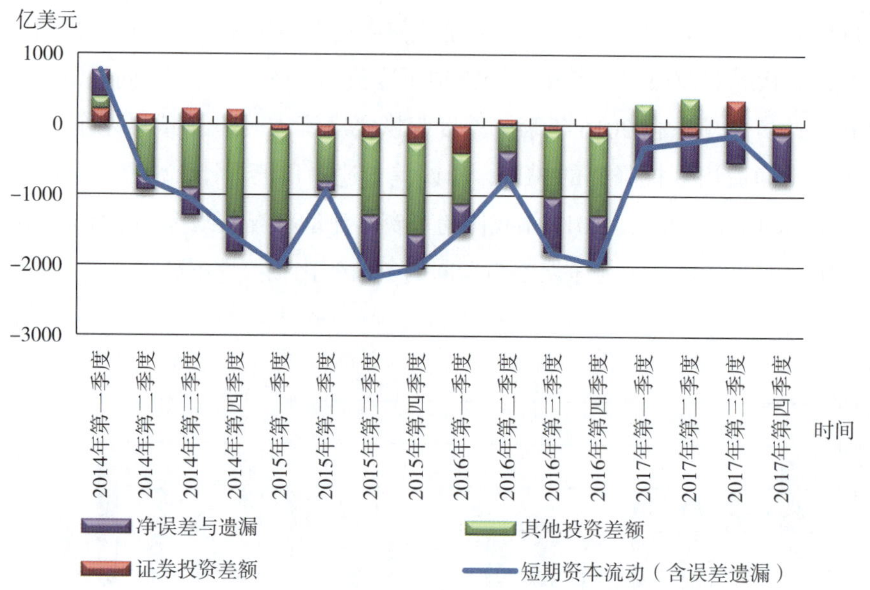

资料来源：国家外汇管理局。

图4.8　国际收支口径的短期资本流动及其主要构成项目

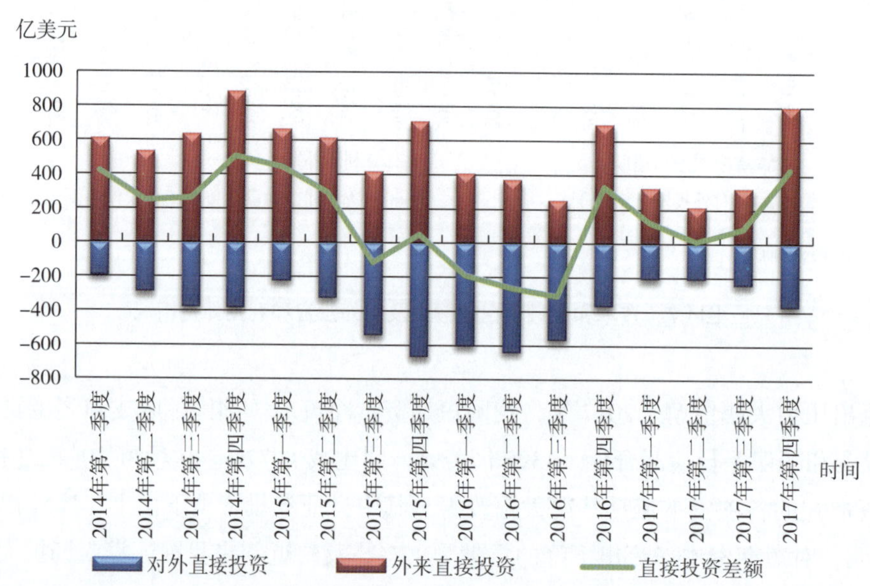

资料来源：国家外汇管理局。

图4.9　国际收支口径的跨境直接投资情况

国家外汇储备实质性止跌回升。2017 年，在短期资本净流出大幅减少，基础国际收支顺差增加的情况下，短期资本净流出规模与基础国际收支顺差之比为 60%，远低于 2016 年 376% 的水平（图 4.10），这有效地维护了国家金融安全。同期，剔除估值影响后，交易引起的外汇储备资产增加 930 亿美元，2016

年减少 4487 亿美元；包含估值影响的外汇储备余额增加 1294 亿美元，正的估值影响仅贡献了外汇储备余额增幅的 28%（图 4.11），显示外汇储备回升的基础更加坚实。

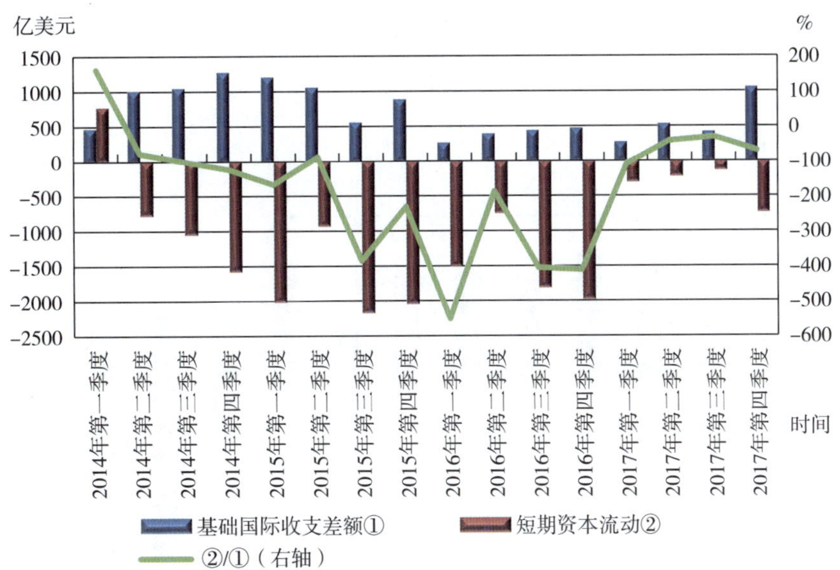

资料来源：国家外汇管理局。

图4.10　基础国际收支顺差与短期资本流动

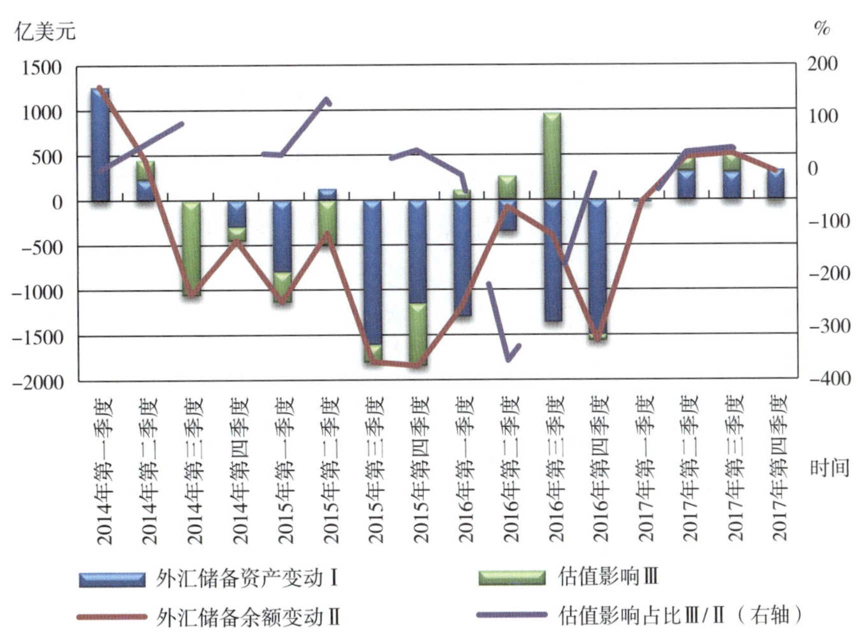

资料来源：国家外汇管理局。

图4.11　外汇储备余额变动的构成

国际收支趋向自主平衡。2017 年，我国国际收支再次形成了经常项目顺差、资本项目逆差的平衡格局，且经常项目顺差大体能够覆盖资本外流。其实，这在我国历史上也曾出现过。2012 年和 2014 年，受内外部因素影响，当人民币汇率由单边升值转向双向波动以后，汇率预期基本稳定，当年国际收支状况趋于基本平衡：2012 年，经常项目顺差 2154 亿美元，资本项目逆差 1188 亿美元（上年顺差 2517 亿美元），外汇储备资产增加 987 亿美元，较上一年下降 74%。2014 年，经常项目顺差 2360 亿美元，资本项目逆差 1183 亿美元（上年顺差 2832 亿美元），外汇储备资产增加 1188 亿美元，较上一年下降 73%（图 4.12）。这表明，在当前市场和政策环境下，人民币汇率双向波动是可能也是有效的。人民币汇率由单边升值或者贬值转为双向波动，有助于促进国际收支自主平衡。

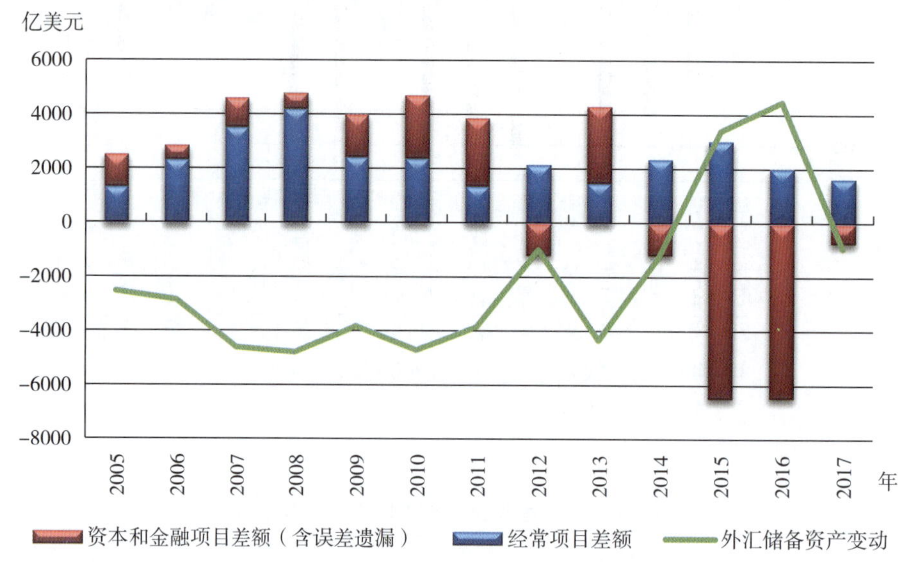

资料来源：国家外汇管理局。

图4.12　国际收支（年度）主要项目构成

外汇供求缺口大幅收敛。银行结售汇和代客跨境收付逆差双双回落。2017 年，银行结汇较上年增长 14%，售汇下降 1%，结售汇逆差 1116 亿美元，下降 67%，其中 9 月、10 月和 12 月结售汇呈现顺差；银行代客涉外收入增长 7%，支出增长 1%，涉外收付款逆差 1245 亿美元，下降 59%。银行远期结售汇逆差总体收窄。2017 年，银行对客户远期结汇签约额同比增长 111%，远期售汇签约额增长 12%，远期结售汇签约逆差 260 亿美元，较 2016 年下降 69%。价格信号是比任何道义劝说和行政管制都有效的外汇收支调节工具。2017 年，市场购汇意愿下降而结汇动机增强：衡量购汇意愿的付汇购汇率（客户从银行买汇与客户涉外外汇支出之比）为 65%，较上年下降 9 个百分点；衡量结汇意愿的收汇结汇率（客户向银行卖出外汇与客户涉外外汇收入之比）为 63%，较上年上升 3 个百分点。境内外汇市场供求更趋平衡，全年银行即远期结售汇逆差合计 893 亿美元，较上年下降 76%（图 4.13）。

资料来源：国家外汇管理局。

图4.13　银行即远期结售汇差额

第二节　跨境资本流动管理宽严并济

2015年底至2016年底，当外汇形势趋于严峻时，我国采取了一系列跨境资本流动的宏观审慎管理政策，加强了真实性合规性管理。2017年以来，我国经济增长的稳定性、协调性进一步增强，市场主体对汇率走势的看法合理分化，跨境资本流动和外汇供求更趋平衡，人民币兑美元汇率保持双向波动。在此情况下，我国一方面继续加强跨境资本流动合规性监管，以防范金融风险，另一方面进一步推动金融改革开放，支持实体经济发展，同时前期采取的宏观审慎政策逐步恢复中性，理顺外汇供求关系。

一、跨境资本流动合规性监管的要求更趋严格

完善个人外汇信息申报政策。2016年12月31日，国家外汇局发布《关于优化个人外汇业务信息系统的通知》，并于2017年1月1日正式实施。该通知细化了申报内容，明晰了个人购汇的真实申报义务和法律责任，强化了银行真实性、合规性审核责任。但关于个人购汇的整体政策框架没有改变，只是增加了信息申报环节。2017年6月8日，国家外汇局又发布《关于完善个人外汇信息申报的通知》，明确要求银行在办理个人购汇业务时应对“个人购汇申请书”信息尽职履行审查职责，建立异常申报信息数据库，持续加强购付汇用途一致性审核等，目的是进一步规范个人购汇业务办理流程，提高个人外汇数据申报质量，强化个人外汇信息申报后续管理。

加强银行卡境外提现管理。2017年5月26日，国家外汇局发布《关于金融机构报送银行卡境外交易信息的通知》，规定自2017年9月1日起，境内发卡金融机构向外汇局报送境内银行卡在境外发生的全部提现和单笔等值1000元人民币以上的消费交易信息。9月1日，银行卡境外交易外汇管理系统正式上线。2017年12月29日，国家外汇局发布《关于规范银行卡境外大额提取现金交易的通知》，并于2018年1月1日正式实施。主要内容：一是个人持境内银行卡在境外提取现金，本人名下银行卡（含附属卡）

合计每个自然年度不得超过等值 10 万元人民币；二是将人民币卡、外币卡境外提取现金每卡每日额度统一为等值 1 万元人民币；三是个人持境内银行卡境外提取现金超过年度额度的，本年及次年将被暂停持境内银行卡在境外提取现金；四是个人不得通过借用他人银行卡或出借本人银行卡等方式规避或协助规避境外提取现金管理。

完善内保外贷管理。为积极支持市场主体开展真实合规的内保外贷业务，指导金融机构加强合规管理和风险管理，严厉打击虚假担保和恶意担保等违规行为，促进内保外贷业务的健康发展，2017 年 12 月，国家外汇局发布《关于完善银行内保外贷外汇管理的通知》，对于银行办理内保外贷过程中的展业要求通过发文形式予以明确，要求银行从债务人主体资格、境外资金用途和交易背景、第一还款来源和履约倾向性、反担保品来源等方面加强审核。同时，再次强调了 2014 年《跨境担保外汇管理规定》和 2017 年《关于进一步推进外汇管理改革完善真实合规性审核的通知》中的执行要求。此外，还加强了担保履约环节的管理，例如，内保外贷履约银行应首先使用自有资金，不得直接动用反担保资金购汇履约，如果涉及结售汇的需要先至当地外汇管理部门备案；要求银行按季度进行内保外贷履约风险评估，将一年内到期业务的履约可能性报送外汇管理部门；等等。2018 年 2 月 1 日，保监会、外汇局联合发布《关于规范保险机构开展内保外贷业务有关事项的通知》，进一步明确了内保外贷业务的开展形式、融资比例、融资用途以及禁止行为，规范了反担保主体和担保物形式，并且强调按照穿透原则实施监管。

进一步完善外汇市场自律机制。为适应我国外汇市场发展，更好发挥金融机构在市场建设方面的作用，2016 年 6 月，全国外汇市场自律机制在上海宣告成立。成立之后，自律机制发布了一系列自律规范制度文件，为外汇市场自律管理夯实了制度基础。其中，《外汇市场自律机制工作指引》等明确了自律机制的职责、组织架构和工作机制；《中国外汇市场准则》《银行外汇业务展业公约》等旨在向中国外汇市场参与者和从业人员提供通用性的指导原则和行业最佳实践的操作规范；《银行外汇业务展业原则》及其 11 项规范文件则是针对管理规范制定的实施细则，以更好地促进外汇市场专业、公平、高效、稳健运行。此外，自律机制还建立了覆盖全国的 36 家省级机制，较好地提升了外汇和跨境人民币展业业务整体水平；通过开展自律行为监测、评估以及培训，督促市场成员积极落实各项自律要求；通过国内外广泛宣传和交流，扩大自律机制影响力（孙杰，2017）。经过一年多的运行，自律管理实践已初见成效。

加大外汇检查案件通报力度。2017 年以来，外汇管理部门不断加强打击力度，适时、灵活开展针对重点渠道和主体的外汇核查和检查，提高监管的及时性；加强系统建设和非现场监测，提升对外汇违法违规行为打击的精准度；依法严厉查处，并联合多部门合力打击各类外汇违法违规行为，打击虚假、欺骗性交易行为，保持高压态势打击地下钱庄，加强典型案例通报和宣传警示教育，维护健康良性的外汇市场秩序。2017 年 3 月、5 月、7 月和 12 月，外汇局分 4 批次在政府网站上通报外汇违规典型案件共 63 起，违规主体涉及 17 家金融机构、21 家企业及 25 名个人。同时，联合中央电视台就打击地下钱庄典型案例制作专题宣传片，在《新闻联播》等栏目播出，有效地震慑了外汇违法违规行为，提升了监管有效性。

二、境内市场对外开放政策继续推进

开放是国家繁荣发展的必由之路。党的十九大报告中提出要“推动形成全面开放新格局”。2017 年，我国扎实推进各项金融改革，境内市场对外开放又有新亮点。

进一步开放银行间债券市场。随着中国经济的稳健发展和人民币国际化的推进，全球投资者投资人民币资产的需求日益增长。2017 年 7 月 3 日，内地与香港债券市场互联互通合作（以下简称“债券通”）正式上线试运行，这是我国金融市场对外开放战略的一项重要举措，也是中国债券市场改革开放发展的重大步伐。“债券通”采取分步实施的方式，现阶段先实施“北向通”，即境外投资者可经由香港与内地基础设施机构之间在交易、托管、结算等方面互联互通的机制安排，在不改变业务习惯的基础上高效便捷地通过香港投资于内地银行间债券市场，未来根据两地金融合作总体安排再适时开通“南向通”。截至 2017 年末，已有 249 家境外机构投资者通过“债券通”进入银行间债券市场，类型涵盖商业银行、基金公司、资产管理公司、证券公司、保险公司及基金和资管产品等，交易券种以国债、政策性金融债、同业存单为主，持债规模超过 800 亿元（包兴安，2018；《中国货币政策执行报告》，2017 年第四季度）。另据中央国债登记结算公司及上海清算所数据，2017 年全年境外机构累计增持人民币债券 3476.7 亿元，增持幅度同比扩大 130%。

推动 A 股纳入明晟（MSCI）指数。从 2013 年开始，我国一直在不懈努力推动 A 股纳入国际指数。一是监管部门始终与相关国际指数公司保持较为通畅的交流与沟通，各方达成共识，认为将 A 股纳入国际指数以吸引更多国际投资者参与我国资本市场改革发展是一件互利共赢的事情。二是进一步开放资本市场。陆续推出沪港通、深港通，并取消互联互通的总额机制；改革 QFII、RQFII 配额限制问题。三是规范资本市场有关机制。2016 年 5 月，上海、深圳证券交易所分别下发《上市公司筹划重大事项停复牌业务指引》《上市公司停复牌业务备忘录》，严控停牌时限，加强对停复牌机制的监管。新规实施 3 个月后，停牌率即稳定在 6%~7%，A 股大面积停牌现象得到明显遏制。2017 年 6 月 21 日，明晟（MSCI）指数公司宣布将中国 A 股纳入全球新兴市场指数（MSCI）和全球基准指数（ACWI）。明晟公司初始预计纳入中国 A 股的 222 只大盘股，基于 5% 的纳入因子，这些 A 股约占 MSCI 新兴市场指数 0.73% 的权重。该公司拟分两步实施这一计划，以缓冲沪股通和深股通当前尚存的每日额度限制。第一步预定在 2018 年 5 月的半年度指数评审时实施，第二步计划在 2018 年 8 月的季度指数评审时实施。

支持境外机构投资者在境内银行间外汇市场避险。2017 年 2 月 24 日，国家外汇局发布《关于银行间债券市场境外机构投资者外汇风险管理有关问题的通知》。主要内容：一是银行间债券市场境外机构投资者可以在具备资格的境内金融机构办理人民币对外汇衍生品业务，提高外汇市场开放水平。在此之前，在中国境外注册成立的银行、保险公司、证券公司、基金管理公司及其他资产管理机构等各类金融机构，只能在境外人民币市场进行外汇风险管理。二是境外机构投资者的外汇衍生品业务遵守实需交易原则，限于对冲以境外汇入资金投资银行间债券市场产生的外汇风险敞口，保障外汇市场秩序。三是对境外机构投资者的外汇衍生品业务提供多样化的交易工具和交易机制选择，便利外汇风险管理。该政策既便利了银行间债券市场境外机构投资者管理外汇风险，也是推动债券市场和外汇市场对外开放的改革举措。

三、具有逆周期调节作用的政策逐步回归中性

外汇风险准备金率调为零，并取消对境外金融机构境内存放准备金的穿透式管理。2017 年 9 月 8 日，人民银行宣布调整外汇风险准备金政策，将准备金征收比例降为零。同时，取消对境外金融机构境内存放准备金的穿透式管理，即再次将该存款准备金率调整回零。这两项政策都是在前两年人民币汇率出现异常波动、资本流动呈现一定顺周期性的背景下出台的。其中，2015 年 8 月 31 日，人民银行下发文件对

金融机构的远期售汇业务收取 20% 的外汇风险准备金，以间接提高企业的远期购汇成本；2016 年 1 月，人民银行决定对境外金融机构在境内金融机构存放执行正常存款准备金率政策。这两项宏观审慎政策工具的推出旨在对外汇市场的顺周期性进行逆周期调节，推出后有效稳定了市场预期。在外汇市场形势趋稳的情况下，将上述逆周期宏观审慎管理措施回归中性，有利于强化外汇市场的价格发现功能，提高市场流动性，更好地服务于实体经济。

对外直接投资管理不断完善。2017 年 8 月 4 日，国务院办公厅转发发展改革委、商务部、人民银行、外交部《关于进一步引导和规范境外投资方向指导意见的通知》。指导意见明确了鼓励、限制、禁止三类境外投资活动，引导和规范企业境外投资方向。其中，在基础设施、产能和装备、高新技术和先进制造、能源资源、农业、服务业等方面提出六类鼓励开展的境外投资，进一步支持国内有能力、有条件的企业按照商业原则、国际惯例，积极参与国际经济竞争与合作，主动融入全球产业链和价值链；将房地产、酒店、影城、娱乐业、体育俱乐部等领域非理性境外投资纳入限制类，并要求相关主管部门实行核准管理，目的是强化政府的政策引导，提示企业审慎参与；禁止企业参与危害或可能危害国家利益和国家安全的五类境外投资活动，旨在为我国企业“走出去”划清“红线”、明确“禁区”，更好地维护国家利益和安全。完善管理机制方面，强调将加强境外投资真实性、合规性审查，防范虚假投资行为，同时建立健全境外投资黑名单制度、部门间信息共享机制、国有企业境外投资资本金制度等，科学有效防范各类风险。2017 年 12 月，发展改革委颁布了《企业境外投资管理办法》，并于 2018 年 3 月 1 日生效。该办法将境内企业和自然人通过其控制的境外企业开展的境外投资纳入管理框架，改进了协同监管和全程监管，并完善惩戒措施，建立境外投资违法违规行为记录。

人民币跨境收支恢复且进一步扩大范围。2018 年 1 月，人民银行发布《关于进一步完善人民币跨境业务政策促进贸易投资便利化的通知》，进一步完善和优化人民币跨境业务政策。主要内容：一是明确凡依法可使用外汇结算的跨境交易，企业都可以使用人民币结算。支持银行以“服务实体经济、促进贸易投资便利化”为导向，按照现有人民币跨境业务政策创新金融产品，提升金融服务能力，满足市场主体真实、合规的人民币跨境业务需求。二是为服务“一带一路”建设，满足个人项下雇员报酬、社会福利、赡家款等人民币跨境结算需要，银行可在“展业三原则”的基础上，为个人办理其他经常项目人民币跨境收付业务，便利境内个人将境外合法收入汇回境内使用，以及境外个人将境内合法人民币收入汇出境外。三是践行绿色发展理念，明确境外投资者办理碳排放权交易人民币跨境结算业务的相关规定，支持境外投资者以人民币参与境内碳排放权交易。四是便利境外投资者以人民币进行直接投资。取消了账户开立和资金使用等有关方面的限制，要求银行确保境外投资者的人民币利润、股息等投资收益依法自由汇出。五是明确了境内企业境外发行债券和股票募集的人民币资金，可按实际需要调回境内使用，进一步简化管理流程，便利企业日常运营。该通知的实施有利于进一步提高贸易投资便利化水平，有利于提升金融机构服务实体经济、服务“一带一路”建设的能力，有利于我国推进更深层次更高水平的对外开放。

中间价报价机制中的“逆周期因子”回归中性。2017 年 5 月，外汇市场自律机制在“收盘汇率 + 一篮子货币汇率变化”的人民币兑美元汇率中间价形成机制基础上，组织各报价行在报价模型中增加了“逆周期因子”，以对冲外汇市场的顺周期性，防范可能出现的“羊群效应”。2017 年下半年以来，我国经济保持平稳较快增长，人民币汇率预期趋于分化，企业结汇意愿增强，跨境资本流动和外汇市场供求趋于平衡，此前外汇市场上存在的贬值预期已大幅收敛（图 4.4）。在此背景下，2018 年 1 月，各报价行基于自身对经济基本面和市场情况的判断，陆续对“逆周期系数”进行了调整。目前，“逆周期因子”已暂停使用。

第三节　多因素促成跨境资本流动形势趋稳

2016年底，市场还在激辩到底是保汇率还是保储备，但2017年不仅人民币汇率没有“破7”，外汇储备也实质性回升。这里既有内部的原因也有外部的原因，既有宏观的原因也有微观的原因，既有市场的原因也有政策的原因。

一、国际市场美元意外走弱和国内经济超预期走强，是我国跨境资本流动趋稳的“天时”和“地利”

（一）境外美元意外走弱改善了跨境资本流动的外部环境

全球经济同步复苏增强，改变了美国经济一枝独秀的局面。根据国际货币基金组织（IMF）的最新数据，2017年全球经济增长3.8%，较2016年加快0.6个百分点（IMF，2018）。其中，发达经济体和新兴经济体经济增速分别为2.3%和4.8%，较2016年加快0.6个和0.4个百分点。从美国、欧元区和日本三个主要发达经济体的情况看，美国经济并不再像2014年和2015年那样表现突出，那两年美国经济分别增长2.6%和2.9%，欧元区经济增速为1.3%和2.1%，日本经济增长只有0.4%和1.4%。2016年美国经济增长就出现了低谷，1.5%的增速已不及欧元区的1.8%。2017年美国和欧元区经济相差不大，分别增长2.27%和2.33%（图4.14），但市场对欧元区经济增长的评价和预期更高。

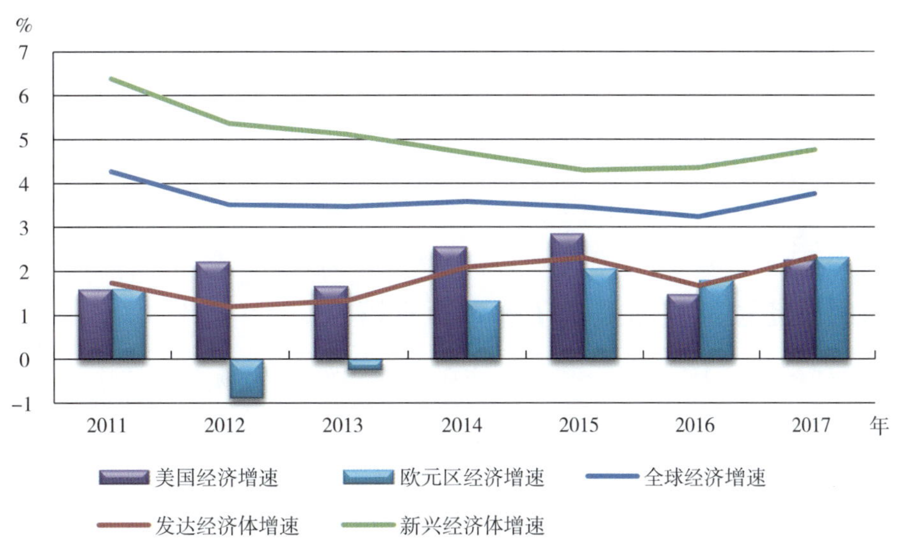

资料来源：国际货币基金组织。

图4.14　近年来全球及主要经济体经济增速

随着市场对欧美经济预期的调整，美元汇率强劲升势得以终结。2017 年，美元指数全年下跌 9.9%，改变了 2014 年下半年以来的快速上行态势，减少了导致人民币贬值的外部力量。美元汇率的这种变化超出了市场在年初时的判断。一方面，美国特朗普政府经济刺激政策不及预期。进入 2017 年后，特朗普政府新政实施进程缓慢，市场较高的期望值逐步消退，再加上美国经济开年疲软，进一步打击了市场对美国经济的信心。同时，美国通胀持续低迷，美联储货币政策正常化对美元汇率的影响减弱，2017 年以来美国通胀水平甚至比年初还要走低。市场对美联储货币政策调整的预期也相对充分，美联储全年三次加息并启动缩表，但美元汇率依然走弱。此外，特朗普政府多次表态不希望美元强势，前期导致美元上涨的“特朗普效应”反过来又成了美元下跌的重要推手。另一方面，欧元区经济复苏和政治稳定性好于市场预期。如前所述，截至 2017 年，欧元区经济增速已连续两年高于美国经济增速，而且欧洲的政治不确定性有所下降，英国脱欧对市场的影响可控。2017 年 5 月，支持欧元区统一的马克龙当选法国总统，进一步提振了市场对欧元区政治稳定的信心。从欧洲中央银行的货币政策看，也开始酝酿货币政策正常化计划，总体使得国际市场上出现了欧元上行、美元下行的走势（图 4.15）。

资料来源：路透数据库。

图4.15　美元指数

（二）国内经济超预期复苏提供了基本面支持

国内经济呈现持续企稳的发展态势，金融风险有所缓解，增强了市场信心。国际金融危机爆发初期，在大规模经济刺激政策下我国经济增速有所反弹，但 2010 年后经济发展逐步进入新常态，经济增速持续回落，由 10% 以上降至 2016 年前三个季度的 6.7%。2016 年第四季度，经济增速略有回升至 6.8%，2017 年全年增长 6.9%，是本轮经济增速下滑以来的首次企稳回升（图 4.16）。同时，官方制造业采购经理人指数（PMI）保持 50 荣枯线上方，工业生产者出厂价格指数（PPI）延续正增长格局，我国经济发展转向扩张区间的判断进一步巩固，逐步强化了市场对我国经济增长“L”形发展态势成功筑底的预期，这为人民币汇率企稳回升奠定了内部经济基础。同时，部分领域金融风险处置和防控效果有所显现。例如，

2017 年被称为房地产市场最严调控年，热点城市房价上涨势头得到遏制，2017 年 12 月，70 个大中城市新建商品住宅销售价格月同比上涨的城市个数为 61 个，比 1 月减少 5 个；下降的为 9 个，增加 5 个。再如，互联网金融风险专项整治工作如火如荼地开展，取得了阶段性成果。

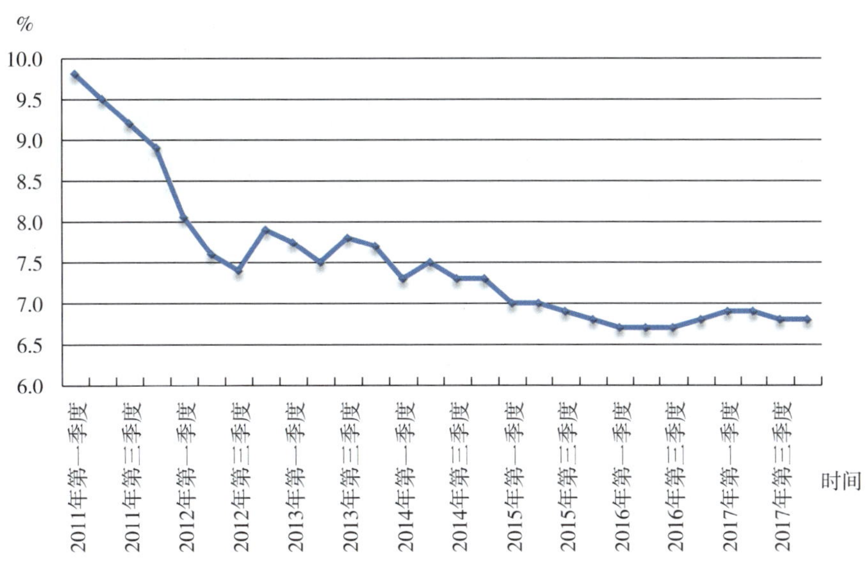

资料来源：国家统计局。

图4.16　中国季度GDP同比增速

金融监管明显加强，货币政策保持稳健中性，形成了有助于稳定跨境资金流动的市场条件。2016 年底的中央经济工作会议就提出，“要把防控金融风险放到更加重要的位置，下决心处置一批风险点，着力防控资产泡沫，提高和改进监管能力，确保不发生系统性金融风险”。2017 年召开的全国金融工作会议再次强调“防止发生系统性金融风险是金融工作的永恒主题”。随着宏观调控重点从稳增长向防风险转变，2017 年金融监管明显加强，经济去杠杆也进一步深化，如 2017 年末 M_2 同比增速回落至个位数，为 8.2%，较上年末增速低 3.1 个百分点；M_2 与 GDP 之比为 202.7%，较上年末下降 5.7 个百分点，体现了金融体系抑制内部杠杆的成效（中国人民银行货币政策分析小组，2018）。同时，中国人民银行综合运用公开市场操作、中期借贷便利等工具，在保持银行体系流动性基本稳定的同时，坚持稳健中性的政策导向。在此情况下，2017 年国内市场利率呈现稳中有升的发展态势，中美正向利差在 2017 年总体有所扩大，进入 2018 年后才开始收窄，但仍维持一定差距。例如，2017 年末，我国 10 年期国债收益率为 3.9%，比上年末提升 0.9 个百分点，与美国 10 年期国债收益率的差距是 1.5 个百分点，较年初扩大 0.9 个百分点（图 4.17）。同时，2017 年末上海银行间同业拆借市场 3 个月期利率为 4.9%，较上年末提升 1.6 个百分点，与同期伦敦银行间同业拆借市场美元利率的差距为 3.2 个百分点，比上年末扩大 0.9 个百分点。

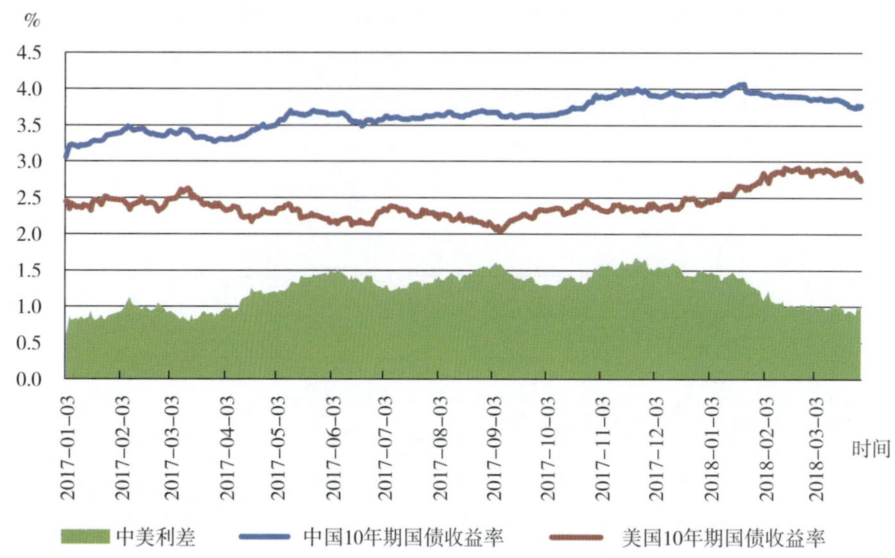

资料来源：路透数据库。

图4.17　中国和美国10年期国债收益率

二、“扩流入、控流出”的政策效果显现，是使跨境资本流动形势趋稳的“人和”

（一）加强资本流动管理是不得已的选择

2015 年第三季度之后，我国跨境资本尤其是短期资本出现了较大规模的流出。我国于 2014 年第二季度就发生了跨境资本净流出，但 2015 年第二季度以前，境内外汇差较小，汇率升贬值单边预期不明显，当期资本项目由内流转为外流，主要反映了国内经济下行、外部美元走强的影响，资本外流与经常项目顺差规模大体相当，外汇储备资产变动不大。2015 年第三季度以后，国内金融市场持续动荡，市场恐慌情绪蔓延，境内外汇差扩大，汇率出现了较强的贬值预期，资本外流急剧放大，超过了当期经常项目顺差规模，造成储备下降、汇率贬值。从期限结构看，自 2015 年起我国短期跨境资本流出加剧，短期资本（国际收支口径的证券投资、金融衍生工具、其他投资和净误差与遗漏合计）与基础国际收支顺差（国际收支口径的经常项目与直接投资差额合计）之比，2014 年为 69%，2015 年为 192%，2016 年进一步升至 376%。短期资本流动通常偏离经济基本面，容易受情绪波动影响，因此，当时外汇市场呈现既可能升值也可能贬值的明显多重均衡特征，市场面临超调的风险（汇率有可能过度贬值）。

在外汇政策的“不可能三角”下，既要保汇率又要保储备的政策选择只能是加强资本流动管理。现实中，面对汇率浮动、储备干预、资本管制的外汇政策“不可能三角”，我国是三个工具结合起来一起用。但在普遍看空的市场情绪驱动下，当时却出现了人民币越贬境内企业和家庭持汇购汇动机越强的现象，这显示汇率杠杆作用失灵。此时，不管是让价格出清市场（必然导致人民币汇率过度贬值），或是采取数量干预抛售外汇储备，都可能增加对市场信心的冲击，后果具有较大的不确定性。而且，2016 年底人民币汇率接近“破 7”，外汇储备也即将破 3 万亿美元，在既要保汇率又要保储备的情况下，剩下的选择就只有加强跨境资本流动管理，包括扩流入、控流出。尤其是在市场恐慌的情况下，资本流入有限，只能阶段性地加强资本流出的管理（管涛，2018）。

跨境资本流动管理为改革和调整争取了时间。2016 年底，人民币汇率贬值压力有所加大，我国转向主要依靠资本流动管理措施，包括规范境外投资、加强真实性审核、实施宏观审慎措施、强化统计监测、鼓励资本流入和结汇等。虽然上述措施总体并未突破现有的政策框架，但在客观上确实起到了平衡跨境资金流出流入的作用。受 2016 年底一揽子措施影响，2017 年伊始，市场普遍预期的购汇高潮落空，离岸人民币流动性抽紧、利率飙升，做空成本大幅增加，后手接连不断，加之国际市场美元走软，2017 年 1 月 4 日、5 日境外人民币汇率 CNH 连续反弹，6 日带动境内人民币汇率回升，拉开了全年人民币汇率止跌回升的序幕。与此同时，规范企业境外投资效果立竿见影。长期以来，我国国际收支口径的直接投资一直为净流入，但因为对外直接投资异常增长，2015 年净流入大幅下降，2016 年直接转为净流出。2016 年底出台的规范企业对外投资并购措施切实有效遏制了非理性对外投资，化解了短期资本流动冲击风险。2017 年，国际收支口径的直接投资累计净流入 663 亿美元，而 2016 年为净流出 417 亿美元。由于对外直接投资重新回归理性，2017 年短期资本净流出规模骤降 77%，短期资本净流出与基础国际收支顺差之比为 60%，远低于 2016 年 376% 的水平，外汇储备资产止跌回升，国家金融安全得以维护。

（二）对跨境资本流动管理的进一步认识

虽然涉外环境日趋复杂，但跨境资本流动管理的有效性并不必然会下降。有学者认为，当前我国经济金融开放度大大提高，人民币国际化不断推进，因此跨境资本流动管理越来越难（陈元、钱颖一，2014）。然而，管理是否有效不是 0 和 1 的关系，而是 0 和 1 之间的中间状态（Ma 和 McCauley, 2008）。历史表明，良好的经济基本面再加上适当的资本流动管理，使得我国的涉外金融风险总体是可控的。更何况，当前的监管手段和理念也较以前大为改善。一是随着信息化、电子化的发展，金融监管科技手段不断增强。例如，外汇检查更多地依靠大数据进行非现场监测，掌握线索以后再入场有针对性地核查（易纲，2014），而非像以前一样仅依赖手工或人海战术。通过在相关的管理信息系统中预设参数，也可以及时识别异常交易和可疑交易，实施黑名单管理。二是在审慎监管实践中，“展业三原则”运用得越来越多。近年来，监管部门借鉴国际上反洗钱、反避税、反恐怖融资的经验，在金融监管方面实施了“了解客户、了解业务、尽职调查”的展业原则，大大理顺了管理政策的传导机制。

加强跨境资本流出管理并不必然影响资本流入。有学者担心，加强资本管制会打击市场信心，加速资本外流和抑制资本流入（李德尚玉，2016）。但从本轮应对外部冲击的经验看，我国非储备性质金融账户的负债项下（外来直接投资、证券投资、其他投资等）从 2016 年第二季度起就恢复了净流入，这反映了近年来我国扩大证券市场对外开放、便利企业海外融资的积极成果。美联储也曾经对 1980~2014 年 37 个出现资本流入枯竭（Sudden Stop）的案例进行过研究，结果显示，加强资本管制的新兴市场通常会重现资本回流，而不采取资本管制的新兴市场通常会面临资本外流冲击（David，2017）。事实上，加强跨境资本流出管理会不会影响资本流入，关键在于能否达到汇率稳定、储备止跌的预期效果（管涛，2018）。

跨境资本流动管理存在一些副作用。任何资本管制的措施都会带来市场扭曲，增加市场交易成本。我国跨境资本流动管理在政策执行层面上易出现“一刀切”现象，有时还会限制正常合理的贸易投资活动，降低市场效率。例如，2017 年初有媒体报道称，外商投资企业在中国赚取的利润无法正常汇出，进口对外支付受到阻碍等。之后，监管部门澄清，只要满足一些基本条件，经常项下的跨境资金流动不受限制。

尽管上述问题在制度上较为清晰，监管部门也及时做了说明，但在具体操作时可能会由于执行部门理解不到位、市场沟通不及时而出现偏差，影响正常的贸易投资节奏。此外，窗口指导等部分行政管制措施公开性和透明度不够，不易被有效监督。而且，过分依靠行政手段易出现政策反复，如对境外直接投资的管理就经历了从鼓励企业“走出去”到政策收紧的较大变化。目前，随着宏观审慎政策导向的调整和回归中性，政策执行层面的影响也有所缓和。

三、引入逆周期因子重塑汇率政策公信力，是我国跨境资本流动形势趋稳的关键

（一）汇率“中间解”需要解决透明度和公信力问题

前述“天时”“地利”“人和”都是必要条件却非充分条件。2016年时这些条件就曾出现过，但都没有起决定作用。例如，2016年美元强势大不如前，美元指数全年总体上升3.6%，低于2014年12.8%和2015年9.3%的升值幅度，而且在上半年还出现了下跌行情。同时，2016年我国经济企稳势头有所增强，第四季度增速较前三个季度有所回升。此外，跨境资本流动管理更未放松，企业对外直接投资管理升级，个人购汇申报加强，国内市场开放积极推进。但从2016年外汇市场形势看，人民币兑美元中间价贬值近6%并逼近“破7”边缘，资本外流压力依然较大，全年外汇储备资产（国际收支口径）减少4487亿美元，比2015年还多减了31%。

2016年初公布中间价报价机制解决了市场透明度问题。亚洲金融危机前后，学术界曾经就何为最优的汇率选择掀起了“角点解”与“中间解”之争。坚持“角点解”者认为，汇率要么完全固定（如欧元区的货币联盟、中国香港的港元联汇制等），要么完全浮动，而介于两者之间的有管理的浮动，存在市场透明度不足的问题，并且在出现投机攻击的情况下缺乏政策可信度，不能有效防止货币危机。因此，中间制度的发展趋势是逐渐消亡（Eichengreen，1994，1999；Obsifeld和Rogoff，1995）。而坚持“中间解”者认为，尽管一些新兴市场对外宣称本币汇率自由浮动，但仍然积极干预外汇，将汇率维持在较窄幅度内波动，即事实上的盯住汇率安排。因此，中间汇率制度仍然是很多国家汇率制度的实际选择（Ilzetzki、Reinhart和Roggoff，2017）。1994年初汇率并轨后，我国确立了现行以市场供求为基础的、有管理的浮动汇率安排，至此走上了汇率选择的第三条道路。“8·11”汇改以后，面临较大的人民币贬值压力和预期，我国继续坚持汇率有管理浮动的“中间解”。2015年底，中国人民银行授权中国外汇交易中心对外发布了三个口径的人民币汇率指数。2016年2月，外汇市场自律机制秘书处正式对外公布了人民币汇率中间价的定价公式，即“中间价 = 上日收盘价 + 篮子货币汇率”。这较好地解决了央行与市场之间的汇率政策沟通问题。2016年下半年人民币兑美元汇率大跌，没有再度对其他市场产生溢出效应，因为市场理解人民币贬值是因为国际上美元太强，而非中国在竞争性贬值。

贬值压力下汇率政策的公信力面临巨大挑战。在我国企业、个人等市场主体跨境外汇收付近90%都是美元的情况下，2016年底随着人民币兑美元汇率连连跌破一些重要心理关口，加剧了市场的焦虑情绪。理论上，在市场主导的多重均衡状态下，公众面对投机攻击时，将基于政府放弃已有汇率制度的成本和政策的透明度来判断政府承诺的可信性来采取行动。如果可信度高，公众不会恐慌；如果可信度低，公众将跟进，抢先抛售本币资产（易纲、汤弦，2001）。这时，市场汇率在市场机制下就会“超调”。虽

然我国政府一再强调人民币汇率不存在贬值的基础，但均衡汇率是不可能预知的，而且市场汇率也不可能自动稳定在均衡汇率水平上。当短期资本流动受市场情绪驱动偏离经济基本面，多重均衡就容易出现坏的结果，形成贬值预期自我强化、自我实现的恶性循环，这就加剧了2016年底的人民币贬值预期和资本外流压力，引发了保汇率还是保储备之争。

（二）逆周期因子增强了汇率政策公信力

推动人民币汇率较快实现了止跌回升。2017年5月底，在人民币汇率中间价形成机制中加入逆周期因子，缓解了人民币汇率波动对国内经济基本面变化反映不足的问题，增强了汇率调控的自主性，对冲了市场上的顺周期波动（中国人民银行货币政策分析小组，2017）。实际上，因为透明度有加剧市场顺周期行为的副作用，不透明的参考篮子货币调节在国际上也并非没有先例。如新加坡参考一篮子货币的汇率制度也没有公布篮子的具体构成，但这没有妨碍经过较长时间市场运行后，市场机构能够将篮子模拟出来，也没有影响新加坡汇率制度和汇率政策的公信力。早在2016年2月，周小川行长接受媒体专访时就强调："对于投机者，则是博弈对手的关系，央行怎么可能把操作性策略都告诉他们？这就像是下棋，你不可能把准备的招数向对手和盘托出。"（周小川，2016）从政策效果看，没有逆周期因子就不会有人民币的止跌回升，也不会很快改变市场上的一致性贬值预期。2017年前5个月，美元指数下跌5.2%，人民币兑美元汇率中间价升值1.1%，CFETS人民币汇率指数贬值2.6%；引入逆周期因子后，在2017年6月至12月美元进一步下跌5.0%的情况下，人民币兑美元汇率中间价升值5.0%，CFETS人民币汇率指数升值2.7%。全年，在美元指数一路下跌的背景下，人民币汇率中间价累计上涨4028个基点，其中收盘价相对于当日中间价总体偏弱，负贡献8539个基点。可见，如果没有2017年5月底在中间价报价机制中及时引入"逆周期因子"对冲外汇市场的顺周期行为，则人民币双边汇率的稳定依然堪忧。

可信的价格信号促进了外汇供求的日益平衡。从微观层面看，在严格分层的两级外汇市场架构下，银行间市场是汇率形成的市场，结售汇市场是汇率执行的市场。然而，银行本身属于风险厌恶型的、客盘驱动的被动交易者，所以，它们是名义的汇率决定者，实际是汇率中间价的接受者。人民币汇率中间价报价机制中隐含着美元弱、人民币强的定价逻辑，人民币汇率升值逐渐把市场从美元多头变成了空头。现阶段，汇率政策目标是保持人民币汇率在合理均衡水平上的基本稳定。那么，可信的汇率政策，应该是让相信的人不能亏钱甚至应该是赚钱，让不信的人不能赚钱，最好是亏钱。这样，资本流动管理措施才会发挥应有的作用。例如，2016年我国以加强真实性审核的方式强化了资本流动管理，但在全年人民币兑美元汇率下跌6%以上的情况下，银行代客购汇较上年减少20%，结汇也减少14%，逆差收窄38%，依然高达3195亿美元。2017年，人民币兑美元升值6%以上，银行代客购汇同比仅下降1.1%，结汇增长17.4%，逆差690亿美元，减少了78%。可见，如果辅之以可信的价格信号，跨境资金流动监管有可能事半功倍。因此，保汇率还是保储备都不是保具体水平或者规模，都是保信心。市场信心恢复了，最终就保住了汇率，也稳住了储备。

第四节　跨境资本流动形势展望及政策建议

2018年，我国国际收支有条件继续呈现自主平衡，人民币兑美元汇率有升有贬、双向波动。但不论是政府还是市场，都要对可能发生的突发事件事前有所准备。政府要在情景分析、压力测试的基础上，加强跨境资本流动监测预警，完善管理框架，做好应对预案，从最坏处打算争取最好的结果；市场要树立正确的风险意识，控制好货币敞口，管理好汇率风险，不要用市场判断替代市场操作。

一、预计我国国际收支延续自主平衡但波动加大

2018 年，内外部环境中有利于我国国际收支平稳运行的因素继续存在。从外部看，一是全球经济复苏的格局没有变。目前，很多国际组织及市场机构对 2018 年全球经济的看法好于 2017 年，如国际货币基金组织预计 2017 年和 2018 年全球经济增长 3.7% 和 3.9%。二是主要发达经济体货币政策稳步调整的进程没有变。美联储 2018 年 3 月议息会议决定加息 25 个基点，依然预计全年合计加息三次或四次，与之前的观点基本一致；欧洲中央银行自 2018 年 1 月起部分减少量化宽松规模，并表示购债至少持续到 9 月，与市场沟通较充分，也符合市场预期。从内部看，一是国内经济金融仍将以稳为主。政府工作报告将 2018 年经济增长目标定为 6.5% 左右，金融风险防控也是全年重点工作任务，能够支撑市场对经济金融平稳运行的信心。稳健的货币政策继续保持中性，金融监管和去杠杆目标不变，将有助于维持境内外正向利差局面。二是对外开放逐步深化。2018 年国内市场的对外开放还会向前推进，包括金融业扩大开放、国内营商环境进一步改善以及债券、股票市场的开放等，有利于稳定内外资继续在华投资。如 2018 年 3 月，彭博宣布将逐步把中国国债和政策性银行债券纳入彭博巴克莱全球综合指数。此外，近期防范跨境资本流动风险取得一定效果，外汇市场趋稳，政府重塑了市场声誉，证明政府有决心也有能力实现其预定的汇率政策目标，使得市场更加相信我国具有应对相关冲击的能力。

但未来不确定、不稳定的潜在风险依然存在，可能阶段性导致我国跨境资本流动的波动加剧。主要的外部冲击因素包括：一是美元汇率走势的不确定性。近两年，欧元区经济逐步恢复，打破了美国经济率先复苏、一枝独秀的局面，市场对欧洲中央银行货币政策正常化的预期开始高于已实施的美联储加息缩表，导致美元汇率冲高后回落，目前处于窄幅盘整阶段，市场对美元未来走势的预期仍存在分歧。一旦未来美国经济表现又好于欧元区等其他主要经济体，市场预期美联储加息缩表进程加快，仍可能提振美元，重新对人民币汇率形成贬值压力。二是国际金融市场运行的不确定性。2008 年国际金融危机以来，美国股票市场指数屡创新高，市场早已担心其泡沫的积聚风险。2018 年以来，美股出现了阶段性大幅震荡，并导致全球股市随之调整，相关风险更加被市场关注和警惕，如果国际金融市场波动加剧，提高市场避险情绪，将加大我国跨境资金流出压力。三是中美贸易争端走向的不确定性。2018 年以来，中美贸易摩擦升温，美国首先出招宣布对部分中国商品征收更高水平的关税，中国也很快提出对美国部分商品提高关税的反制措施，而且在美国的贸易政策中体现了遏制中国高端制造业发展的意图。目前，中美贸易争端还主要是常规战、舆论战、心理战，未来发展演进及其对我国跨境资金流动的影响仍具不确定性。四是国内经济金融运行的不确定性。2018 年，在中美贸易摩擦加剧、国际资本市场波动风险上升的环境下，国内经济仍存在一定下行压力，并将持续存在企业高杠杆、房地产市场泡沫、互联网金融违法违规等风险，在风险处置过程中也会隐含不稳定因素。

需要强调的是，在汇率双向波动、市场预期分化的基准情形下，我国经常项目与资本项目差额将会呈现“一顺一逆”或者“一逆一顺”的镜像关系。但是，资本内流或者外流，都不意味着人民币汇率必然升值或者贬值。

专栏4-2　中美贸易争端对中国国际收支的影响分析

自20世纪90年代中期扩大对外开放、迎接世界制造业转移、替代日本成为美国贸易赤字的主要来源后，中国就逐渐成为美国贸易摩擦的主要对象，而且由美国发起的贸易战有愈演愈烈之势。迄今为止，中美贸易摩擦对中国的国际收支影响有限，但未来影响还需看中美经贸争端的演进。应对中美贸易摩擦，防范国际收支风险，关键是做好自己的事。

中美处理经济失衡问题采取不同方式并获得不同效果。经常项目收支失衡曾经是中国对外经济失衡的重要表现，一度成为国际上指责中国货币操纵的重要把柄。美国财政部制定的“货币操纵”三个标准之一，就包括经常项目顺差与GDP之比超过3%，其每半年发布一次的《国际经济和汇率政策报告》也经常以此为由施压人民币汇率重估。对此，中国政府一方面承认经济失衡的客观存在，另一方面积极致力于“扩内需、调结构、减顺差、促平衡”。随着经济增长动力逐步转向消费和服务业拉动，经常项目顺差与GDP之比由峰值的10%回落到2%以内的水平。不难看出，中国政府并没有诿过他人，而是从自身找原因，寻求解决方案，最终实现了经济再平衡。自2012年起，国际货币基金组织不再认为人民币汇率存在明显低估。近年来，尽管美方依然因双边贸易失衡把中国放在货币操纵的监测名单上，但也已不再要求对人民币汇率进行重估。而20世纪70年代中期以来，美国对外贸易就持续逆差，这是低储蓄（财政赤字）、产业空心化、美元本位等结构性原因所致（中美贸易失衡还涉及美国对华高新技术产品的出口管制）。此后，美国经常同主要贸易伙伴搞摩擦。20世纪八九十年代，美日之间的贸易战更是如火如荼。最终日本以资产泡沫破灭、经济长期停滞收场，而美国的贸易失衡不过是从对日本为主转为对中、日、墨等国为主，贸易逆差与GDP之比由20世纪90年代初期的1%~2%上升至目前的4%左右的水平（图3）。

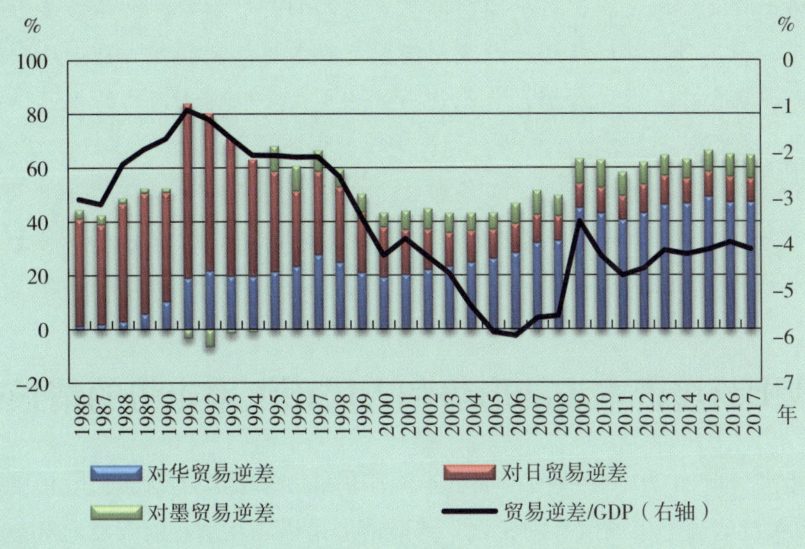

资料来源：美国商务部。

图3　美国货物贸易失衡的演变

迄今为止，中美贸易摩擦对中国的国际收支影响有限。虽然中美双边贸易失衡问题依然存在，但中国多边贸易失衡问题却在逐步改善，经常项目顺差与GDP之比回落到国际认可的合理水平以内。尽管如此，特朗普政府仍将贸易战强加于中国头上。2018年3月，美国先是对进口钢铝进行全球征税，然后让各国选边站队部分予以临时豁免，重点针对中国；最后干脆丢掉“遮羞布”，总统签署备忘录，拟对500亿美元进口中国商品征税。美方更是直言，301关税就是针对“中国制造2025”。迄今为止，中美贸易摩擦大都还只是常规战、舆论战、心理战，对中国国际收支主要是心理影响，基本没有产生实质性冲击。2017年第四季度，中国延续了经常项目顺差、资本项目逆差的国际收支平衡格局，剔除估值影响后的外汇储备资产增加326亿美元，环比增长9%。境内外汇市场供求基本平衡，人民币汇率进一步走强。尤其是2018年3月，美国违反世贸组织规则，单方面以国家安全名义和301调查结果发起贸易争端，进一步打击了市场信心，美股和美元下跌。相反，中国境内人民币汇率走势平稳，全月人民币中间价上升0.7%，自3月26日至今，交易价和中间价还一度升破了6.30的水平，随后在此水平上下小幅波动。

未来的影响还需看中美经贸争端的演进。中美贸易争端对中国国际收支的短期影响渠道有三个：一是信心渠道，即中美经贸关系紧张有可能降低市场风险偏好，促使资本逃离风险资产，加剧中国资本外流；二是贸易渠道，两国贸易争端将会影响中国的对外贸易活动；三是金融渠道，两国贸易纷争包括投资保护主义措施，将影响中国的对外投融资活动。后两个渠道都会通过影响中国实体经济，进一步对市场预期产生影响。

上述三个渠道的影响大小，取决于中美贸易争端的演进情形。一种情形是贸易摩擦仅限于经济考量，鉴于全球供应链背景下的贸易战是双输的结果，双方会通过谈判协商解决问题，结果是有贸易争端但避免了贸易战；另一种情形是贸易摩擦既有经济又有政治的考虑，一定的贸易战的经济损失不可避免，则双方贸易摩擦不断，经贸关系时好时坏；再一种情形是贸易摩擦主要是政治的考量，贸易战的经济损失可以忽略，则贸易冲突会不断升级，直到美方的政治目标达成为止。

从短期看，第一种是好的情形，对中国国际收支的影响是短暂的；第二种是基准情形，造成中国国际收支的波动；第三种是坏的情形，造成中国国际收支持续地剧烈波动。从中长期看，中国的国际收支状况并不取决于中美贸易摩擦，如经常项目收支主要取决于国内的投资储蓄关系、人口结构变化、劳动生产率进步等，跨境资本流动主要取决于国内市场前景、营商环境、产权保护等。另外，中国是一个大型开放经济体，具有较大的市场和政策回旋余地及较强的抗风险能力。应对中美贸易摩擦，防范国际收支风险，关键是做好自己的事，推动经济转型升级，深化改革，扩大开放。

二、关于我国跨境资本流动形势和人民币汇率走势的情景分析

2016年报告中指出，预计2017年我国跨境资本流动仍处于多重均衡状态，既可能出现好的结果，也可能出现坏的结果，关键取决于市场信心的变化。基准情形是市场相信政府有意愿和能力维持汇率稳定，美元汇率阶段性走强并有所波动，国内经济继续在底部平稳运行，人民币汇率贬值压力在部分时期可能缓解，境内主体配置境外资产的节奏可能放慢，再加上企业偿还外汇融资进程减缓、境外融资意愿增强，将共同支撑我国跨境资本净流出压力从前两年的高位回落。好的情形是国内经济企稳回升，央行汇率维稳工作能够获得更多基本面支持，如果强势美元得不到较大支撑，人民币汇率保持稳定甚至升值的条件

将会出现，我国跨境资本净流出明显减少。如果央行进一步减少对外汇市场的干预，在外汇储备保持基本稳定的情况下，我国经常项目顺差仍会对应跨境资本的净流出。坏的情形是国内经济状况有所恶化，美元汇率明显走强，人民币汇率贬值压力和预期挥之不去，随着外汇储备继续消耗，市场也会不断质疑央行汇率维稳的能力，我国跨境资本净流出可能进一步扩大（杨燕青、肖顺喜，2017）。

从目前来看，2017 年的实际情况是“基准情形”同“好的情形”的叠加：一方面，内部经济基本面保持稳定、汇率可信度有所提升，符合基准情形以及好的情形中的假设；另一方面，美元汇率走弱，内外部环境总体出现了好的情形，我国跨境资本由净流出转向基本平衡。

站在新的起点上，我们预期 2018 年我国跨境资本流动形势与人民币汇率走势也将主要存在三种情形。第一种是基准情形，即在国内外经济金融环境相对稳定，即使出现波动但波幅较小、时间较短、影响可控的情况下，人民币汇率总体仍呈现双向波动，市场预期相对稳定，国际收支继续趋于基本平衡，经常项目顺差与资本项目逆差大体匹配。第二种是好的情形，即在国内经济触底企稳、改革开放红利持续释放、外部冲击减弱的情形下，前期外汇管理政策回归中性，人民币汇率受基本面因素驱使稳中有升，国际收支趋于基本平衡，经常项目顺差与资本项目逆差大体匹配，外汇储备资产有所增加（将主要反映外汇储备投资收益）。第三种是坏的情形，即国内经济复苏出现反复、外部冲击重新加剧，包括美元汇率走强、金融市场动荡、中美贸易战加剧等，人民币汇率受基本面因素驱使振荡走低，跨境资本流出压力有可能卷土重来。

上述三种情形发生的概率不确定且不稳定，这有助于市场预期分化，促进国际收支自主性平衡。同时，如果监管政策保持中性、汇率波动容忍度进一步提升，在政策取向上是不偏不倚的，尊重既有规则下的市场选择和结果，则 2018 年人民币汇率走势将是在市场情绪波动驱动下的双向振荡走势，只是内外部的经济基本面变化状况决定人民币是振荡升值还是振荡贬值。

至于什么基本面情形叫好，什么叫坏，这个是见仁见智的问题。至少对于政府来讲，它没有必要去统一市场的预期。让市场一致性看好或看差，都是政府要避免的，因为一致性的预期容易导致单边的市场。政府的汇率调控不是替市场选择汇率水平，而是熨平汇率的过度波动甚至是异常波动。

三、今后需继续夯实经济和市场基础，完善宏观与微观管理框架

夯实经济平稳运行的基础和信心。人民币汇率波动和跨境资本流动形势，主要取决于国内基本面。当前，我国经济增速在世界范围内依然相对较高，经济结构逐步改善，内生增长动力增强，金融市场运行总体稳健，外汇储备充裕，应对和化解风险的能力较强，国内经济基本面总体良好仍是我国跨境资金流动的稳定性因素（潘功胜，2018），但抵御外部冲击的基本面仍需稳固。我国应继续按照“稳中求进”的总基调，努力巩固经济向好势头，促进货物和服务贸易出口增长；全面落实国务院关于积极利用外资的一系列措施，扩大对外开放，营造良好的投资环境；坚持积极的财政政策和稳健中性的货币政策，做好汇率预期和跨境资本流动预期引导工作；坚定有序去杠杆，有效化解过剩产能和金融风险，确保国内经济金融平稳运行，进一步提升市场信心。

不断完善汇率市场化调节机制。汇率价格杠杆在跨境资金流动调节中的重要性不言而喻。2017 年，人民币汇率在双向波动中保持基本稳定，人民币对一篮子货币窄幅波动，人民币兑美元呈现有升有贬的双向波动。未来，一是应继续稳步推进人民币汇率形成机制改革，充分发挥市场供求在汇率形成中的基

础性作用，不断提高汇率政策的规则性、透明性，引导市场预期，保持人民币汇率在合理均衡水平下的基本稳定；二是根据外汇市场供求关系的变化，进一步增强汇率弹性，保持汇率在调节国际收支平衡中的功能；三是加快培育汇率形成机制改革的配套体系，继续拓展国内外汇市场的广度和深度，不断丰富交易工具、参与主体，扩大对外开放，完善基础设施，建立分层、包容的交易平台，完善外汇市场的资源配置、价格发现和避险功能，夯实国际收支调节的市场基础。

构建跨境资本流动的宏观审慎管理和微观市场监管双支柱体系。2008 年国际金融危机以来，国际金融监管理念明显转变，加强对跨境资本流动的审慎管理已成为各国共识。构建和完善宏观与微观相结合的监管体系对于维护市场稳定、为改革创造良好环境具有重要意义。其中，宏观审慎管理实现国际收支平衡、防范跨境系统性金融风险的目标；微观市场监管实现推进资本项目可兑换、汇率市场化以及多元化的监管目标。两者既相对独立，又密切联系，构成跨境资本流动管理的双支柱。具体来说，一是构建资本管制和宏观审慎两个维度的宏观管理框架。一方面，研究托宾税（类托宾税）等跨境资本流动管理体系。托宾税或类托宾税是总量性质的工具，对资源配置扭曲较少，不仅可以丰富政策工具箱，也有利于外汇管理体制转型，提高政策透明度。另一方面，搭配好宏观审慎和资本管制。宏观审慎不直接针对国际收支失衡，但对内外经济平衡有重要影响。要完善宏观审慎监测评估机制和压力测试，作为规则监管和先行管理工具；保留托宾税等资本管制手段，作为逆周期调控和事后管理工具。二是完善跨境资本流动微观监管框架。一方面，要促进资本项目可兑换，服务贸易投资便利化，更好地发挥市场在资源配置中的决定性作用。另一方面，应把监管的重点从事前转向事中事后，强化真实性合规性监管，包括平衡原则监管和规则监管、完善银行展业自律和派驻监管、提高监测分析和异常预警能力、强化外汇检查和打击违法违规、构建跨部门监管合作机制等。

政府部门继续加强跨境资金流动监测。近年来，金融监管部门不断强化风险防控的统计、监测和预警能力：构建与国际惯例接轨、具有中国特色的跨境资本流动全口径统计监测体系；密切关注国际经济金融形势、发达经济体货币政策、国内经济基本面等因素，构建国际收支和跨境资本流动预警体系。未来，政府部门应在情景分析、压力测试的基础上，加强跨境资本流动监测预警，一方面提高对外汇形势预判的科学性、准确性，另一方面做好应对预案，从最坏处打算争取最好的结果。同时，进一步强化系统支持，构建大数据平台，充分运用大数据挖掘等现代统计技术和方法，加强跨境资金流动监测分析；建立既符合国际标准，又满足宏观与微观审慎管理的跨境资本流动数据系统和统计体系（方上浦，2017）。

市场主体进一步提高汇率风险规避意识。市场主体的风险承受能力实际上和企业的风险意识、风险管理是直接相关的。近年来，在汇率双边波动以后，我国企业为适应市场环境变化，进一步完善了汇率风险管理，逐步改变了对人民币汇率的固定思维，赌单边升值或单边贬值的企业有所减少，非理性或恐慌行为明显减少。未来，人民币汇率走向清洁浮动是大势所趋，主动管理汇率风险更加成为市场主体的“必修课”，国内企业应进一步培养和提高适应汇率波动的能力，树立“风险中性”意识，专注主业，综合运用各类外汇市场工具开展套期保值，做好汇率风险管理，避免用市场判断替代市场操作。

参考文献

[1] 陈元、钱颖一主编 . 资本账户开放：战略、时机与路线图 [M]. 北京：社会科学文献出版社，2014.

[2] 包兴安 . 债券通“北向通”日均交易量超 30 亿元、今年有望扩至“南向通”[N]. 证券日报，2018-02-05（A2）.

[3] 方上浦 . 走在改革开放道路上的外汇管理 [J]. 中国外汇，2017（5）.

[4] 管涛 . 要不要管理跨境资本流动：这是个问题，中国金融四十人论坛工作论文系列 [J].NO. CF40WP2018002（总第 81 期），2018 年 1 月 .

[5] 管涛 . 外汇形势趋稳、监管回归中性——2017 年外汇形势与政策回顾及展望 [EB/OL]. 中国经济 50 人论坛网站，http://www.50forum.org.cn/home/article/detail/id/7191.html.

[6] 李德尚玉 . 权威人士：资本管制往往适得其反 [N]. 第一财经日报，2016-04-20（A05）.

[7] 李治国、徐剑刚、曾利飞 . 人民币升值压力下存在 J 曲线效应吗 [J]. 世界经济研究，2007（3）.

[8] 潘功胜 . 进一步推动外汇均衡管理、服务全面开放新格局 [EB/OL]. 财新网，http://finance.caixin.com/2018-02-07/101208508.html.

[9] 潘功胜 . 跨境资本流动：挑战与应对 [EB/OL]. 财新网根据作者在 2017 年中国发展高层论坛上的发言改编，http://opinion.caixin.com/2017-04-20/101080997.html.

[10] 屈宏斌 . 人民币贬值无助于提振出口 [N]. 经济参考报，2016-02-24（001）.

[11] 孙杰 . 倡导行业自律理念，践行外汇市场自律管理——写在全国外汇市场自律机制成立一周年 [J]. 中国货币市场，2017（6）.

[12] 胥良 . 准确理解和把握内保外贷新政 [J]. 中国外汇，2018（5）.

[13] 易纲 . 如何正确理解"展业三原则"[J]. 中国金融，2014（19）.

[14] 易纲、汤弦 . 汇率制度"角点假设"的一个理论基础 [J]. 金融研究，2001（8）.

[15] 杨燕青、肖顺喜主编 . 中国金融风险与稳定报告（2017）[M]. 北京：中国金融出版社，2017.

[16] 中国金融四十人论坛 . 2017·径山报告分报告之完善跨境资本流动管理，中国怎么做 [R]. 2017 年 9 月 .

[17] 中国人民银行货币政策分析小组 . 2017 年第二季度中国货币政策执行报告 [R]. 2017 年 8 月 .

[18] 中国人民银行货币政策分析小组 . 2017 年第四季度中国货币政策执行报告 [R]. 2018 年 2 月 .

[19] 周小川 . 守住不发生系统性金融风险的底线，党的十九大报告辅导读本 .

[20] 周小川 . 接受《财新周刊》专访 [EB/OL].2016 年 2 月，http://www.pbc.gov.cn/goutongjiaoliu/113456/113469/3016856/index.html.

[21] David, Scott. China's Capital Controls Appear to Arrest Flight, Stabilize Currency [J]. Economic Letter, DALLAS FED.Vol.12, No 12, November, 2017.

[22] Eichengreen, International Monetary Arrangement for the 21th Century[R]. Brooking Institution, 1994.

[23] Eichengreen, Toward a New Financial Architecture： A Practical Post-Asia Agenda[R]. Institute for International Economics, 1999.

[24] Ilizetki, Ethan. Carmen M. Rainhart, and Kenneth S. Rogoff. Exchange Arrangements Entering into the 21st Century：Which Anchor Will Hold？ [R]. NEBR Working Paper, No. 23134, 2017.

[25] Ma, Guonan and Robert McCauley. Do China's Capital Controls Still Bind？ Implications for monetary autonomy and capital liberalization[R]. BIS Working Papers,No.233, 2007.

[26] Obstfeld M., and Kenneth S. Rogoff. The Mirage of Fixed Exchange Rates[R]. NBER Working Paper, No. 5191, 1995.

第五章　数字货币的泡沫、风险与未来

■ 姚名睿[①]

截至2017年底，全球共有加密代币1400多种（图5.1）。

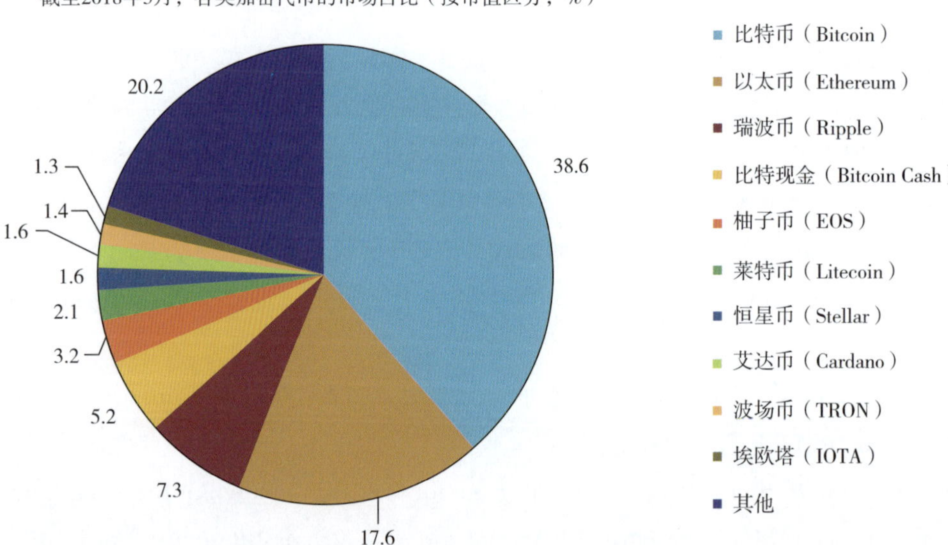

图5.1　全球加密代币市场份额一览

如何对这些种类繁多的加密代币进行合理估值，研判其中的泡沫与风险，是投资者最为关心但同时又是最富有挑战的议题。同时，数字（加密）货币在未来的货币体系中将扮演怎样的角色，也是各国政策制定者和中央银行高度关心的话题。本章第一节旨在构建一个全面的加密代币估值体系，提出了加密

① 姚名睿，南京大学计算机系兼职教授。本研究得到国家重点研发计划（批准号：2016YFB0800600）和SFI（上海新金融研究院）资助，仅代表个人学术观点，与任何机构无关。

代币估值的成本定价法、货币定价法、股票定价法、期权定价法和无套利定价法五种方法，并对各种方法的适用情形及需要注意的地方进行了讨论。应用这些方法，我们对比特币、以太币、瑞波币、USDT、Dai 等典型的加密代币进行估值，以研判加密代币的泡沫与风险。

2017 年，比特币价格一度飙涨到 1.9 万美元 / 枚。收益惊人让比特币“黄袍加身”，有人称其为“数字黄金”，更有甚者认为，比特币将会取代黄金。果真如此吗？“货币不是黄金，但黄金生来就是货币”揭示了黄金的货币属性，“乱世买黄金”则反映了黄金的避险功能，同时，黄金还是投资理财工具。回答比特币能否取代黄金，应从货币属性、避险功能、投资工具三个具体视角来辨析。同时，比特币未来是否将成为真正的货币，也需从货币的计价单位、交易媒介、储值功能几个方面来衡量。针对这些问题，本章第二节展开了详细的论证。

比特币交易市场的发展也带动了比特币衍生品的产生，本章第三节详细分析了比特币期货、比特币 ETF、比特币 ETN 等各类衍生品的产品特征、推出动因、市场影响及其背后所隐藏的市场逐利与政府监管之间的博弈。

在一定程度上，加密代币相关业务领域的无序发展造成行业乱象丛生，普通投资者利益难以得到保障。整个市场投机性质严重，价格波动剧烈，加上 ICO 项目欺诈问题突出，交易平台业务违规问题严重，严重扰乱了市场秩序，伤害了投资者权益，也给金融稳定带来挑战。例如，各类 ICO 项目投资者适当性管理和信息披露缺失，部分项目没有实体项目支撑，白皮书造假，“山寨币”“空气币”层出不穷，甚至爆发发起人卷款跑路等事件，投资者面临欺诈发行、标的资产不实、发行方经营失败等多重风险。面对加密代币所存在的泡沫与风险，各国监管部门已采取行动。监管的介入无疑有助于私人数字货币市场的长期健康发展。本章第四节对各国数字货币监管实践进行了综述。

面对数字货币的未来，货币当局高度关注，相关探索已经起步，第五节介绍和探讨了中央银行数字货币（CBDC）的形态、特征和功能。

第一节　加密代币的资产价格分析

一、成本定价法

在代币挖矿未达到预定上限时，可将代币视为一种商品，根据供求关系对其进行定价。当前的代币市场更多的是一种卖方市场，即代币的生产商（矿工）形成垄断竞争格局，而由于平台的开放性和匿名性，消费者（代币的购买者）难以进行共谋，往往是价格的接受者。根据美国康奈尔大学计算机系的数字货币专家 Ittay Eyal 和 Emin Gün Sirer（2013）的研究[①]，比特币挖矿前四位的机构占有大约 53% 的挖矿份额；在以太币的系统中，集中度更高，排名前三位的挖矿机构占有 61% 的挖矿份额。那么，根据微观经济学理论，在长期，垄断竞争市场厂商不仅可以调整生产规模，还可以加入或退出生产集团，因此，长期市场均衡时垄断竞争厂商的利润必定为零，这预示着从长期看矿池的算力竞争最终可能会让大家“无钱可

① Ittay Eyal and Emin Gün Sirer.Majority is not Enough: Bitcoin Mining is Vulnerable[EB/OL].2013.http://www.cs.cornell.edu/~ie53/publications/btcProcArXiv.pdf.

赚”。此时，平均收益等于平均成本，而平均收益等于销售收入除以产量，即为价格。于是，基于商品供求的角度，代币的长期均衡价格等于平均成本，这就是成本定价法。

我们采用成本定价法对比特币进行定价。截至2018年2月，专业的比特币挖矿机器（以Bitmain生产的AntMiner S9为例）价格为2700美元，这台矿机（以为例）可挖0.0012枚比特币。一台AntMiner S9每天耗电33度，按照居民用电价格计算，大概每天电费2.6美元。假定AntMiner S9的折旧年限为3年，可推算每天固定资产折旧为2700/（365×3）=2.5美元，加上耗电费用2.6美元，得到一枚比特币的生产成本为（2.5+2.6）/0.0012=4250美元，因此，比特币的当前均衡价格为4250美元。

需要注意的是，代币是不是商品，还需进一步讨论。至少，它还包含投资属性，因此，须审慎看待成本定价法的结论。不过，“矿工”是代币市场的重要供给者，而成本定价法可以告诉我们“矿工”的心理价位，从这个角度看，成本定价法对代币的定价仍具有参考意义。

二、货币定价法

加密代币是不是货币，尚存争议。若姑且视其为货币的话，则可应用现有货币经济学理论对它们进行定价。

（一）购买力平价

购买力平价理论最早由瑞典经济学家古斯塔夫·卡塞尔于20世纪初提出，其核心要义是经汇率折算后的同种商品在不同国家的价格应是一致的，反过来理解则是，汇率的合理值应是同种商品按不同货币销售的价格比值。1986年，*The Economist*杂志根据这一理论，首创用各国麦当劳巨无霸汉堡的价格（Big Mac）作为基准来测试各国的实际汇率是否符合购买力平价。例如，如果一个巨无霸在美国的售价是6美元，而在英国是3英镑，那么美元与英镑的购买力平价汇率应是1英镑=2美元。

同样的原理可应用于加密代币的定价。例如，2018年1月12日，加拿大肯德基推出一种专门支持比特币支付的产品——“比特币炸鸡桶”。这个新款的炸鸡桶需要0.0010305枚比特币，消费者也可用加拿大元购买，售价为20加拿大元。据此推算，一个比特币为19408加拿大元（20/0.0010305=19408），折合15651美元。

不过上述计算忽略了比特币支付的手续费。截至2017年12月，比特币支付的手续费为20~50美元。若以20美元计算，约为24加拿大元，由此顾客购买“比特币炸鸡桶”的实际支付金额为0.0010305枚比特币+24加拿大元，根据购买力平价，该数应等于20加拿大元，由此计算出来的比特币的价值为负数。这非常有趣，在不考虑支付手续费的时候，用购买力平价算出来的比特币价格高达上万美元，而若考虑支付手续费，价格却跌至负值。

这意味着高企的比特币支付费用严重损害比特币的内在价值，同时也表明比特币还不是真正的货币，因此，前述的购买力定价或许不能完全适用于比特币的定价。

（二）费雪交易方程式

这是著名的货币数量方程式，由欧文·费雪在1991年提出：$M\times V=Y\times P$，其中，M是一定时期数字货币的平均流通数量，V是相应时期每单位加密代币的平均周转次数，即货币流通速度，Y是以该加密代币为交易媒介的商品和劳务数量，P 是商品和劳务价格的加权平均指数。若方程式两边乘以加密代币的美元价格 e（可视为间接标价法下该加密代币兑美元的汇率），则 $M\times V\times e=Y\times P\times e$，其中 $Y\times P\times e$ 代表以该加密代币为交易媒介的商品和劳务若换作美元结算时的数量金额，也就是按这些商品和劳务的美元价格计算得到的金额，将其标为 Y_{usd}，因此，可以推出加密代币的价格 $e=\frac{Y_{usd}}{M\times V}$。

以比特币为例，目前比特币数量大约为 1500 万枚，每月以比特币为支付手段的交易额约 1 亿美元，全年总额 12 亿美元，若参照目前普通货币的流通速度，$V=4$ 每一枚比特币的价格应是 12 亿 /（4×1500 万）= 20 美元。

需要注意的是，目前比特币作为支付手段的流通速度要远远低于普通货币的流通速度，因此，实际价格可能要高于 40 美元，若假定比特币流通速度为 0.5，即一个比特币每两年仅流通一次，则相应的价格为 12 亿 /（0.5×1500 万）=160 美元，可见在一定程度上，市场对比特币的“窖藏”抬高了比特币价格。

有观点认为，随着比特币交易网络的扩大，支付清算非常频繁，且流动性需求是交易个体数量 N 的平方，而比特币数量有限，不能超过 2100 万枚，那么必然会出现流动性紧缩或恐慌，因此导致比特币价值不断上涨，从而论断比特币是数字黄金。我们认为，该观点混淆了货币存量和流量的概念，费雪交易方程式中，M 是货币供应的存量，乘以货币流通速度 V，则为货币流量，等于商品交易金额（$Y\times P$），若支付清算非常频繁，货币流通速度 V 与商品交易金额同步上升。毫无疑问，V 的不断上升肯定会使货币流量 $M\times V$ 超过存量 M，但不能以此推出比特币价格必然不断上升。理由是，根据前述公式 $e=\frac{Y_{usd}}{M\times V}$，若货币供应存量 M 不变，而流动性需求 Y_{usd} 与货币流通速度 V 同步上升，比特币价格 e 仍保持不变。

（三）货币局制度

货币局制度是指政府以立法形式明确规定，承诺本币与某一确定的外国货币（锚货币）之间可以以固定比率进行无限制兑换，并要求货币当局确保这一兑换义务实现的汇率制度。它既是汇率制度，也是货币发行制度。为保证本国货币与外币随时可按固定汇率兑汇，本国货币发行必须有外汇储备全额支撑。本质上，本币是锚货币在本国的代币。

参照法币的货币局制度，加密代币市场出现了所谓的稳定代币，比如 USDT。它是 Tether 公司推出的基于稳定价值货币美元（USD）的代币 Tether USD，简称 USDT，1USDT=1 美元，用户可以随时使用 USDT 与 USD 进行 1∶1 兑换。Tether 公司声称严格遵守 1∶1 的准备金保证，即每发行 1 枚 USDT 代币，其银行账户都会有 1 美元的资金保障。然而，市场上不少人却质疑，Tether 公司的资金储备情况一直未公开，承诺发布的审计报告也迟迟未发布，因此认为 USDT 的价值不能与美元画等号。

也就是说，此时 USDT 的货币局制度“退化”为固定汇率制度：发行者承诺本币对锚货币的固定汇率，但没有完全可信的机制（如 100% 外汇储备）来保障汇率的固定。一旦市场对发行者的能力或信誉产生怀疑，汇率将会面临很大的贬值压力，就像 1998 年的亚洲金融危机一样，在极端时刻发生崩盘。从这个角度看，USDT 的价值应是 1 美元 × 市场信心指数。若市场信心指数等于 1，则 1USDT=1 美元，若市场信心指数等于 0，则 1USDT=0 美元。

（四）非货币局制度的稳定代币机制

说到稳定代币，2017 年 12 月出现的一种新型稳定代币 Dai 值得关注。同 USDT 一样，Dai 仍是与美元 1∶1

锚定。但有趣的是，它的价值保障机制却与 USDT 截然不同。它不依靠第三方的信任（如发行 USDT 的 Tether 公司），而是建立了一套由智能合约和目标比率反馈机制构成的自治去中心化组织（DAO）机制来保障价值稳定。首先，类似于中央银行与商业银行开展的逆回购操作，它设计了一种名为“担保债务头寸”（Collateralized Debt Position，CDP）的智能合约，由其基于用户的抵押资产，发行稳定代币 Dai，并同时生成一份债务（相当于用户用资产抵押向系统借了一笔资金）。其次，建立目标反馈机制，当市场出现不稳定的时候，目标反馈机制即会被触发，推动市场力量去保持 Dai 价格的稳定。比如当 Dai 的市场价格低于目标价格时，目标反馈机制将会使利用 CDP 生成 Dai 的成本变得更加昂贵，同时使持有 Dai 的资本回报增加，从而导致 Dai 的市场供给减少，需求增加，使得 Dai 的市场价格升高，趋近其目标价格。

这一机制设计非常有趣，与 White 等自由银行制度者所倡导的银行券竞争、银行券选择条款、私人最后贷款人等依靠市场化手段来实现价值稳定的机制有着“异曲同工”之妙。但 Dai 的市场化价值稳定机制是否真的能奏效呢？下面，我们采用资产负债表分析方法予以探讨。

实质上，Dai 是放弃了以美元作为代币发行储备，选择其他加密代币作为代币发行的价值支撑。对两者进行比较，或许会得到有趣的发现。若发行制度是盯住美元的货币局制度，存在一个中心化的发行者，它的资产负债表见表 5.1。假定不考虑其他资产、负债与权益，那么资产方中美元储备的价值与负债方的代币存在以下固定关系：

$$A=e\times M$$

表5.1　货币局制度

资产	负债
美元储备A	代币M

对式子两边取对数后差分，可得到：

$$\mathrm{dln}A=\mathrm{dln}e+\mathrm{dln}M$$

其中，$\mathrm{dln}A$ 代表美元储备的变化率，$\mathrm{dln}e$ 代表代币的美元价格的变化率，$\mathrm{dln}M$ 代表代币发行量的变化率。

在货币局制度下，为维持代币的美元价格稳定，即 $\mathrm{dln}e=0$，那么以下式子应成立：

$$\mathrm{dln}A=\mathrm{dln}M$$

上式表示代币发行量的变化率等于美元储备的变化，也就是说，每一笔代币的发行都需要相应美元储备的支撑。货币局制度即是以法律的形式（也可通过其他可信机制，如第三方托管等）保障了这一关系的成立，由此实现货币的价值稳定 $\mathrm{dln}e=0$。

若发行制度是去中心化发行的 Dai 模式，那么相应的资产负债表则存在两个：

一是自治去中心化组织（DAO）的资产负债表（表 5.2），资产方为 DAO 对市场所有参与者的贷款 D，负债为相应发行的代币 M，两者相等且均以 Dai 计价，即 $M=D$。

二是将市场所有参与者视为整体的资产负债表（表 5.3），资产方为代币 M、抵押资产 C_1、非抵押资产 C_2，负债方为借款 D，其中 M、D 以 Dai 计价，C_1、C_2 是其他代币资产，为分析方便，我们假定其他代币资产均为以太币。由于 CDP 智能合约类似于银行抵押贷款，按照抵押资产 C_1 的一定比例价值 r（往往 $r>1$）发放贷款 D，因此存在等式：$D\times e=C_1\times \hat{e}\times r$。其中，$\hat{e}$ 代表以太币的美元价格。

表5.2　Dai自治去中心化组织的资产负债表

资产	负债
贷款D	代币M

表5.3　整体Dai市场参与者的资产负债表

资产	负债
代币M	借款D
抵押资产C_1	其他负债和权益
非抵押资产C_2	

于是，$M\times e=C_1\times\hat{e}\times r$ 成立，对式子两边取对数后差分，则可进一步得到：

$$\mathrm{dln}M+\mathrm{dln}e=\mathrm{dln}C_1+\mathrm{dln}\hat{e}$$

那么，若要实现 Dai 的美元价格稳定，即 $\mathrm{dln}e=0$，那么需满足：

$$\mathrm{dln}M-\mathrm{dln}C_1=\mathrm{dln}\hat{e}$$

这个式子意味着，若要实现 Dai 的美元价格稳定，那么 Dai 发行量的增加（$\mathrm{dln}M>0$）以及以太币流通量的减少（Dai 发行时，抵押的以太币被锁定，体现为 $\mathrm{dln}C_1>0$，导致流通量减少），必须导致以太币整体价格 $\hat{e}$ 发生相应幅度的变化，即 $\mathrm{dln}\hat{e}=\mathrm{dln}M-\mathrm{dln}C_1$，否则 Dai 的美元价格不能稳定。

显然，这是对 Dai 的市场深度和广度提出了要求，只有当 Dai 的市场深度和广度达到足够高的水平，以至 Dai 的发行会对抵押资产（本例中的以太币）的美元价格产生决定性影响时，才可能实现 Dai 的美元价格稳定，否则不能实现。

因此，Dai 的定价公式应是 1 美元 × 市场成熟指数，当市场足够成熟时，市场成熟指数等于 1，相应的 Dai 价格等于 1 美元。

三、股票定价法

对于初始加密代币发行（ICO）的界定，各国目前正倾向于按实质重于形式的监管原则，判定 ICO 是一种证券行为，向投资者警示欺诈与洗钱风险。若将加密代币界定为股票，则可利用现有的股票定价法对其进行定价，包括两种方法：市盈率估价法和现金流贴现法。

（一）市盈率估价法

市盈率估价法是一种相对估价法，通常被用于对未公开化企业或者刚刚向公众发行股票的企业价值估价。它首先假定同行业中的其他企业可以作为被估价企业的“可比较标的”，将同行业的平均市盈率作为定价的基准，进而估算出目标企业的每股盈利水平 E，两者相乘即可得到目标企业股票的内在价值 e，即

$$e=R\times E$$

将市盈率估价法应用于加密代币的估值。对于没有实际应用场景的加密代币，或者说尚未形成成熟的盈利模式的加密代币，每股盈利 $E=0$，因此其内在价值 e 为零。从这个角度看，市面上许多代币实质上“一文不值”。而那些能够承载较好的实际应用场景、商业模式逐渐成熟的加密代币，则具有内在价值。对它们的定价包含两方面工作：一是估算基准的市盈率水平 R；二是估算每币（股）盈利 E。

以 Ripple 为例，它是一种旨在优化银行流动性的机构跨境结算资产，力图实现实时转账，并大幅减少金融转账的费用。截至 2018 年 2 月，Ripple 的实时结算时间需要 4 秒，每秒处理可达到 2000 次交易，最终性能目标是与 Visa 和 Mastercard 相当，达到每秒处理超过 40000 笔交易。2018 年 2 月 9 日，Visa 市盈率为 38.03, 每股收益 3.04 元；Mastercard 市盈率为 44.48, 每股收益 3.66 元。以 Visa 和 Mastercard 为 Ripple 定价的"可比较标的"，将两者平均市盈率 41.26 作为定价的基准。由于信息不可得，我们很难直接估算每币（股）盈利，对此，我们做个大概的推算。目前 Ripple 的实际每秒交易笔数是 10 笔，若假定 Visa 和 Mastercard 的实际平均每秒交易笔数为最高性能的四分之一，即 10000 笔，据此，我们假定 Ripple 的每币盈利是 Visa 和 Mastercard 的平均每股收益的 0.1%，那么，（3.04+3.66）$\times$0.5$\times$0.1/100 = 0.00335，从而可算出 Ripple 的内在价值为 41.26$\times$0.00335 = 0.1382 美元。

市盈率估价法的优点是较为简单，缺点在于没有考虑未来的增长性，可能会低估正处于高速发展期的代币价值。此外，市盈率估价法需要将同行业的平均市盈率作为定价基准，而有些代币由于技术和项目的开创性，在现实中难以找到相对应的市盈率作为估值基准，因此市盈率估价法对它们不一定适用。

（二）现金流贴现法

现金流贴现法则是首先预测未来时期的每股股利 D_t，进而利用恰当的贴现率 y_t 进行贴现加总，计算出股票价值（见下式），与市盈率估价法相比，现金流贴现法的优点在于考虑了企业的未来发展前景，并且纳入资本成本因素。

$$e=\sum_{t=1}^{N}\frac{D_t}{(1+y_t)^t}$$

为简化计算，上式可转化为股利不变增长模型：

$$e=\frac{D_0(1+g)}{y_t-g}$$

其中，D_0 代表当期股利，g 代表股利的不变增长率。当 g=0 时，即为零增长模型。

将现金流贴现法应用于代币的价值评估时，D_0 相当于每币（股）盈利水平，g 代表每币盈利水平的未来增速，可以看出，g 越大，代币内在价值 e 则越大。这就是很多人认为代币网络用户数量越多则代币价值越大的机理，即代币网络用户数量的增长推动整体业绩的上升以及每币盈利水平的增长，从而带来代币内在价值的上升。对于这个关系，网络经济学将其称为"麦特卡尔夫定律"（Metcalfe's Law）：网络的价值以用户数量平方的速度增长。

然而，不能忽视的是，若 D_0 等于零，即便 g 越大，代币内在价值 e 依然为零，也就是说，"麦特卡尔夫定律"成立的前提是每币（股）盈利水平须大于零。这给我们一个重要启示：对于代币的估值，不能过于强调用户数的增长，应首先关注是否有真正创造价值和社会效益的实际应用，否则，用户数量的增长带来的仅是一种"击鼓传花"的庞氏骗局，而不是代币价值的增长，相应的代币很可能就是"传销币""骗子币"或"空气币"。

除了估算每币盈利水平的未来增速 g 外，代币的估值还需估算贴现率 y_t。这是比较大的技术难题。1990 年，诺贝尔奖获得者威廉姆·夏普发现，如果投资者都按马科维茨的方法去多元化配置资产，那么任何一种资产的回报都和市场指数的回报成正比，这个比例被称为贝塔系数。据此，资产的回报率等于无风险利率加上贝塔系数度量的市场风险溢酬。接着，尤金·法玛和肯尼斯·弗伦奇提出的 Fama-French 三因子模型在市场风险因子的基础上进一步增加了公司规模和估值（市盈率）两个因子[①]，随后，Carhart 于 1994 年又增加了动量因子[②]，Andrea Frazzini、David Kabiller 和 Lasse Heje Pedersen 于 2012 年增加了高质量因子（高利润、高成长、稳定和优良管理），最终形成了资本资产定价模型的五因子模型[③]。以此为参照，决定代币资产回报率的因素有无风险利率、市场风险因子、代币网络规模、代币市盈率、动量因子、高质量因子等。对这些因素的估算，一方面需要足够的信息量，另一方面则需要比较大的工作量，尤其是需要足够的信息量，这在当前的代币市场是无法满足的。从这个角度看，建立完备的信息披露机制，是当前加密代币合理定价的前提，否则，仅凭一份白皮书，市场定价必然一片混乱，价格暴涨暴跌，自然不足为奇。

在此，为简单起见，我们姑且将代币的贴现率设为美国标普 500ETF 长期年均收益率，即 y_t 等于 7%，对 Ripple 进行定价。《2017 年全球支付报告》[④]估计，全球范围内非现金批发业务交易量的年均复合增长率将达 6.5%，据此，我们假定 Ripple 的未来盈利增速同样为 6.5%。每币盈利水平同前文一样，仍为 0.00335，年化盈利水平 0.00335 × 4=0.0134。于是，可以计算得到 Ripple 的内在价值为 0.0134 ×（1+6.5%）/（7%-6.5%）=2.8542 美元。同市盈率估计法相比，这就增加了 20 倍。2018 年 2 月 11 日，Ripple 价格为 0.92 美元。若从现金流贴现法来看，可能还有增长空间。

四、期权定价法

许多代币的投资、回报、变现往往不是以法币为形式，且代币与其他代币之间存在技术上的依赖，决定了价值上的互利共生，这些特点使代币估值在应用股票定价时面临极大的挑战。例如，假定代币的投资、回报、变现是以比特币为形式，那么在应用现金流贴现法时，对应的比特币无风险利率应为多少？目前市场中找不到这一指标。若采取间接方法，将项目的比特币现金流换算成法币后进行估值，则意味着在估值时须同时增加对整体比特币未来价值的评估，并考虑代币与比特币价值的相关性。针对这样的情形，我们提出代币估值的期权定价法。

期权定价法的思路是将代币的经济价值看作以项目未来价值为标的资产的看涨期权，从而进行定价。假定项目价值是以比特币为形式，在未来期，以比特币计价的项目价值为 $S(T)$，届时比特币的法币价值为 $U(T)$，那么以法币计价的项目价值 $V(T)=S(T)U(T)$，即 $S(T)=\frac{V(T)}{U(T)}$。根据代币收益的或有特征，T 期代币价值 $P(T)=\max(S(T)-Z, 0)$，Z 为以比特币计价的临界值，当项目价值低于临界值时，意味着项目失败，代币价值为零，否则项目价值为 $S(T)-Z$。进一步，$P(T)=\max(S(T), Z)-Z$。简洁起见，假定 Z 为 1 比特币，此时代币价值可表示为 $P(T)=\max(S(T), 1)-1$，将 $S(T)=V(T)/U(T)$ 代入，则得到 $P(T)=\max(V(T)/U(T), 1)-1$。

利用期权定价方法，可以求解出代币以比特币计价的现值：

$$P(0)=\frac{V(0)}{U(0)}e^{-q_vT}N(d_1)-e^{-q_uT}N(d_2)-1$$

① Fama E.F. and French K.R.Common Risk Factors in the Returns on Stocks and Bonds[J].Journal of Financial Economics,1993（33）:3–56.

② Carhart M. On Persistence in Mutual Fund Performance[J]. Journal of Finance ,1997（52）: 57–82.

③ Andrea Frazzini, David Kabiller, and Lasse Heje Pedersen,Buffett's Alpha [EB/OL].2012.http://docs.lhpedersen.com/BuffettsAlpha.pdf.

④ Worldpay.2017 Global Payment Report[EB/OL].2017.https://worldpay.globalpaymentsreport.com/.

以法币计价的现值则为

$$P(0)U(0)=V(0)e^{-q_vT}N(d_1)-U(0)e^{-q_uT}N(d_2)-U(0)$$

其中，$d_1=\frac{\ln\frac{V(0)}{U(0)}+(q_u-q_v+\frac{\sigma^2}{2})T}{\sigma\sqrt{T}}$，$d_2=d_1-\sigma\sqrt{T}$，$\sigma=\sqrt{\sigma_u^2+\sigma_v^2-2\rho\sigma_u\sigma_v}$，$q_v$ 代币项目价值的增长率，q_u 为比特币价值的收益率，σ_v 和 σ_u 分别为相应的波动率，ρ 为代币项目价值和比特币价值的瞬时相关系数。

以上估值思路的优点在于：第一，不以持续经营为假设，假定代币项目可能成功也可能失败；第二，估值公式独立于无风险利率，避免了现实中不存在代币无风险利率的技术难题，也无须估计风险溢酬；第三，考虑了代币项目价值与其计价代币项目发展的相关性，更符合经济现实。

我们利用期权定价法对以太币进行估值。简单起见，以太币项目的价值增长率 q_v，比特币价值的增长率 q_u、相应各自的波动率 σ_v 和 σ_u，以及两者相关系数 ρ 均根据 2017 年的数据回溯得到：q_v=0.07，q_u=0.049，σ_v=0.012，σ_u=0.007，ρ=0.08，并假定以太币项目的价值是比特币的 2 倍，即 $\frac{V(0)}{U(0)}=2$，期限 T=1，由此可以计算出以太币的比特币价格为 0.075BTC。2018 年 2 月 12 日，以太币的比特币价格为 0.1BTC，略有高估。

五、无套利定价法

无套利定价法是指如果构建两种终值相等的投资组合，那么它们的现值一定相等；否则的话，就可以进行套利，即卖出现值较高的投资组合，买入现值较低的投资组合，并持有到期末，套利者就可赚取无风险收益。2017 年 12 月，美国商品期货交易委员会（CFTC）批准芝加哥商业交易所（CME）、芝加哥期权交易所（CBOE）先后上市比特币期货。比特币期货的出现使得比特币的无套利定价成为可能。

首先，构造两种投资组合：

A 组合：一份规定到期时将以为交割价格购买一单位比特币的期货合约加上单位 $F\times\exp(-r)$ 的本币现金；

B 组合：一个单位的比特币（等值于 e）。

期货合约到期时，A 投资组合的持有者将持有单位的本币现金以及一份可以以交割汇率购买一单位的外币的权利，总价值等于一单位的比特币；对于 B 投资组合，显然，其价值也等于一单位的比特币，也就是说，期货合约到期时，A 投资组合的价值等于 B 投资组合，那么，根据无套利定价原理，期货合约到期时价值相等的投资组合在当前时刻的价值也必须相等，即

$$v+F\times\exp(-r)=e \quad（v \text{ 为 0 时刻的合约价值}）$$

市场均衡时，当前时刻的合约价值 v 必然等于零，否则将存在套利机会，也就是说，套利活动保证了下列等式的成立：

$$e=F\times\exp(-r)$$

由此得到了比特币的无套利定价公式。

2018 年 2 月 9 日，CME 的 3 个月比特币期货报价为 8600 美元，3 个月美元 Libor 为 1.81%，由此可算出比特币价格等于 8600 × exp（1.81% × 0.25）=8561.71 美元。

不过，需要注意的是，无套利定价法的前提是，一旦期货价格和现货价格偏离定价公式时，无风险套利活动可以无摩擦开展，然而在现实中，由于以下因素，比特币期货和现货之间的无风险套利活动难以实现：一是比特币的现货流动性很低，套利者不一定容易根据套利需要按期望的价格买入期望的比特币，且有时还需面临现货交易所的中央对手方风险。二是比特币现货交易本身的性能缺陷，比如交易的清算确认具有概率性，交易费用高，确认时滞长等，将会极大制约套利活动的开展。三是比特币现货市场不能做空，即没有比特币的拆借市场，也没有“裸空”机制，无法开展“做多期货、做空现货”的套利活动。因此，应审慎看待利用无风险套利定价法得到的比特币价格。

第二节　比特币与黄金的比较分析

一、货币属性：基于铸币税的视角

（一）黄金曾长期是世界通货

回顾货币演化史，其中最有意思的是，在地理隔绝的环境下，世界各地却“不约而同”地选择了黄金作为货币。即使在信用货币时代，黄金依然在很长时期内是信用货币的发行准备，是国际贸易清算和债务清偿的最终手段。

国际金本位制或金块本位制下，通过“黄金输送点”的作用，各国汇率保持平稳，国际收支自动调节。在布雷顿森林体系中，其他国家与美元保持固定汇率，美元则与黄金挂钩，维持金汇兑平价。在布雷顿森林体系崩溃后，各国信用货币虽不再与黄金挂钩，但仍“隐性”地以黄金为货币价值锚，特别是美元、欧元等国际货币，尤为重视黄金在维持本国货币国际清偿力的“压舱石”作用。根据世界黄金协会（WGC）的最新数据，截至 2017 年 12 月，美国黄金储备占其国际储备的 74.9%，欧元区黄金储备占其国际储备的 56%。

（二）黄金是一种共识货币：基于“铸币税”视角的新解释

为何黄金天然就是世界通货，且历久不衰，几乎贯穿整个人类历史？表象上看这似乎与黄金的物质稳定性有关，但这并不是关键。让我们先回到货币的本源。

众所周知，货币的经典定义是从商品中分离出来固定充当一般等价物的特殊商品。所谓“一般等价物”，即众人认同，否则，钱花不出去，而花不出去的钱就不是钱了。换言之，货币代表众人一致同意的未来购买力，实质上就是一种社会共识。

从这个角度看，黄金其实是一种共识货币，只不过这种共识不是比特币所采用的基于计算机程序而实现的共识，而是人类社会对各种货币形态不断遍历、选择而自然达成的共识。既然为货币共识，那么必然就是在经历了一番利益博弈后，才最终达成一致同意的货币方案。

需要看到，由于货币代表着购买力，因此在某种程度上，任何货币的发行均存在“铸币税”（只要发行收益高于发行成本），谁拥有货币形态越多，拥有的铸币税收入则可能越多，比如信用货币之于政府，实物货币之于实物生产者。

显然，征收“铸币税”是对现有财富的再分配，因此，选择哪种商品成为货币是一种零和博弈。在博弈中，每个理性人均会选择最有利于自己的货币方案，但有利于自己的方案却不一定得到别人的支持。那么经过多轮博弈后，最终能让各方激励相容的纳什均衡解，只能是这种一种方案，即铸币税足够小，以至对于每个个体而言都微不足道，收益相互没有差异，从而使各方达成一致同意。也就是说，只有铸币税足够小甚至为零的货币形态，才可能得到广泛支持，成为一般等价物。

要让铸币税足够小，一种较佳的方案是选择任何个体都不容易拥有的稀少物品作为货币形态。历史也表明，最为稀少的物品最有可能成为货币。比如，对于内陆国家而言，贝壳是一种稀缺资源，因此成为一种货币。而在世界范围内，最稀少的物品只有黄金等贵金属。

这就是为何黄金天然就是世界通货的原因。应该说，黄金之所以会成为广泛接受的货币，并不在于它的价值高，而在于其稀少的特性使得铸币税足够小，从而容易在陌生的大规模群体中达成货币共识。

据此，也不难理解，为何信用货币会受到广泛质疑，因为它存在“铸币税”。劳伦斯·H. 怀特、哈耶克等货币“非国家化”论者认为，货币自发秩序的好处在于可以避免政府在发行货币中的通货膨胀和利益再分配倾向，因此，只有废除政府的货币发行垄断权，用市场中的竞争性货币取代法定货币，才能实现价格水平稳定。这一质疑在 2008 年国际金融危机发生后更加尖锐，也更加有市场。

（三）虚拟货币ICO、IFO等对“铸币税”的追求愈加露骨，因此尚不能成为真正货币

比特币以所谓的“超主权货币”姿态而出现，被寄托了颠覆法定货币的梦想。然而，从目前发展状况看，比特币等虚拟（准数字）货币似乎难逃对“铸币税”的追求。

比如，初始代币发行（ICO）本质上是一个证券化过程。至今，市面上已有上千种代币，几乎谁都可以创造出各种各样的代币。这些代币发行成本极低，有的仅凭一张白皮书即可发行，只要代币一上市流通，初始发行人就赚得钵满盆满，财富效应令人咂舌。说到底，很多人热衷于 ICO，小而言之是为了融资，大而言之是为了追逐“铸币税”。问题是，如果没有真正的创新性技术含量，这简直形同欺诈。ICO 活动隐藏的风险引起了各国监管部门的关注，我国对 ICO 乱象进行了整治，欧美等其他国家纷纷进行风险警示。

2017 年 11 月，美国证券交易委员会主席 Jay Clayton 发表了一个关于加密货币与 ICO 的声明，指出：“目前外界对加密货币与 ICO 市场有若干疑虑，包括投资者保护力度显著低于传统证券市场，欺诈与市场操纵风险也更高。投资者需要注意，目前美国证券交易委员会没有注册过任何 ICO 项目。美国证券交易委员会也从未批准任何持有加密货币或加密货币相关资产的场内交易产品（例如 ETF）上市交易。对任何说法与之相左的人，需要格外警惕。”

对于比特币，我们需要承认，从技术创新角度看，其底层的区块链技术具有颠覆性的力量，有助于提升效率，但从货币角度看，它似乎还存在很大距离。在功能方面，比特币交易费用高，性能低下，尚未表现出明显的优势。截至 2017 年 12 月，转一个比特币大约花 28 美元，确认比特币交易的平均时长约 4.5 个小时。

关键的是，运营团队或矿工对“铸币税”的追求非常明显，表现在越趋闹剧的比特币 IFO。2017 年 8 月 1 日，比特币现金（BCH）区块链在比特币区块 478559 与主链分离，开启了比特币的硬分叉序幕，至

今先后出现了 BTG（比特币黄金）、BCD（比特币钻石）、SBTC（超级比特币）、LBTC（闪电比特币）、比特币白金（BTP）、比特币上帝（BTG）等各种分叉币。有人感慨："人性是比特币生态链上最大的弱点"，可以预料接下来的硬分叉将会继续，据说有论坛已经出了分叉的教程和工具。

这就使得比特币发行的 2100 万枚初始设定，变成"伪上限"。不断的分叉实质上是比特币的"超发"，这与自由主义者所批评的政府货币超发似乎没什么差别。IFO 等同于变相的 ICO，与之类似，绝大多数分叉币都没有太大的价值。但只要分叉币一上市，初始团队和用户就可获得惊人回报。比如，上市短短 6 个月，比特币现金（BCH）已涨到 3000 多美元。当然也有人会辩解 BCH 另有抱负，仿佛石达开之于洪秀全。

细推敲，这些回报不就是"铸币税"吗？后来者的"接盘"其实是向初始的 IFO 团队和用户缴纳"铸币税"。从这个角度看，比特币是否会得到社会公众的广泛认同，成为替代黄金的一般等价物，是要打个大大的问号的。至少从目前看，不容乐观。

二、避险功能：基于国家资产负债表的角度

（一）避险与投资是两个不同维度的概念

讨论这个问题，首先需要厘清避险和投资这两个截然不同的概念。避险是指对目标资产风险的对冲，尤为强调资产之间的相关性，比如，之所以衍生品能够对冲基础资产的风险，原因在于，衍生品与基础资产价格在无风险套利的情况下存在稳定的相关关系；资产组合的风险分散效应，也是因为组合内各类资产存在相关性，否则难以分散风险。

而投资则是另外一个维度的概念。价格上涨的资产或许是一种好的投资品种，但不能说就一定是一种好的避险工具，比如每天均有一些股票在上涨，但它们很少被当作避险工具。高风险高收益，低风险低收益，追求投资的高收益反而可能会带来更高的风险。

（二）黄金为何具有避险功能：基于国家资产负债表的解释

黄金的避险功能体现在两个方面：第一个功能是，作为世界通货，黄金可以对冲因战争等系统性危机而导致的货币风险。当战争爆发引致社会经济体系、信用机制和金融安排崩溃瓦解时，黄金往往会成为最后支付和债务清偿的手段，所谓"乱世买黄金"，即体现了黄金在极端情况下保持财富价值稳定的功能。这也正是为何在现代信用货币体系中，黄金依然是各国政府或中央银行重要的国际储备资产，从而引申出了黄金的第二个避险功能，即对冲信用货币风险功能。

在表 5.4 的主权国家资产负债表（由中央银行资产负债表与财政部资产负债表合并）中，主权国家发行的基础货币可视作本国居民对国家持有的权益资产。如同上市公司资产的增值或减值会引起股票价格的变化一样，黄金将会通过资产负债表渠道对中央银行信用货币价值的变化产生影响，因此两者之间存在相关关系，基于这一关系，黄金可以对冲信用货币的风险，比如汇率风险或通胀风险。以汇率风险为例，我们将黄金的美元价格与美元指数进行对比，可以发现，两者走势具有很强的相关关系（图 5.2），因此，在一定程度上，黄金可以对冲美元的汇率风险。

表5.4　主权国家资产负债表

资产	负债
黄金储备资产	外币债务
外汇储备资产	权益
财政资产	本币债务
其他资产	基础货币

此外，由于黄金与本币债务（比如国债）同处主权国家资产负债表，因此黄金价格的变化也会通过资产负债表角度影响国债的价格。通常而言，国债收益率可看作无风险利率，是金融资产定价的基础。从这个角度看，黄金价格变化还能影响债券、股票等金融资产的价格，因此，黄金对债券和股票也有风险对冲功能，但需要注意的是，黄金对不同资产的风险对冲功能程度不一，越是与系统性基本面因素有关的资产，比如货币，黄金的风险对冲程度更高，而更受个体性风险影响的资产，黄金的风险对冲功能越弱，比如股票。换言之，黄金不可能对冲"一切泡沫"。

图5.2　美元指数与黄金价格走势

（三）比特币是风险对冲工具仅是2017年价格一路上涨给人的假象

反观比特币，一方面，诚如前述所言，比特币由于目前存在极大的追求"铸币税"冲动，尚不能成为真正的货币，更不可能成为世界通货，因此，比特币难以像黄金一样，对冲因战争等系统性危机而导致的货币风险。尤其是比特币的使用场景高度依赖信息网络，一旦战争爆发，信息网络的崩溃将极度限制比特币的应用，而黄金的使用不依赖具体场景，具有很好的泛在性，这点是比特币所无法比拟的。另一方面，目前比特币难以同黄金一样被纳入国际储备资产，从而通过资产负债表渠道与信用货币价值、国债之间建立关系，进而发挥避险功能。

当2017年比特币价格一路上涨时，有观点认为，比特币的市值已超过国际货币基金组织特别提款权（SDR）储备总额，因此比特币将会取代黄金，成为世界储备资产。真是这样吗？

各国持有国际储备的目的是满足国际收支的不时之需，避免发生国际收支危机。既然是应对不时之需，这就决定了国际储备资产应以安全性和流动性为第一目标。

从财产的安全性看，盗窃比特币的黑客攻击屡屡发生，比如2014年3月，比特币交易所运营商Mt.Gox因交易平台的85万枚比特币被盗一空而破产。2016年8月，比特币交易平台Bitfinex由于网站出现安全漏洞，导致用户持有的119756枚比特币被盗。2017年底，比特币交易所Bithumb受到黑客攻击。若从收益的安全性看，比特币的价格波动率非常高，远超出黄金、股票等资产。

论流动性，据世界黄金协会（WGC）数据显示，截至2017年11月，全球所有被开采出的黄金总计价值7.8万亿美元。而相比之下，比特币现存大概1400万枚，其中处于活跃交易的仅有96万枚，大约不到200亿美元的流动性。而且比特币交易本身的性能缺陷，比如清算确认具有概率性，时滞长，交易费用高，将会极大限制比特币的流动性。

显然，无论是在安全性上还是在流动性上，目前比特币均不具有成为国际储备资产的资质。据悉，保加利亚执法部门打击了一次有组织的犯罪活动，没收了20多万枚比特币，结果被当作政府持有比特币的“典范”。但综合来看，比特币既不能成为世界通货，也难以成为国际储备资产，而且，目前比特币尚没有充分的经济基本面基础，因此，比特币也难以对冲其他资产风险。

所谓的比特币可以作为对冲工具，仅是2017年价格一路上涨给人的一种假象，当2018年这一趋势逆转时，越来越多的人质疑它可以作为一种令人放心的避险工具。

三、投资工具：基于投资者风险偏好的角度

黄金具有避险功能，但它是否是一种很好的投资工具，很多人存疑，比如巴菲特认为，“黄金天生具有两大缺陷：没有多大用处，也没有生产新价值的能力。虽然其具有某些工业及装饰用途，但是这两种需求非常有限。而且，如果你一直持有一盎司黄金，到最终你也只能拥有这一盎司黄金”。

若从黄金与比特币的收益率比较来看，比特币的收益率确实高于黄金，但需要看到的是，比特币的波动率也高于黄金，没有逃离风险与收益相随的规律。因此，回答比特币是否是比黄金更好的投资工具，投资者应从自身的风险偏好角度来判别。对于风险偏好型的投资者，比特币或许优于黄金，而对于风险厌恶型的投资者，黄金则可能是比比特币更好的选择。

投资者应理性地认识到，天下没有免费的午餐。当投资比特币时，应首先思考其中可能的投资风险，并将其与自身的风险承受能力进行权衡。

2017年比特币的一路飙涨引起了分歧，不少人从各个视角去解释比特币价格暴涨的合理性，比如有观点认为，交易支付的频繁性加剧了比特币流动性的紧缩，因此比特币的上涨具有合理性，也有人基于自由主义的乌托邦梦想，论证比特币的美好未来。

但同时，也有人高度看空比特币，认为比特币暴涨没有实际场景支持，更多的是为了逃避监管、犯罪交易和洗钱的灰色或黑色需求，这是一种泡沫，其中不乏斯蒂格利茨、席勒等诺贝尔经济学奖获得者，甚至包括一些市场人士。

2017年12月20日，比特币网联合创始人兼首席技术官埃米尔·奥尔登堡（Emil Oldenburg）表示：“我想说，对比特币进行投资目前是你能做出的最具风险的投资，风险极高。事实上，我最近卖掉了所有比特币。”似乎是一种巧合，在不断创新高逼近2万美元关口之后，比特币价格从2017年12月17日开始连续下跌，在12月22日更是跌破1.4万美元这个关口。

本章起笔时比特币近2万美元一枚，付梓时则跌到7000美元一枚。作为一种新型资产，看多还是看

空比特币，仁者见仁，智者见智。投资者应首先擦亮自己的眼睛，再做理性的投资决策。

四、比特币能否成为真正的货币：计价、交易和储值

相比交易媒介功能，货币作为计价手段的功能是第一位的，而作为计价功能，货币价值的稳定性至关重要。对于货币的价值储藏功能，更是如此。货币需要有价值锚定，这样才能有效发挥货币功能。

回顾历史，各种货币形态均有价值锚定。商品货币、金属货币的价值锚定来源于物品本身的内在价值。在金本位制度下，各国法定货币以黄金为价值锚定。布雷顿森林体系崩溃以后，各国法定货币虽不再与黄金挂钩，但是以主权信用为价值担保。到了法定数字货币时代，这一最高价值信任将继续得到保留和传承。

反观以比特币为代表的去中心化类私人数字货币，其价值来源在哪里？是自由主义者对货币发行非国家化的乌托邦情怀，还是挖矿消耗的计算资源？是市场对未来区块链技术发展的乐观预期，还是短期投机暴利下的非理性诱惑？从目前来看，应该是投机因素居多。比特币的波动率远高于债券、回购、黄金等资产，甚至比首次公开募股发行的股票波动率还高。

在交易费用上，比特币还不具有显著优势。比如，比特币正面临着交易池爆满、交易延迟、平均交易手续费不断上涨等问题。用户在 2017 年 12 月需要为每笔交易支付 20~50 美元手续费，背后的原因有两个：基于工作量证明的共识协议需要耗费大量资源导致其运行成本较高，因此需要更多的手续费支撑其经济激励保障系统安全；比特币系统目前交易处理能力有限，而转账需求旺盛导致供需不平衡，矿工上涨手续费以抑制小额转账的需求（图 5.3~ 图 5.5）。

如第一节所言，在不考虑支付手续费的时候，用购买力平价计算出来的比特币价格高达上万美元，而若考虑支付手续费，价格却跌至负值，这表明比特币难以成为真正的货币。

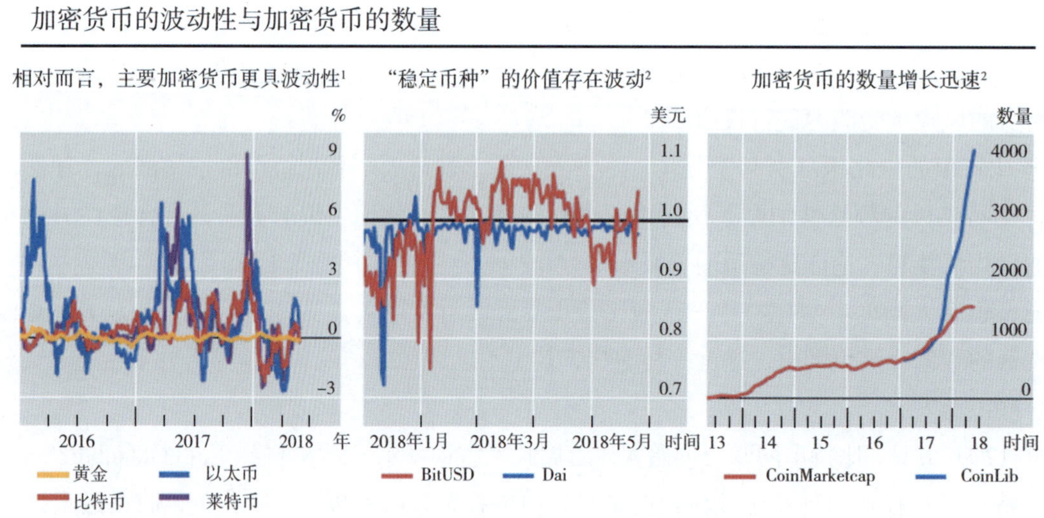

图5.3 加密货币的波动

能源消耗及规模化问题

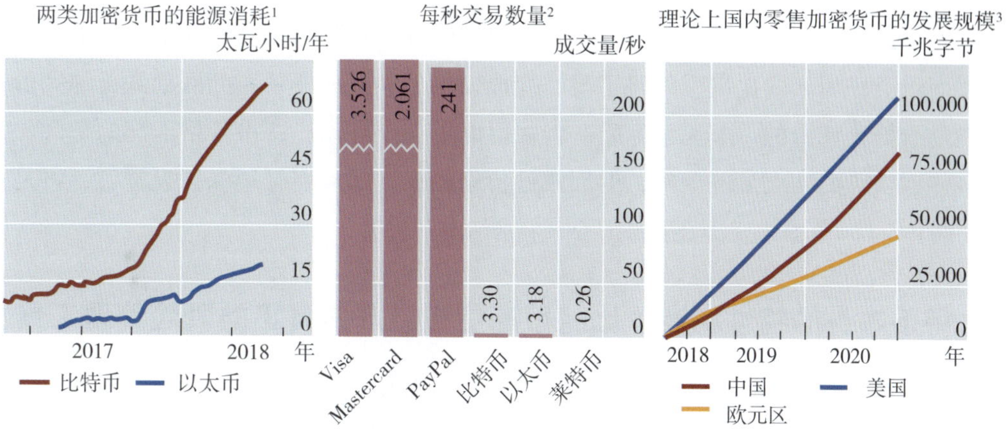

两类加密货币的能源消耗[1]
太瓦小时/年

比特币　以太币

每秒交易数量[2]
成交量/秒

Visa 3.526　Mastercard 2.061　PayPal 241　比特币 3.30　以太币 3.18　莱特币 0.26

理论上国内零售加密货币的发展规模[3]
千兆字节

中国　美国　欧元区

注：1.估计值；2.2017年数据；3.前提为：自2018年7月1日，中国、美国、欧元区所有非现金零售的交易均通过加密货币进行。

资料来源：Committee on Payments and Market Infrastructures,Statistics on payment,clearing and settlement systems in the CPMI countries,December 2017:www.bitinfocharts.com;Digiconomist;Mastercard;Paypal;Visa;BIS calculations.

图5.4　加密货币的能耗和效率问题

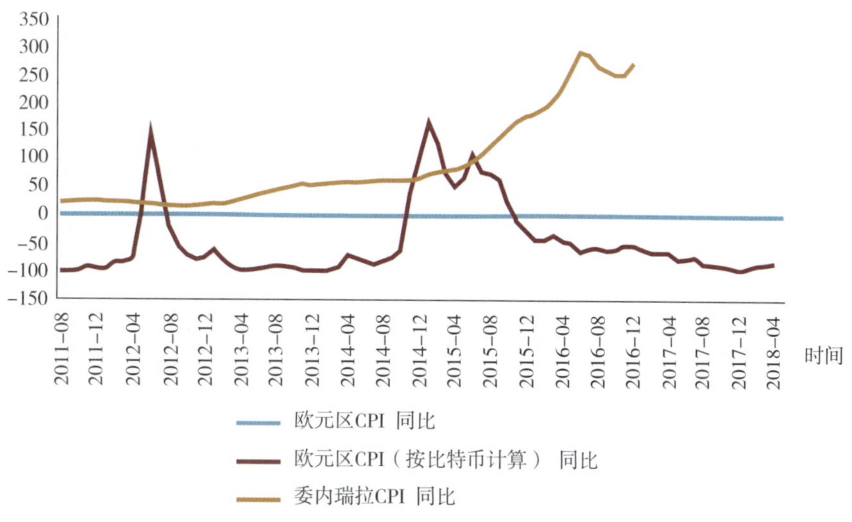

图5.5　欧元区与委内瑞拉加密货币的“通胀”情况

第三节　比特币衍生品分析

一、比特币期货

2017 年 12 月，美国商品期货交易委员会（CFTC）正式批准了芝加哥商业交易所（CME）、芝加哥期权交易所（CBOE）的比特币期货上市请求。12 月 10 日，CBOE 率先上线比特币期货合约，随后，12 月 18 日，CME 的比特币期货合约上市。比特币期货的上市有何意义，对比特币现货交易有何影响，对美国监管部门会带来怎样的挑战？本节基于比特币的特有属性，试图对此展开分析。

研究表明，由于比特币本身的特性，比特币期货似难以成为真正的风险管理工具，难以充分发挥价格发现功能，反而将会成为新的比特币投机工具，变成市场的“振荡器”，助涨助跌，加大价格波动。比特币期货的推出难掩比特币的“虚无”本质，将很可能进一步推动比特币价格泡沫的扩大。其让比特币获得主流金融体系认可的初衷虽然美好，但因难逃价格操纵，如何更好地保护投资者，将是美国监管部门的下一步难题。

（一）比特币本身的特性决定了比特币期货难以成为真正的风险管理工具

比特币期货的推出被视作比特币正被主流金融体系认可的标志。理由是，其为华尔街资本提供了投资比特币的风险管理工具。有了它，主流金融机构将无“后顾之忧”，纷纷投身到比特币投资的“蓝海”。

果真如此吗？期货作为对冲现货价格的风险管理工具，其操作策略是：在期货市场上买进或卖出与现货市场上数量相等但交易方向相反的期货合约，使期现货市场交易的损益相互抵补。然而，一般而言，能够实现期现货交易现货损益相互抵补的前提是，期货价格与现货价格必须存在稳定的关系，否则，损益难以抵补，无法对冲风险，而维持这一关系须依赖市场的无风险套利活动。

当期货价格与现货价格偏离理论关系时，两者出现基差，套利者将进行无风险套利，高买低卖，从而缩减基差。比如期货对现货折价，那么，套利者将做多现货，做空期货，从而拉高现货价格，拉低期货价格；反之，期货对现货溢价，那么套利者将做空现货，做多期货，由此拉低现货价格，拉高期货价格。套利活动将持续到基差为零时结束，最终将期货价格与现货价格维持在稳定的关系上。

比照比特币期货，上述的套利活动难以实现。一是当比特币期货对现货溢价时，理论上套利者应做多现货，然而，比特币的现货流动性很低，套利者不一定容易以低成本且无风险做多现货。截至 2017 年 12 月 12 日，比特币数量大概有 1672 万枚。根据数字取证公司 Chainalysisi 的研究，估计有 278 万枚至 379 万枚已经永远消失，现存大概 1400 万枚，由于惜售情况严重，交易频度较低，其中处于活跃交易的仅有 96 万枚，大约不到 200 亿美元的流动性，市场容量小，供给量不足，使套利者不一定容易根据套利需要按期望的价格买入期望的比特币，且有时还需面临着现货交易所的中央对手方风险。考虑到比特币供给有限，CME 和 CBOE 的比特币期货合约均采用了现金结算。

尤为关键的是，比特币现货交易本身的性能缺陷将会极大制约套利活动的开展。比特币交易的清算确认具有概率性，交易费用高，每笔交易费用为 21.74 美元，确认时滞长，截至 2017 年 4 月 29 日，用于存储未确认交易的比特币内存池（mempool）中排队的交易数量超过了 82000 笔，大部分交易延迟了长达 48 小时，甚至有些交易延迟数周。这对于套利活动而言，无疑是致命的，套利者理应在当期完成做多交易，却因交易延迟而被动地持有风险敞口，更何况比特币的每日涨幅如此之大，相应的风险敞口理论上可达无穷大。可以说，套利者硬生生地被逼成了投机者。

二是比特币现货市场不能做空，即没有比特币的拆借市场，也没有“裸空”机制，从而使套利者在比特币期货对现货折价时难以卖出自己原本没有的比特币，无法开展“做多期货、做空现货”的套利活动。

因此，基于比特币本身的特性，无论哪种套利策略，在短期内，比特币期货和现货之间的套利活动均难以开展，那么两者之间的稳定关系自然难以维持，比特币期货势必不可能成为对冲现货风险的工具。

（二）比特币期货难以充分发挥价格发现功能，将很可能成为市场的“振荡器”，助涨助跌，加大价格波动

本质上，期货是供求双方对未来某个时间供求关系变化和价格走势的综合预期。比特币期货与现货之间无法进行套利活动，意味着市场上将不存在套利者，只剩投机者，也就是说，即使一些市场参与者观察到了市场价格的不合理，也无法通过套利活动纠正不合理价格，比如泡沫。

因此，比特币期货无法充分真实地反映市场主体预期，难以充分发挥价格发现功能，将很可能会放大市场的极端情绪，从而出现同现货市场一样的“单边市”行情。2017 年 12 月 11 日，比特币两个月合约成交价为 18750 美元，比现货价溢价 14%，而 3 个月合约成交价为 18140 美元，约为 10% 溢价，表明市场缺乏做空比特币的“空头”头寸。基于当前现货市场暴涨暴跌的背景，比特币将可能会成为市场的“振荡器”，助涨助跌，进一步加大比特币价格的波动。

2017 年初，比特币现货价格不到 1000 美元一枚，而至 2017 年 12 月 12 日，已将近 17000 美元，近乎垂直式增长，收益率令人咂舌。但这不免也让人想起了人类历史上那几次著名的泡沫，如 1634 年至 1637 年荷兰郁金香泡沫、1719 年至 1722 年英国南海泡沫、1923 年至 1932 年美国股市泡沫等。一些重量级人士也纷纷发出警告，比如诺贝尔经济学奖获得者约瑟夫·斯蒂格利茨曾在比特币价格突破 11000 美元时指出，“比特币对投资者来说非常有吸引力，主要是因为它反政府反监管的特点，把比特币看作一种货币，有偷梁换柱的意思，具有欺诈行为，最终一定是泡沫破灭”。另一位诺贝尔经济学奖获得者罗伯特·希勒同样也认为，“市场对比特币的热情似乎超出了它的实际用途，它很像过去市场上出现的泡沫”。

从短期看，比特币期货可能会进一步吸引资本流入比特币市场，原因不在于它为市场参与者提供了风险管理工具，而是因为它为市场参与者创造了新的比特币投机工具。作为一种去中心化的、建立在具有创新意义的区块链技术上的数字资产，比特币的投资往往具有一定的技术门槛或知识门槛，起初流行于小众范围内，对于普通的大众投资者而言，并不像股票、债券、期货等金融资产那么“耳熟能详”、易于理解接受。而且由于前述所言比特币交易本身所存在的特性，比如数量有限、交易性能低、交易费用高等，比特币并不是一种客户“友好型”的投资产品。

而比特币期货的推出，则为市场参与者提供了一种除现货交易之外的可替代选择，使比特币投资变得更加“友好”。一是参与者无须了解比特币的技术原理和流程，只要具备一定的期货投资知识，即可参与比特币的相关交易；二是理论上，期货合约可以无限创造，由此就避免了比特币的总量限制，参与者即使因市场供给有限而买不到比特币，也可通过买期货而参与比特币的相关交易；三是比特币期货交易是场内交易，快速有效且交易费用低，并能使用杠杆，以小博大，与目前比特币现货交易性能的低下和滞后形成鲜明对比。

因此，在某种程度上，比特币期货将很可能会进一步助推当前比特币泡沫的进一步扩大，加大波动。目前 CME 和 CBOE 均设置了比特币期货交易的价格熔断机制：CME 规定如果比特币价格上下浮动超过前一交易日收盘价的 7% 或者 13%，则交易暂停 2 分钟，若超过 20%，则当天交易停止。CBOE 规定如果价格上下浮动超过前一交易日收盘价的 10%，则交易暂停 2 分钟；若超过 20%，则交易停止 5 分钟。但是应看到，熔断机制虽然可以为市场提供“冷静期”，避免或减少大幅波动情况下的匆忙决策，但当市场情绪极度非理性时，则可能存在“磁吸效应”，即在接近熔断阈值时部分投资者提前交易，导致价格加速触碰熔断阈值，反而可能起到了助涨助跌的作用。

（三）比特币期货难逃价格操纵，如何更好地保护投资者，将是美国监管部门下一步面临的难题

作为一种全新的事物，比特币期货的推出也受到了一些相关机构和主体的反对。比如美国期货业协会曾致信美国商品期货交易委员会（CFTC）表示反对意见。其认为，发行机构并未咨询所有相关交易所的风险评估委员会，如此仓促地推出比特币期货，并未做到充分透明和接受公众意见，并指出美国金融体系也根本还未做好准备。

美国期货业协会的担忧不无道理。可以说，当前对比特币期货的监管设计和能力是否足以应对潜在的风险，尚存疑问。尤其对于比特币期货和现货的价格操纵问题，美国监管是否已做好足够的准备，尚不明确，而这却又十分关键，事关广大投资者的利益保护。

从目前的比特币期货合约设计来看，CME 和 CBOE 均规定任何机构所持所有合约的总仓位都不超 5000 份，当下所持的快到期合约不超 1000 份，因此，通过在期货市场操纵特定日的市场价格，以打压或拉升所欲买的现货价格来获取高频利润的价格操纵策略可行性不大。

主要问题在于，比特币的现货价格被操纵的可能性很大。一是比特币交易缺乏监管，任何证券操纵手段都可以被应用到比特币交易中，却不会受到处罚，比如边际定价手法。边际定价也被称为“晃骗”（Spoofy），是指在市场的众多买（卖）单中，挂出一个比这些价格都要高（低）的买单，当比特币价格触发交易时，发起人则立即撤除交易单。如此一来，尽管什么也没买到，但发起人的行为会让其他投资者认为市场上存在着一个天量的买家或者卖家，影响他们的交易决策，从而以低廉的成本操纵市场价格。二是很多比特币很可能被掌握在少数人手中，有人估计，全球约 40% 的比特币可能掌握在 1000 人手中，他们完全有可能联手操纵比特币交易市场，甚至只需操纵某个比特币交易所就足够了，比如 Gemini 交易所（CBOE 比特币期货以 Gemini 交易所比特币价格为标的）。

倘若有人可以操纵比特币现货市场，那么他们可以预先取得大量期货多头部位，然后在期货合约到期前操纵现货市场的价格，以抬高期货合约的现金结算价格，然后凭借其所持有的期货多头部位挤压卖空者，使其不得不按照操纵者所定的价格进行平仓。

比特币期货推出以后，美国商品期货交易委员会（CFTC）强调，将会密切关注比特币期货，确保其不会被操纵。但由于比特币现货交易的去中心化和匿名性，监管部门将会面临很大的挑战。

二、比特币ETF

近三年来，以 Gemini 比特币交易所所有者温克莱沃斯兄弟为代表的市场主体或机构，不断向美国证券交易委员会（SEC）申请上线比特币 ETF，但 SEC 持续以比特币资产不受监管为理由，否决了他们的申请。随着 2017 年 12 月比特币期货在芝加哥商业交易所（CME）和芝加哥期权交易所（CBOE）上市，支持者重新燃起上线比特币 ETF 的希望。

支持者认为，比特币期货处在美国商品期货交易委员会（CFTC）的监管之下，因此与先前基于比特币现货的 ETF 相比，基于比特币期货的 ETF 更可能获得 SEC 批准。于是，2018 年 1 月 4 日，纽约证券交易所向 SEC 申请上线以比特币期货为标的的五只比特币 ETF。然而，SEC 再次予以否决，打破了比特币 ETF 支持者的希望，理由是“对基于数字资产的期货的流动性和估值表示担忧”。据路透社统计，截至

2017 年底，SEC 暂停了至少 14 种不同比特币 ETF 或相关产品的申请流程。

2018 年以来，一些市场主体又开始“游说”SEC 批准上线比特币 ETF。2018 年 3 月 26 日，CBOE 总裁 Chris Concannon 致信 SEC，建议 SEC 把比特币 ETF 看作普通商品的 ETF 而不要阻碍比特币 ETF 的发展。他认为，随着比特币交易量的持续上升（尤其是在美国监管范围内的市场），整个比特币市场将会越来越像一个传统的商品市场，有足够的流动性来支持比特币 ETF 产品。比特币 ETF 是否会推出，市场与美国监管部门正在角力。

（一）为何比特币ETF难产

理由似乎很明显。SEC 认为，比特币期货合约“流动性和估值”尚不能达到要求。数据显示，2018 年 1 月 11 日，比特币期货合约日成交量不超过 3000 张，日增量也仅为 200 多张。与大约 150 亿美元的比特币日均交易量相比，比特币期货交易额“相形见绌”。比特币期货的推出并未如许多人所愿可以吸引大规模华尔街资本“大举杀入”，市场深度和广度远远不足。

但比特币流动性或许不是关键，估值才是 SEC 最关心的要点。因为流动性风险是市场风险，在某种程度上，投资者理应自行承担，而保障资产定价的公平、公开与公正，保护投资者免受内幕交易、欺诈、价格操纵等不法行为的侵害，则是 SEC 的最大职责和主要工作。目前，由于交易匿名性、少数人掌握大多数交易“筹码”、不受监管等因素，比特币的现货价格被操纵的可能性很大，期货价格的合理性和公正性自然令人担忧。所以说，看似 SEC 担忧的是比特币期货，但实质上，SEC 关注的仍是比特币现货。以此推论，只要比特币现货仍处于监管之外，不论基金经理如何调整比特币期货 ETF 的设计，也难以消除 SEC 的担忧，获得 SEC 的批准。

SEC 与 CFTC 同为监管部门，为何表现出不一样的监管态度？这是因为 CFTC 将比特币定性为商品，历来对比特币的态度比较开放和积极，2014 年 CFTC 批准成立第一家比特币衍生品交易所 TeraExchange，允许开展比特币掉期交易，而 SEC 则更多从证券的角度审视比特币的性质及其相关证券化活动，高度重视和强调投资者保护。2017 年 11 月，SEC 主席 Jay Clayton 就曾针对数字货币的 ICO 现象进行风险警示：“投资者通常不会意识到，ICO 项目的内部人员、管理层及大型投资者可以以优惠价格购买代币，因而获得了更高的资金流动性。在这些平台上交易代币很容易受到价格操纵和其他欺诈性交易行为的影响。”

相信 Jay Clayton 意指的 ICO 也包含了比特币的 IFO。2017 年 8 月，比特币现金（BCH）区块链在比特币区块 478559 与主链分离，开启了比特币的硬分叉序幕，至今先后出现了 BTG（比特币黄金）、BCD（比特币钻石）、SBTC（超级比特币）、LBTC（闪电比特币）、比特币白金（BTP）、比特币上帝（BTG）等各种分叉币。IFO 等同于 ICO，没有本质差别，均是变相的资产证券化活动。

更何况，ETF 本身就是一种证券产品。ETF 全称 Exchange Traded Fund，是指在证券交易所买卖的基金，标的物可以是一篮子资产，比如股票指数基金，也可以是单一资产，比如黄金 ETF。从法律关系看，ETF 发起人与投资者之间是委托—代理关系，这意味着投资者可能面临着委托—代理风险。以温克莱沃斯兄弟申请发起的比特币 ETF 为例，温克莱沃斯兄弟本身即拥有 Gemini 比特币交易所，且早在 2013 年 4 月，他们就被媒体报道拥有比特币市值的 1%，对比特币市场拥有足够的影响力。据此，就不难理解为何 SEC 对 Gemini 比特币交易所申请的 ETF 产品表示出十分的谨慎。另外，从投资者结构看，比特币期货的投资者以机构投资者为主，而 ETF 在证券交易所公开流通，直接面向普通投资者，涉众范围广，投资者风险承受能力低，SEC 更是不会轻易放行比特币 ETF，无论它是以比特币现货为标的，还是以比特币期货为标的。

（二）比特币ETF反映了投资者对杠杆的追求

市场机构“孜孜不倦”地推动比特币 ETF 的背后，其实是为了追求投资杠杆进一步放大的比特币财富效应。2018 年 1 月，纽约证券交易所向 SEC 提交的 5 只比特币期货 ETF 均是杠杆基金，包含三个牛市基金（1.25 倍、1.5 倍、2 倍）和两个熊市基金（1 倍、2 倍）。

所谓的杠杆基金是对冲基金的一种。目前国内分级基金即是杠杆基金。杠杆基金将基金收益或净资产进行分解，形成风险收益回报差异化的基金份额。例如，低风险收益份额 A 和高风险收益份额 B，前者优先获得分配基准收益，后者以较大程度参与剩余收益分配或者承担损失而获得一定的杠杆。对于比特币期货杠杆 ETF，可以理解为低风险收益份额投资者“借钱”或“配资”给高风险收益份额投资者投资比特币期货，由此放大了高风险收益份额投资者的投资收益。前述的 1.25 倍、1.5 倍、2 倍即是指放大的杠杆比率，而牛市和熊市则分别指 ETF 的期货交易策略，牛市指做多比特币期货，熊市指做空比特币期货。

纵览比特币各类交易产品，均反映了一些市场投资者对杠杆的追求。他们希望通过各种金融衍生品创新，利用杠杆“撬动”各类资本流入比特币市场，以获取更高的投资收益。比如现货交易方面，比特币交易所 Bitfinex 提供比特币交易的杠杆倍数最多可以开到 100 倍，BitStar 开发的差价合约提供 5 倍杠杆；期货交易方面，CBOE 和 CME 的保证金率分别为 40% 和 35%，杠杆比率为 2~3 倍。需要认识到，金融衍生品既可以是风险管理工具，也可以是进一步放大风险的投机工具。在一定程度上，一些市场投资者对杠杆工具的使用，推动了比特币“暴涨暴跌”，加剧了市场的波动。

三、比特币ETN

谈到比特币 ETF，有一种看起来与之相似但其实截然不同的产品，即比特币 ETN。最早的比特币 ETN 是由一家在瑞典注册的公司 XBT Provider 于 2015 年推出的，并在斯德哥尔摩纳斯达克北欧交易所上市。后续其他机构推出的比特币 ETN 还在纳斯达克 OMX 瑞典交易所、德国第二大证券交易所 Tradegate 等场内交易所上市。

ETN 全称 Exchange-Traded Note，即交易所债券，最早由巴克莱银行（Barclays Bank PLC）于 2006 年发行。它是一种无担保债权，由发行机构承诺在债券期满向投资者按一定金额向持有者偿付，偿付金额与特定资产类别或指数表现挂钩，不承诺保本。比特币 ETN 即是指偿付利息与比特币收益率挂钩的 ETN。

在一定程度上，比特币 ETN 可看作一种结构化产品：一份债券加上一份以比特币收益率为标的的看涨期权，它为投资者提供了一种比特币衍生工具，投资者可以在证券交易所直接买卖 ETN，但投资者的风险收益与 ETF 截然不同，ETF 基金对应的是资产，投资者是 ETF 基金的所有者，可在基金清盘时按照资产净值获得偿付，而 ETN 债券对应的只是一份发行商无担保的承诺，其偿付的可能完全取决于发行商的信用，因此，ETN 投资者面临的最大风险是对手方信用风险。不过，由于 ETN 是以债息的名义偿付的，因此在税收方面具有优势。

第四节　国际数字货币监管实践

当前，各国监管当局将私人数字货币界定为特殊的商品、支付工具、证券或数字资产，分别从资产交易、支付、税收、ICO、反洗钱、反恐怖融资、金融稳定、消费者保护等各个方面，对其交易、使用和流通进行规范与监管。

一、交易监管

以比特币为代表的私人数字货币具有交易匿名性、不可追溯、去中心化等特点，容易为洗钱、贩毒、走私、恐怖融资等违法犯罪活动提供渠道，存在非法交易风险。而且市场价格的高波动性带来的泡沫存在投资风险。为应对私人数字货币交易带来的乱象以及消费者权益受损风险，一些国家制定了相关监管规则。

一是要求从事私人数字货币业务需要获取许可证。比如，日本要求交易所在金融服务局FSA进行注册，德国要求从事私人数字货币业务需要许可，意大利也提出注册要求。美国商品期货交易委员会（CFTC）、证券交易委员会（SEC）和美国国税局（IRS）对私人数字货币进行了不同的定义，分别将其界定为大宗商品、证券和财产，要求遵循相应的法规，或进行注册、登记、申请牌照，并已经开展执法行动。2017年7月19日，美国“全国统一州法律委员大会”（ULC）第126届年会通过《虚拟货币商业统一监管法》，虽然该法案尚需经过美国律师协会审议认可方能向各州推行，但它完整地给出了虚拟货币的监管框架。法案设立了三个层次的牌照体系。对于小规模业务（业务年度总额低于5000美元）的主体可豁免申请牌照。对于业务年度总额不超过35000美元的主体，法案则设计了类似于监管沙箱的临时牌照制度，以在宽松的监管环境下促进虚拟货币业务创新。而对于业务量超过35000美元的主体，则需申请正式牌照，严加监管。此外，法规规定了各州间的牌照互认协议，有助于降低主体的商业成本，营造良好的技术创新环境。

二是约束交易平台以及参与主体的行为。2018年3月7日，美国证券交易委员会（SEC）发布《关于潜在违法数字资产在线交易平台的声明》，着重提示投资者参与数字资产在线交易所应考虑的风险要点，帮助投资者最大限度地规避风险；同时对数字资产交易平台运营者应注意平台的合法性和合规性，提出了具体的监管要求，以保障数字资产交易和运营的合法合规。在私人数字货币衍生品交易方面，美国商品期货交易委员会（CFTC）在2017年7月向纽约的比特币期权交易所LedgerX发放许可，允许其交易和结算比特币的衍生品合约，这是CFTC首次向私人数字货币衍生品交易平台发放许可。2017年12月，CFTC批准芝加哥商业交易所（CME）和芝加哥期权交易所（CBOE）上市比特币期货，并强调将会密切关注比特币期货，确保其不会被操纵。

三是施加反洗钱（AML）和充分了解客户（KYC）要求。法国、澳大利亚、加拿大等国家要求进行身份验证，限制匿名性，上报交易细节，遵循反洗钱、KYC规则，实施洗钱、恐怖融资风险控制。美国金融犯罪执法网络（FinCEN）表示，经营货币服务业务的企业在开业前必须要通过美国财政部的FinCEN认定，配合反洗钱审查。美国《虚拟货币商业统一监管法》也对虚拟货币监管主体提出了具体的AML和KYC监管要求。

其他国家的相关监管动作还有，2017年10月27日，英国国会对修正欧盟反洗钱法案展开了讨论，将包含加密货币在内的交易所和钱包提供商纳入现有法律范围内。2017年9月，中国人民银行等七部委联合发布《关于防范代币发行融资风险的公告》，规定任何所谓的代币融资交易平台不得从事法定货币与代币、“虚拟货币”相互之间的兑换业务，不得买卖或作为中央对手方买卖代币或“虚拟货币”，不得为代币或“虚拟货币”提供定价、信息中介等服务。

此外，美国军方、德国政府对私人数字货币在违法行为中的应用开展研究。美国军方尝试寻找各种方法来跟踪比特币，为了在面对使用私人数字货币进行恐怖主义融资等违法行为时，能够具备足够的技术能力。

二、税收监管

以比特币为代表的私人数字货币容易成为一种逃税手段。而且，在税收上面临着应以财产的形式还是以货币形式或支付工具处理的问题。现阶段有些国家对私人数字货币的税收监管还处于空白，有些国家则倾向于将私人数字货币按照财产对待。但如何对通过开采新创建的私人数字货币进行税收处理仍是个难题。

为了防止私人数字货币成为逃税手段，在许多国家，如美国，要求计算和报告每次使用或处置比特币的收益和损失，纳税人有义务准确报告。对于私人数字货币的税收处理形式应是财产还是货币，美国、加拿大、英国、澳大利亚和德国等大部分国家出于所得税的目的，确定私人数字货币为财产形式。部分国家根据不同的使用方式，采取不同的税款征收方式。比如在美国、加拿大、新加坡等国家使用比特币进行支付时，需要缴纳商品和服务税，但当作为投资时，需要缴纳财产税。

有些国家对私人数字货币的销售、购买、生产等各个环节分别制定相应的税收政策。对于开采新创建的私人数字货币，澳大利亚则规定，“矿工”只有在出售或转让以前“挖矿”获得的比特币时才缴税，在此之前作为企业的库存处理；英国规定，使用私人数字货币购买任何商品或服务以增值税正常方式处理，“挖矿”获得的收入不纳入增值税范围，虚拟货币兑换为英镑或外国货币，按货币本身的价值缴纳增值税。目前，德国、瑞士仍是免征增值税。

三、支付监管

虽然目前大部分国家没有认可比特币等私人数字货币是法定货币，但一些国家支持私人数字货币的支付功能，认为私人数字货币可用来直接交换商品和服务，并通过立法或税收政策来规范私人数字货币的支付功能。

2017 年 4 月 1 日，日本承认私人数字货币是合法支付工具，和其他货币具有相同的法律地位。比特币交易要遵循 AML 和 KYC 规则。2017 年 10 月 26 日，韩国中央银行行长 Lee Ju-yeol 否决了比特币的货币属性，将其归类为一种商品。2017 年 11 月 21 日，新加坡中央银行提议对支付服务进行立法，监管范围涵盖了虚拟货币，对基于虚拟货币的支付行为实施许可证政策，并对支付服务提供商差别化监管。2018 年 2 月 17 日，瑞士金融市场监督管理局将私人数字代币分为三类，实行不同类型的监管约束。这三种类型包括：支付型数字代币、实用型数字代币以及资产型数字代币。最后一类将会被归入证券产品类别。美国、加拿大、新加坡、英国、德国也都支持使用私人数字货币进行支付，并制定了相应的税收政策。

俄罗斯对私人数字货币“挖矿”行为的态度从“强硬”开始转向“友好”。2018 年 3 月 7 日，普京要求在7月1日前通过相关立法，合法化私人数字货币市场。但俄罗斯仍视私人数字货币支付行为为非法，俄罗斯财政部提案要求将直接使用法币替代物（包括私人数字货币）定为犯罪。

四、ICO监管

对ICO性质的界定，各国目前正倾向于按实质重于形式的监管原则，更多判定ICO是一种证券行为，向投资者警示欺诈与洗钱风险。2017年7月25日，美国证券交易委员会（SEC）发布调查报告表示，将ICO代币定性为证券，强调所有符合联邦证券法关于“证券”定义的ICO项目以及相关交易平台所提供的数字资产都将纳入SEC的监管范畴。2018年3月13日，FinCEN认定，ICO代币是可交换的虚拟货币，在现有的FinCEN监管和解释下，代币的管理和交易所属于货币转移业务，要遵守银行保密法（BSA）。2017年8月1日，新加坡金融管理局（MAS）发布澄清公告，在新加坡发行数字代币（Digital Tokens），如果属于该国证券法的证券定义，则必须向MAS提交招股说明书并注册。发行人或投资顾问也需符合相关法律及反洗钱和反恐怖相关规定。2017年8月25日，加拿大证券管理局（CSA）表示，加密货币发行涉及证券销售行为，应遵守证券发行规则。

2013年12月，中国人民银行等五部委发布《关于防范比特币风险的通知》，明确比特币的虚拟商品属性，提出各金融机构和支付机构不得开展与比特币相关的业务等一系列要求。2017年1月，中国人民银行牵头对比特币、莱特币交易所进行了现场检查。2017年9月4日，中国人民银行等七部委联合发布《关于防范代币发行融资风险的公告》，明确代币发行融资中使用的代币或虚拟货币“不由货币当局发行，不具有法偿性与强制性等货币属性，不具有与货币等同的法律地位，不能也不应作为货币在市场上流通使用”，并规定任何组织和个人不得非法从事代币发行融资活动，各类代币发行融资活动应当立即停止。2017年9月29日，韩国金融服务委员会（FSC）表示，禁止所有形式的代币融资（ICO）。

五、金融稳定

目前，私人数字货币交易规模小，与金融系统连接有限，尚未能对金融稳定构成威胁。因此，各国对私人数字货币可能引起金融稳定风险的监管措施还处于早期阶段，现阶段采取的普遍做法是限制金融机构参与私人数字货币交易，禁止其从事私人数字货币业务。比如，中国禁止金融机构使用或交易比特币；欧洲中央银行建议欧盟国家禁止信贷机构、支付机构购买、持有或出售私人数字货币。

第五节　数字货币的未来和CBDC

近几年来，数字货币发展迅速，正成为大家热议的焦点，其中关于中央银行数字货币（Central Bank Digital Currency，CBDC）的研发，更是引起政策制定者、监管机构、产业界、学术界的广泛兴趣。理想中的中央银行数字货币应具备全新的品质，从而超越现有的私人数字货币和电子货币。

一、CBDC的定义

2018年，CPMI（2018）提出一个所谓的货币之花[①]，对中央银行数字货币进行了四个关键属性的定义：发行人（中央银行或非中央银行）；货币形态（数字或实物）；可获取性（广泛或受限制）；实现技术（基于账户或基于代币）。图5.6中CB代表中央银行，CBDC代表中央银行数字货币。现金和许多私人数字货币是以代币为基础的，而储备账户和大多数形式的商业银行货币是以账户为基础的。

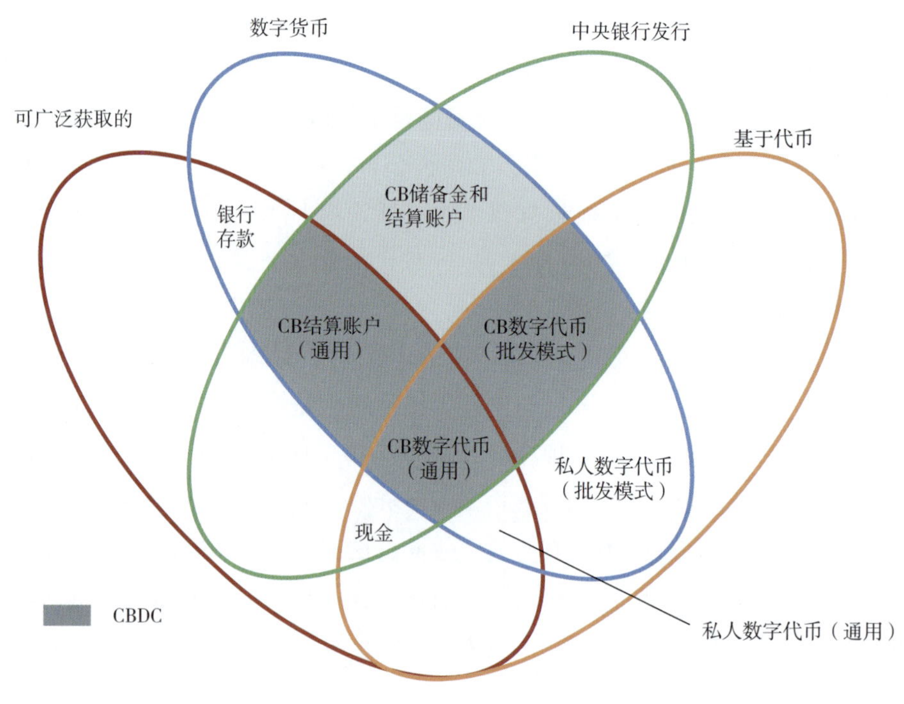

图5.6 货币之花

中央银行数字货币是“货币之花”的中心（深灰色阴影区域）。它的发行人是中央银行。它是一种数字化的货币形态。在实现形式上，中央银行数字货币可以是体现在传统账户上的数字，即基于账户的中央银行数字货币；也可以不基于账户，是记于名下的一串由特定密码学与共识算法验证的数字，可称为基于价值（Value）或基于代币（Token）的中央银行数字货币。根据应用场景的不同，它又可分为批发端和零售端中央银行数字货币。前者仅限于资金批发市场，如应用于银行间支付清算、金融交易结算等；后者流通于社会公众，中央银行资产负债表向普通公众开放。

二、CBDC的属性

根据上述货币之花的定义，CPMI认为CBDC的基本属性如表5.5所示。

一是可用性。目前，传统数字化的中央银行货币（存款准备金余额）仅限于在中央银行的运行时间内

① Committee on Payments and Market Infrastructures, Markets Committee. Central Bank Digital Currencies [R]. March,2018.

使用，通常是每周 5 天，每天小于 24 小时。CBDC 可在一天 24 小时、每周 7 天或仅在特定的时间（如大额支付系统的运行时间）中使用。CBDC 可以永久使用，也可以在限定的时间内使用（如可以在当日内创建、发行和赎回）。

二是匿名性。基于代币的 CBDC，原则上，可以以一种类似于私人数字代币的方式提供不同程度的匿名。一个关键考量是相对中央银行的匿名程度，平衡反洗钱、恐怖主义融资和个人隐私保护的关系。

三是转移机制。现金转移是点对点，而存款准备金则通过中央银行作为中介进行转移。CBDC 可以通过点对点或通过中介进行转移，也可以通过中央银行、商业银行或第三方代理进行转移。

四是计息。与其他形式的数字化中央银行负债一样，CBDC 计息（正或负）在技术上是可行的。支付（正）利息会增加 CBDC 作为一种价值储存手段的吸引力。

五是限额或上限。对 CBDC 使用或持有进行量化限额或上限。

表5.5　中央银行数字货币的属性

	中央银行现有发行货币		中央银行数字货币		
	现金	储备金和结算余额	通用		只能批发的代币
			代币	账户	
24/7可用性	√	×	√	?	?
对中央银行匿名程度	√	×	?	×	?
点对点转移	√	×	?	×	?
计息	×	?	?	?	?
限额或上限	×	×	?	?	?

注：√为现有特征；？为有待商榷的特征；×为不具备的特征。

第六章　外部金融风险：山雨欲来风满楼

陈卫东[①]

本章结合构建全球风险地图、美国金融危机预警指标和新兴市场脆弱性指标，分析中国金融稳定面临的主要外部挑战：全球货币政策转向、全球股票市场调整、外汇市场波动和新兴市场债务风险。另外，也特别分析了全球贸易战引发的经济和金融风险。

第一节　2017年全球金融风险总体稳定，未来趋于上升

一、从全球风险分布地图看发展趋势

构建全球金融风险地图，可以清晰地展示过去一年全球金融风险组成因素的变化情况。我们借鉴国际货币基金组织（IMF）《全球金融稳定报告》和国际金融协会（IIF）《新兴经济体金融风险热图》的构建方法，利用六大一级指标和 23 个二级指标构建了全球金融风险指数。一级指标分别包括：全球货币和流动性风险、全球宏观经济风险、新兴市场风险、信贷风险、避险情绪变化和资产价格波动风险六个方面。基于数据可获得性和指标相关性，每个一级指标下选取若干二级指标衡量相关领域风险变化（表 6.1）。

由于 23 个二级指标的单位和数量级并不完全一致，而且个别年份存在超调情况，如果简单地通过指定某一年份数值为基年的方法处理数据，容易导致结果失真，也无法有效衡量全球金融风险。因此，借鉴 IIF 对新兴经济体金融风险热图的处理办法，首先计算各二级指标在样本区间内的均值和方差，以各指标的“均值 - 方差”、方差、“均值 + 方差”三个数据为分界点，根据各指标的经济含义，将指标划分为四个区间，分别对应高风险、中高风险、中低风险和低风险，并相应赋值 4、3、2、1；然后取一级指标下各二级指标的算术平均值为一级指标值；最后取一级指标的算术平均值为全球金融风险指数。全球金融风险指数和一级风险指标将处于 1~4 区间，如果数值处于 1~2 区间则为低风险，2~3 区间则为中风险，3~4 区间则为高风险。

① 陈卫东：中国银行国际金融研究所所长。

表6.1　全球金融风险指数一级、二级指标构成和权重

	一级指标	一级指标权重	二级指标	二级指标权重	数据来源
全球金融风险指数	全球货币和流动性风险	1/6	G4加权平均政策利率（%）	1/4	作者计算
			全球外汇储备规模（美元）	1/4	IMF
			全球流动性（美元）	1/4	BIS
			G3央行资产负债表变化（%）	1/4	Wind
	全球宏观经济风险	1/6	GDP增速（%）	1/5	WEO
			CPI增速（%）	1/5	WEO
			全球贸易监测指数	1/5	CPB
			全球工业生产指数	1/5	CPB
			经济政策不确定指数	1/5	Economic Policy Uncertainty网站
	新兴市场风险	1/6	经济硬指标增速（%）	1/6	IIF
			金融市场发展情况（%）	1/6	IIF
			商业发展情况（%）	1/6	IIF
			借贷条件指数	1/6	IIF
			不良贷款指数	1/6	IIF
			美元外债占比（%）	1/6	IIF
	信贷风险	1/6	全球杠杆贷款占GDP比重（%）	1/3	IIF
			全球债务占GDP比重（%）	1/3	IIF
			私人非金融部门债务占GDP比重（%）	1/3	BIS
	避险情绪变化	1/6	VIX波动指数	1/2	Wind
			新兴经济体跨境资本流动情况（百万美元）	1/2	IIF
	资产价格波动风险	1/6	大宗商品价格指数年度波幅绝对值（%）	1/3	WEO
			美元指数年度波幅绝对值（%）	1/3	Wind
			道琼斯波动率指数（%）	1/3	Wind

资料来源：中国银行国际金融研究所。

从整体上看，近两年全球金融风险呈下降趋势。自 2010 年以来，全球金融风险整体波动上行，至 2015 年达到局部峰值 3.3，之后两年开始下降，2016 年全球金融风险指数降为 2.8，2017 年进一步降至 2.1（图 6.1），目前处于中风险区间。从细分结构来看，2017 年全球金融风险指数下降主要归功于资产价格波动、宏观经济风险和新兴市场风险的下降以及避险情绪的好转，四个因素分别为 2017 年全球金融风险指数下降贡献了 29.6%、22.2%、14.8% 和 33.3%；货币和流动性风险以及信贷风险保持不变，细项指数分别维持在 2.75 和 3.0，分别处于中、高风险区间（图 6.2）。

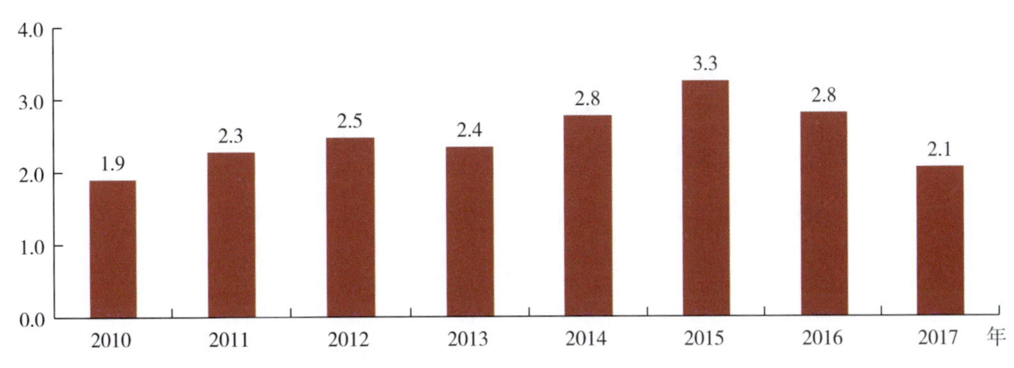

资料来源：中国银行国际金融研究所。

图6.1　全球金融风险指数变动情况

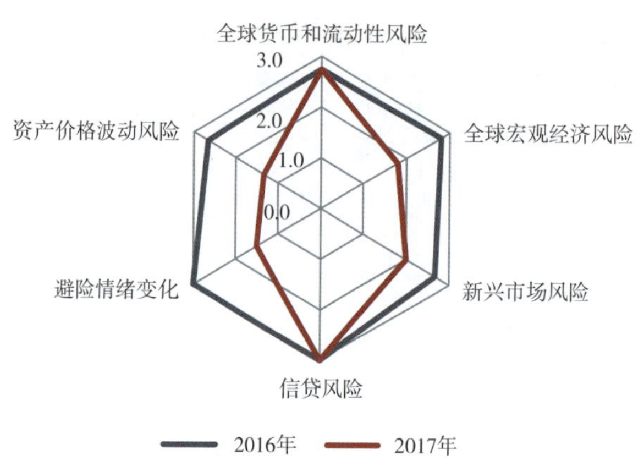

资料来源：中国银行国际金融研究所。

图6.2 2016年和2017年全球金融风险一级指标变动情况

从一级风险指标的变化趋势看：

第一，货币和流动性风险将逐步提升。尽管2017年全球货币和流动性风险指数维持在2016年的水平，但并不代表货币和流动性环境没有发生变化。我们通过进一步观察二级指标可以发现，2017年全球货币市场的价格指标趋于紧缩，美联储3次提升联邦基金利率目标区间，英国央行加息1次，美国、欧元区、日本和英国（G4）的GDP加权平均政策利率水平较2016年提高35个基点，达到0.63%；与此同时，数量指标依然保持一定增速，无论是全球流动性规模、主要央行加总的资产负债表规模和全球外汇储备规模均呈扩张态势，但主要央行资产负债表增速回落（图6.3）。数量指标稳定增长在一定程度上抵消了价格指标上行风险，确保全球流动性保持相对稳定，给予市场主体更多调整时间。

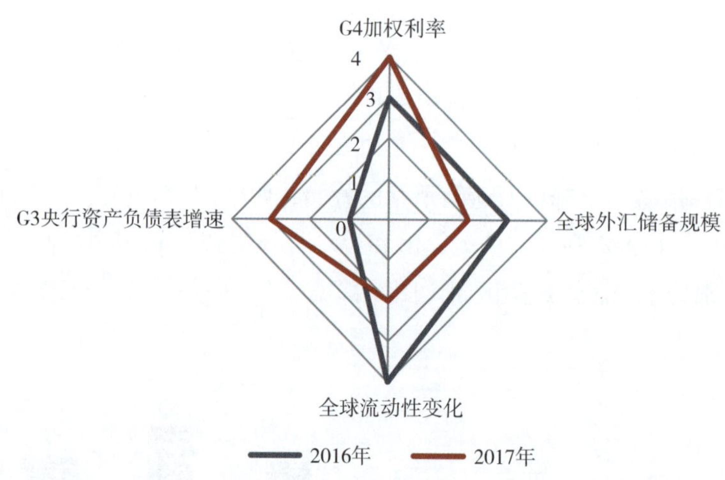

资料来源：中国银行国际金融研究所。

图6.3 2016年和2017年全球货币和流动性风险二级指标变动

展望2018年，全球货币市场将呈现价格和数量双紧局面。从价格指标看，考虑到美联储将继续推动货币政策正常化进程，全年可能加息3~4次，英国央行可能会再加息1次，2018年全球利率水平将继续上行，G4 加权平均的政策利率水平预计将达到 1.13%，较 2017 年提升 51 个基点。数量指标走势可能将逐步逆转，由扩张态势转为收缩态势。一方面，美联储将继续缩减资产负债表，按照缩减计划，2018 年预计缩表规模为 4200 亿美元；另一方面，欧元区可能在第四季度正式将资产购买计划降至 0，日本央行也有可能将年度购债规模由 80 万亿日元降至 50 万亿日元。主要央行同步收紧货币政策将导致全球货币市场在价格和数量指标上同步收缩，全球流动性将面临一定压力。

第二，全球宏观经济风险将继续下行。2017 年全球宏观经济风险由前一年的 2.8 降至 1.8，落到低风险区间，主要得益于全球经济良好的复苏态势。2017 年全球经济增速扭转了自 2010 年以来的下滑态势，增长率达到 3.3%，较 2016 年的 2.6% 显著回升。全球物价水平总体有所上涨，发达经济体 CPI 明显回升至 1.7%，新兴市场和发展中经济体 CPI 小幅回落至 4.2%。在金融危机影响逐步消退、全球政策不确定性降低、中国经济稳中向好等因素的带动下，市场信心增强，需求显著扩张。2017 年全球贸易量增长 4.5%，比 2016 年提高 3.0 个百分点；工业生产指数达到 119.9，比 2016 年提高 4.3（图 6.4）。2018 年第一季度全球经济继续回升，世界贸易组织发布的监测显示，2018 年第一季度全球贸易景气指数为 102.3，略高于上个季度，且位于 100 趋势水平上方，表明全球贸易增长步伐稳健。先行指标全球综合采购经理人指数（PMI）延续扩张态势，截至 2018 年 2 月已经连续 5 个月位于 54% 以上的景气区间。预计 2018 年全球经济增速为 3.4%，全球 CPI 将上涨 3.3%，较上年上涨速度有所加快。不过，当前中美之间的贸易摩擦持续加剧给全球贸易增长蒙上了一层阴影，增加了全球贸易复苏的不确定性。综合考虑有利因素和不利因素，全球经济持续好转依然是大概率事件，因此，预计 2018 年宏观经济风险整体将继续下行。

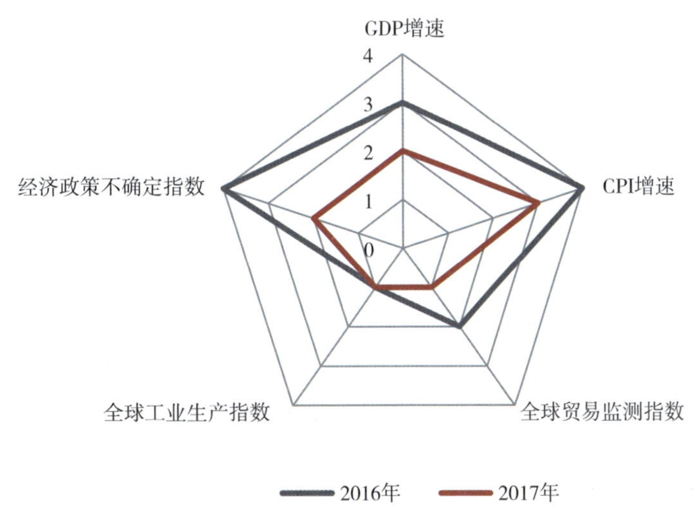

资料来源：中国银行国际金融研究所。

图6.4　2016年和2017年全球宏观经济风险二级指标变动

第三，新兴市场风险可能会保持中性。2017 年新兴经济体 GDP 增长率达到 4.6%，较 2016 年提高 0.3 个百分点。其中，金融市场发展和商业发展指数表现良好，经济稳定复苏、企业盈利改善有利于提高金融机构信贷资产质量，2017 年 IIF 统计的新兴市场国家不良贷款指数再次升至 50 以上，为近 7 年最高。大部分新兴市场国家货币政策依然宽松，整体借贷条件逐步改善（图 6.5）。2018 年，新兴市场国家将继续保持良性增长，预计增长率达到 4.9%。不过，其发展过程中面临着一些挑战。一是中美贸易摩擦加剧，特朗普税改计划正式付诸实施，可能会吸引资本回流美国，新兴市场国家贸易和投资增长将受到阻碍。二是全球货币政策趋于紧缩，全球利率中枢上行将带动主要经济体资产价格重估，将会对新兴市场国家的资产价格和资本流动产生影响，这可导致美元外债依赖程度高和拥有较高债务融资需求的经济体陷入困境。综合来看，实体经济持续好转和金融市场面临的外部压力将相互抵消，2018年新兴市场金融风险有望保持中性。

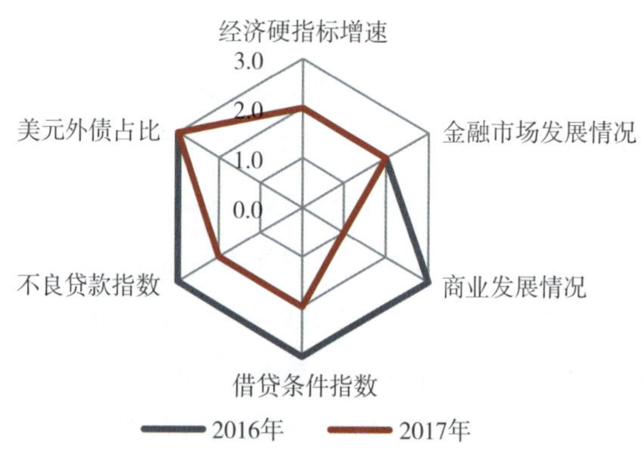

资料来源：中国银行国际金融研究所。

图6.5　2016年和2017年新兴市场风险二级指标变动

第四，全球信贷风险将上升。当前全球宏观杠杆率处于较高水平。数据显示，2017 年第三季度末，全球非金融部门信贷占 GDP 比重达到 244.7% 的历史高位，远高于危机前 5 年 206% 的平均水平。特别是 2017 年全球杠杆贷款占 GDP 比重急剧攀升，达到 2.15%，为国际金融危机以来最高值（图 6.6）。一些发达经济体债务向政府部门转移，财政风险显著加大，G20 中的发达经济体政府杠杆率均值已经升至 114%。许多新兴市场经济体私人部门杠杆率过高，将影响其偿付能力。低收入国家的政府债务脆弱性正在加大，政府杠杆率的中位数已经从 2013 年的 33% 升至目前的 47%。2018 年，美联储加息节奏加快，全球利率中枢将快速攀升，全球信贷风险将上升。

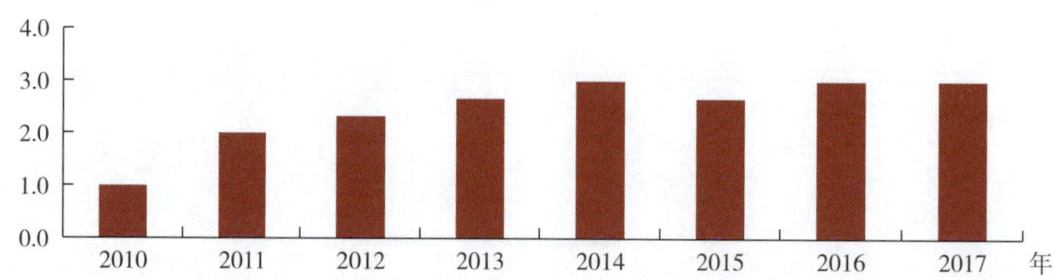

资料来源：中国银行国际金融研究所。

图6.6　2010~2017年全球信贷风险变动情况

第五，全球避险情绪将上升。受益于全球良好的经济增长态势、沟通有序的美联储货币政策退出节奏和逐步稳定的欧洲政局，2017 年全球避险情绪大幅回落。标准普尔 500 波动率（VIX）指数在 2017 年底降至 11，处于历史低点。新兴市场跨境资本流动形势明显好转，2016 年国际资本大量流出新兴经济体，2017 年跨境资本转变为净流入，避险情绪缓解（图 6.7）。2018 年以来，以美国 10 年期国债收益率为代表的全球长期利率快速上行，叠加中美贸易摩擦加剧，全球股市和债市面临多次短线调整，市场避险情绪明显升温，VIX 指数再次回升至 20 以上，预计年内将延续上行趋势。

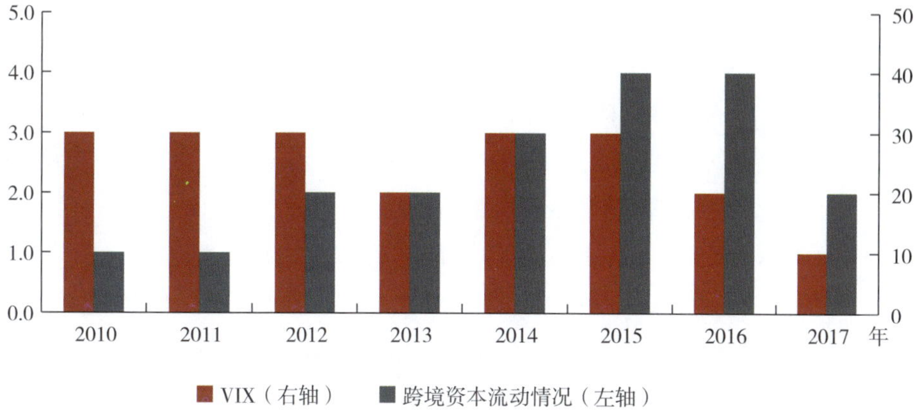

■ VIX（右轴）　■ 跨境资本流动情况（左轴）

资料来源：中国银行国际金融研究所。

图6.7　2010~2017年全球避险情绪二级指标变动情况

第六，全球资产价格波动风险可能走高。2017 年全球资产价格波动风险指数由 2016 年的 2.67 降至 1.33，处于低风险区间，这主要受益于美元指数的大幅度下跌、大宗商品价格的企稳回升和全球股市的持续上涨（图 6.8）。进入 2018 年以来，美元指数继续窄幅波动，对其他新兴经济体外汇市场的不利影响有限，全球外汇市场仍将处于低风险区间。在全球需求回暖的带动下，大宗商品价格继续震荡回升，外溢风险有限。不过，随着全球利率中枢的上移，按照贴现公式来看，全球股市和债券市场估值存在较高的回调风险，将由低风险区间上移至中高风险区间。综合来看，2018 年全球资产价格波动风险将增加。

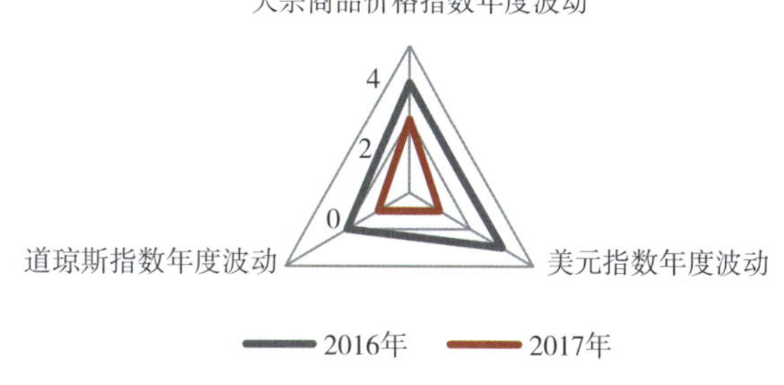

资料来源：中国银行国际金融研究所。

图6.8　2016年和2017年全球资产价格波动风险指标变动

综合考虑上述六个一级指标，预计 2018 年全球货币和流动性风险、信贷风险和资产价格波动风险将上升，全球避险情绪将逐步提升，新兴市场风险可能会保持中性，全球宏观经济风险将继续下行。三分之二的全球金融风险指标处于上行趋势，将带动 2018 年全球金融风险指数波动上行。

二、美国金融风险运行趋势相对稳定

当前，美国金融市场在全球金融体系中占据最重要的位置，美国市场的风吹草动都对全球产生较大外溢影响。这主要可体现为三大指标：一是美元的地位。目前，美元在全球外汇储备中的占比在60%以上，在全球外汇交易、支付清算和跨境投融资中的占比均在40%以上。美元的利率、汇率变化对全球金融市场产生巨大影响。二是美国资本市场的地位。美国债券市场、股票市场和衍生品市场的市值规模在全球占比同样举足轻重，美国资本市场吸引了全球绝对优势的资金，美元的国际资本流动冲击着所有关联市场，特别是新兴市场国家。三是美国金融机构的地位。美国的前六大金融机构在全球银行市值、国际化收入和投资银行与外汇交易业务中的占比位居前列。因此，我们将全球金融风险的一个监测重点放在美国，并基于各个层面的综合指标，构建了美国金融危机监测指标。

具体来说，我们采用8个领域的12项指标作为衡量美国金融市场整体风险状态的核心指标（表6.2），通过分析各项指标在特定时间段的绝对水平、变化方向、历史比较，监测美国金融市场各个领域在当月的风险状态和主要风险来源，并在此基础上形成“金融危机风险指标”（Risk Indicators of Financial Crisis,RIOFC），描述美国金融市场整体风险状态和危机概率。

表6.2　美国金融危机风险指标构成

	指标	释义
股票市场	1.股票市场波动性	可用标普500的VIX指数，集中反映出资本市场风险和不确定性状况和趋势
	2.银行股票指数变化	银行股票指数与整体股票指数12个月滚动年率方差，反映银行股票变动程度
债券市场	3.公司债券市场利差	公司债券收益率和长期国库券收益率利差，反映公司违约率
	4.国债收益率利差	长期国债收益率与短期国债收益率的利差，两者倒挂往往成为金融危机前兆
货币市场	5.非金融机构货币市场利差	商业票据和国债收益率利差，反映金融机构高杠杆化运作加强带来的影响
	6.银行间资金市场利差	即TED利差：3个月Libor利率与3个月国债利率之差，经济衰退和金融危机前通常会大幅上升
银行市场	7.银行业存款比率	美国银行业全部存款/总资产比率，该指标反映银行负债质量的稳定性
	8.银行系统风险违约距离	由克利夫兰联储平均违约距离ADD和组合违约距离PDD合成，反映银行系统性风险
信贷市场	9.公司信贷市场利差	美国5年期投资级别公司CDS与5年国债利差，反映公司部门信用风险
外汇市场	10.外汇市场波动性	德意志银行编制的美元兑6种货币交易波动性指数，反映主要货币交易风险
货币政策	11.货币政策效果	美联储联邦基金有效利率标准差，反映联储货币政策执行效果
宏观经济	12.经济先导指数	经济周期研究所ECRI周期先导指数，反映未来美国经济的走向

资料来源：中国银行国际金融研究所。

近几年各领域的分项指标运行趋势如图6.9所示。

（1）股票市场指标。整个2017年美国股票市场呈现稳定发展态势，但在2018年2月股票市场波动性指数较大幅度地上升，显示近期股票投资者信心下降，避险意识增强；相对而言，银行股票的变化方向及幅度处于安全区域，投资者信心稳定。

（2）债券市场指标。2017年，美国长期国债收益率与短期国债收益率的利差呈现下行趋势；2018年以来，通胀预期等因素推动10年期国债收益率明显上升，推动利差扩大。公司债券与国债的利差呈现持续下降的趋势，表明公司部门的信用风险下降。

（3）货币市场指标。非金融机构货币市场利差自2017年初以来持续上升，自3月以后进入危险区域并延续至今，反映美国企业部门在货币市场的风险仍然较高并有上升趋势；相反，银行间资金市场TED利差持续回落，主要原因是Libor利率升幅超过国债，显示美国银行间资金市场风险下降。

（4）银行市场指标。由克利夫兰联储的平均违约距离ADD+组合违约距离PDD+（PDD-ADD差值）合成的银行违约距离进入安全区域，银行存款比也较为稳定，表明银行业系统性风险不大。

（5）公司信贷指标。2017 年美国公司信贷市场利差在不稳定区间持续回落，表明公司信用风险下降，但仍然需要持续关注。

（6）外汇市场指标。德意志银行编制的美元兑 6 种货币交易波动性指数月均值处于安全区间波动，显示美元兑主要货币交易的市场风险不大。

（7）货币政策效果。2017 年以来美国联邦基金有效利率标准差月均值维持在安全区域内，表明美联储货币政策执行效果良好。

（8）宏观经济指标。美国经济周期研究所 ECRI 周先导指数月度差值在 2017 年以来变动方向及幅度在不稳定区域停留较多，表明美国经济增速虽然处于复苏中，但力度仍不够强劲。

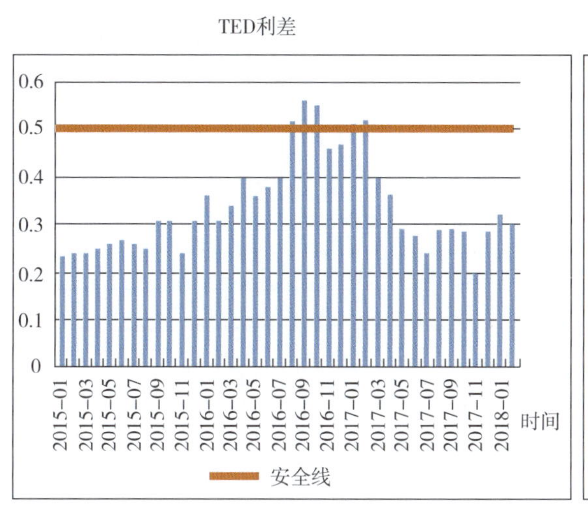

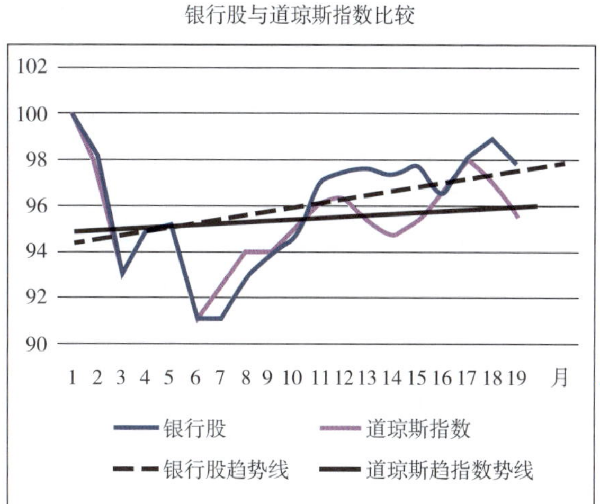

公司债券市场利差

2.5
2
1.5
1
0.5
0
2015-01
2015-03
2015-05
2015-07
2015-09
2015-11
2016-01
2016-03
2016-05
2016-07
2016-09
2016-11
2017-01
2017-03
2017-05
2017-07
2017-09
2017-11
2018-01
时间
危险线　安全线

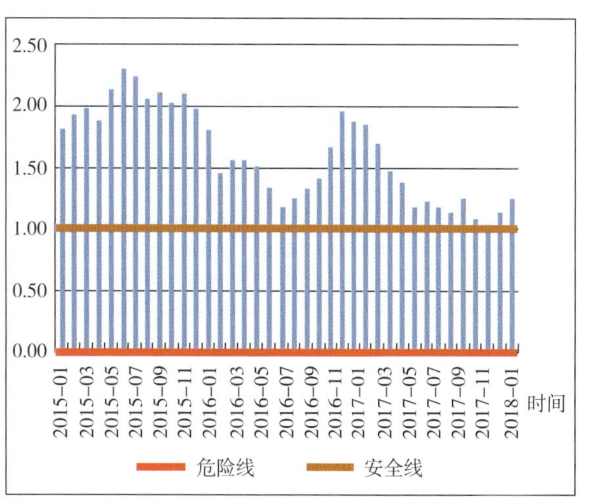

图6.9　2015~2018年RIOFC各分项指标运行趋势

银行系统性风险违约距离美国标普500 VIX指数

14
12
10
8
6
4
2
0
2015-01
2015-03
2015-05
2015-07
2015-09
2015-11
2016-01
2016-03
2016-05
2016-07
2016-09
2016-11
2017-01
2017-03
2017-05
2017-07
2017-09
2017-11
2018-01
时间
危险线
安全线

30
25
20
15
10
5
0
2015-01
2015-03
2015-05
2015-07
2015-09
2015-11
2016-01
2016-03
2016-05
2016-07
2016-09
2016-11
2017-01
2017-03
2017-05
2017-07
2017-09
2017-11
2018-01
时间
安全线

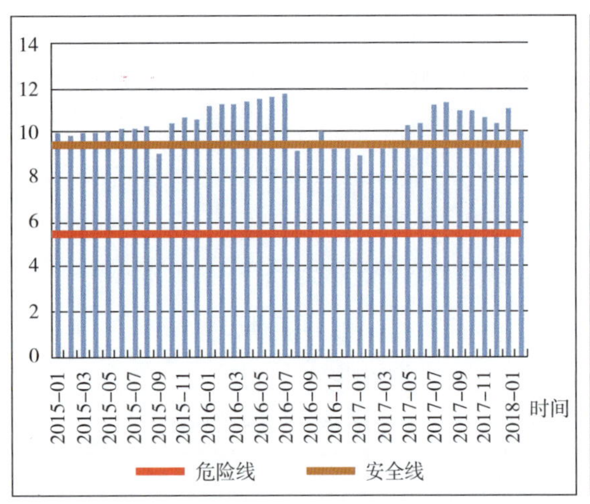

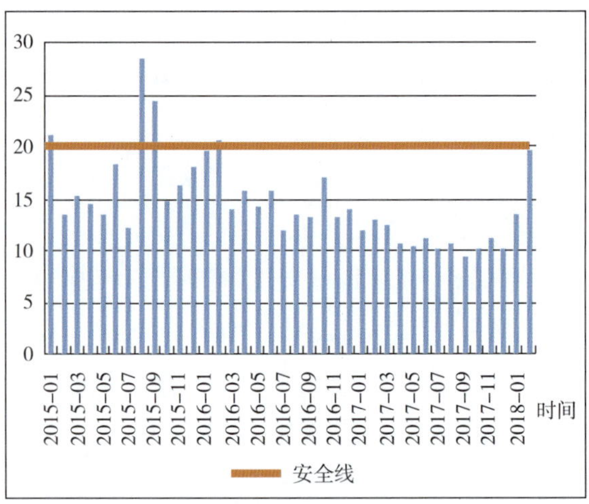

美元交易波动性指数

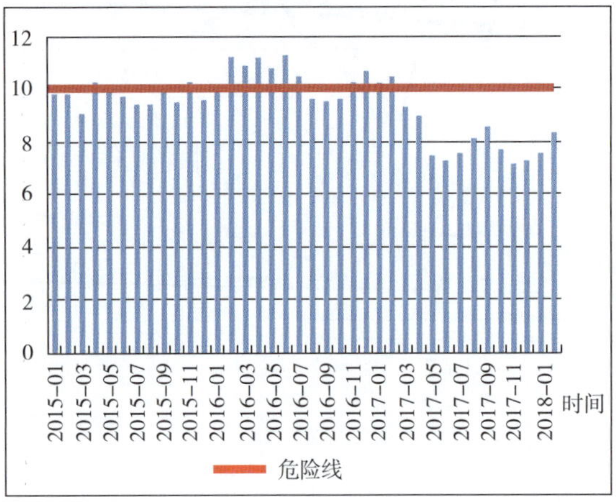

12
10
8
6
4
2
0
2015-01
2015-03
2015-05
2015-07
2015-09
2015-11
2016-01
2016-03
2016-05
2016-07
2016-09
2016-11
2017-01
2017-03
2017-05
2017-07
2017-09
2017-11
2018-01
时间
危险线

公司信贷利差

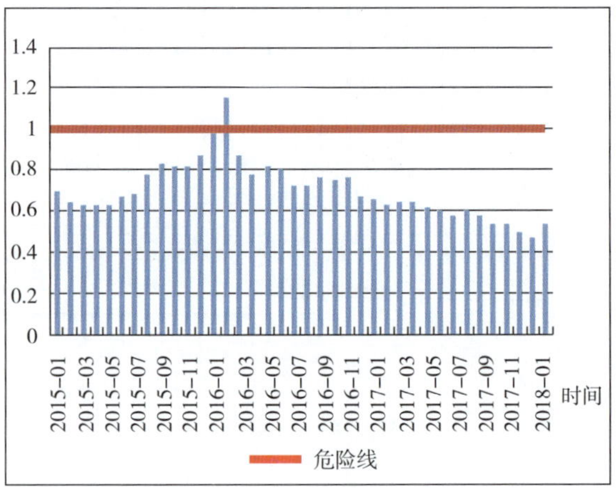

1.4
1.2
1
0.8
0.6
0.4
0.2
0
2015-01
2015-03
2015-05
2015-07
2015-09
2015-11
2016-01
2016-03
2016-05
2016-07
2016-09
2016-11
2017-01
2017-03
2017-05
2017-07
2017-09
2017-11
2018-01
时间
危险线

经济周期先导指数

4
3
2
1
0
-1
-2
2015-01
2015-03
2015-05
2015-07
2015-09
2015-11
2016-01
2016-03
2016-05
2016-07
2016-09
2016-11
2017-01
2017-03
2017-05
2017-07
2017-09
2017-11
2018-01
时间
危险线
安全线

商业票据利差

2.00
1.50
1.00
0.50
0.00
2015-01
2015-03
2015-05
2015-07
2015-09
2015-11
2016-01
2016-03
2016-05
2016-07
2016-09
2016-11
2017-01
2017-03
2017-05
2017-07
2017-09
2017-11
2018-01
时间
危险线
安全线

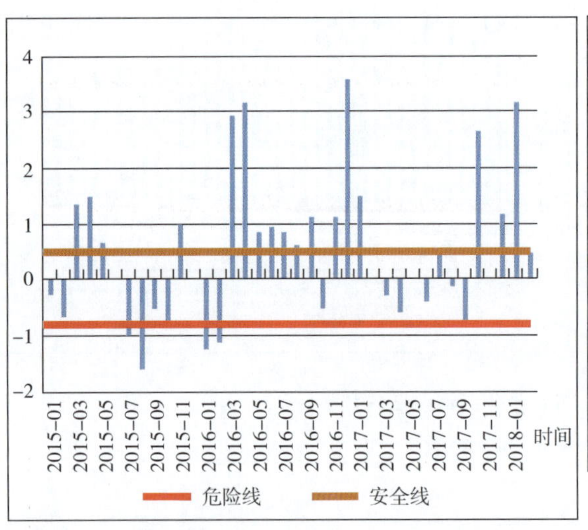

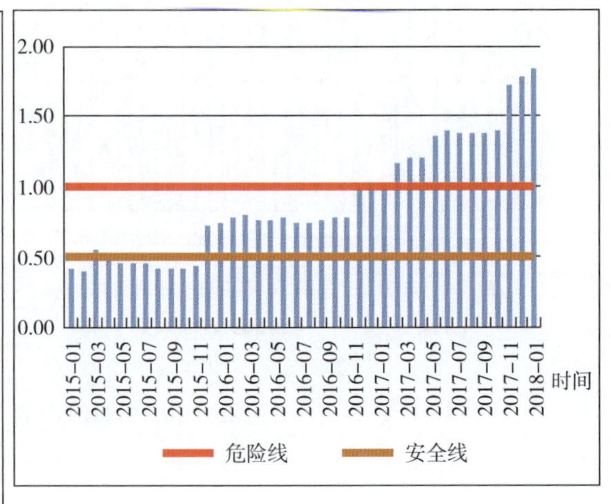

资料来源：中国银行国际金融研究所。

图6.9　2015~2018年RIOFC各分项指标运行趋势（续）

总体来看，由前述 8 组 12 项核心指标合成、综合反映美国金融市场整体风险状态的“金融危机风险指标”自 2017 年 3 月以后进入稳定区间，持续回落并在 2018 年 1 月达到历史低位，这反映美国金融稳定得到持续改善。不过，自 2018 年 2 月以后有回升趋势，需要警惕由政策收紧、股市泡沫风险积聚和贸易摩擦升温带来的不稳定因素（图 6.10）。

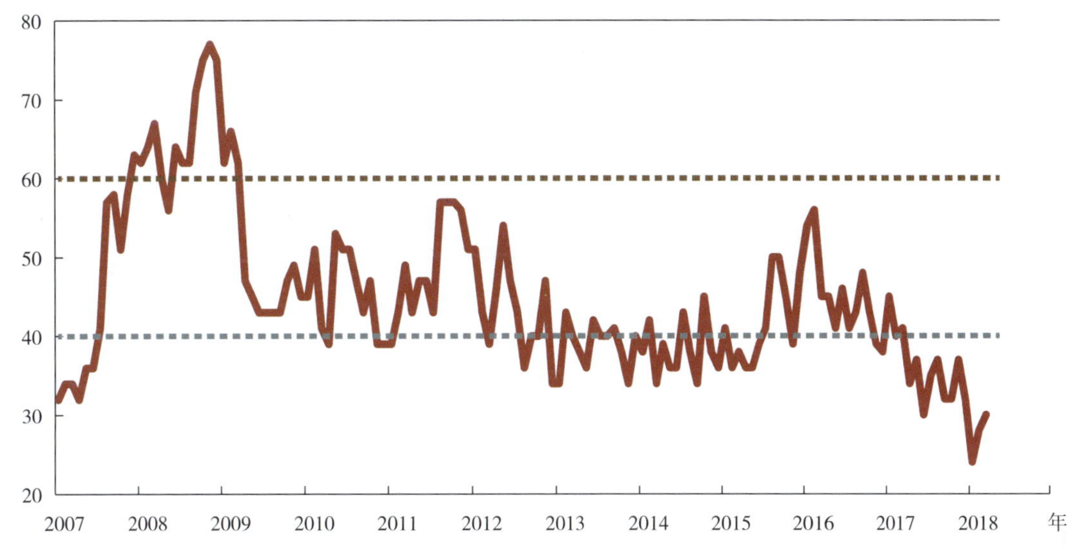

资料来源：中国银行国际金融研究所。

图6.10　自2007年以来美国金融危机风险指标运行趋势

三、新兴市场脆弱性的比较

新兴市场与发展中国家一直是全球金融风险中人们关注的焦点，这主要基于该群体同时面临政策不确定性较大、融资外部依赖性较高和国内经济发展的可持续性较弱等挑战。在 2008 年国际金融危机及 2012 年欧债危机中，新兴市场总体表现良好。但是，随着发达经济体逐步摆脱危机，货币政策呈现转向收紧的趋势，新兴市场面临的发展问题和金融稳定挑战越来越大。因此，新兴市场的风险监测成为本章的另一个关注焦点。

自 2017 年以来，市场波动性以及全球利率呈现强劲的上升趋势，对于新兴市场（特别是那些对海外资金需求大的国家）来说，其将会经历一个比较艰难的发展过程。到目前为止，一些资金压力指标比如交叉货币基点良好表现都说明了新兴市场开始反弹，但是一些潜在的问题并未得到解决。从整体来看，新兴市场的外部风险应当重点关注全球增长势头的可持续性和美国财政与货币政策的变化两大方面。

外向型经济的新兴国家的国际贸易波动性较强。比如，在全球经济走势强劲以及美国税收改革和基建需求的推动作用下，美国的新兴国家贸易伙伴在周期波动中可能迎来增长上行的前景。而在中期全球整体货币政策依然趋向宽松的背景下，新兴市场金融部门的脆弱性将可能会加重。一些新兴市场非金融企业债务增长迅速，这是投资者倾向于增加对价格波动较大的低评级公司、主权借款人的风险敞口的结果。另外，美元的强势和股市的下行将会对全球资产价格和资本流动产生影响，可能导致拥有较高的债务再融资需求和未对冲美元负债的经济体陷入金融困境。

我们根据国际金融协会（IIF）的新兴市场脆弱性指标来评估高涨的避险情绪或者美国联邦政策利率带来的跨国影响，尤其针对外部脆弱性较强的新兴市场和可信度较低的政治框架的影响。评估金融脆弱性主要有三个维度（具体指标如表 6.3 所示）。

（1）外部脆弱性，取决于对海外资金的依赖性；

（2）国内金融脆弱性，依据于国内金融部门以及实体经济状况；

（3）经济政策脆弱性，取决于经济政策的可信度和政治稳定性，反映一国对宏观经济调控的能力。

用分级方法对以上三部分进行综合分析的基础上，可以得出金融脆弱性总分，并相应划归最不脆弱、较不脆弱、脆弱、最脆弱四个层次。

表6.3　新兴市场金融脆弱性评估指标体系

外部金融脆弱性
1.经常账户余额/GDP（%）（2017年）
2.经常账户赤字与外商直接投资差额/GDP（%）（2017年）
3.准备金覆盖率（2017年）
4.短期外债/外债总额（%）（2017年）
5.外债/GDP（%）（2017年）
6.实际有效汇率（2017年第2季度实际有效汇率-2007年第1季度至2017年第1季度平均值）
国内金融脆弱性
1.非金融类企业负债/GDP（%）（2010~2017年）
2.家庭负债/GDP（%）（2010~2017年）
3.私人部门实际信贷增长（%）（2010~2016年）
4.合并对外债权/国内信贷（%）（2016年至今）
5.外商持有政府负债（%）（2017年6月）
6.外商持有权益（%）（2016年12月）
7.名义房地产价格（%）（2010~2016年）
经济政策脆弱性
1.2017年末通货膨胀率预期值（对比央行目标）
2.当期实际利率
3.财政盈余/GDP（%）（2017年）
4.政府负债/GDP（%）（2017年）
5.世界治理指标（2016年）
6.全球竞争指数（2016~2017年）
7.2017~2018年总统竞选事件

资料来源：IIF，中国银行国际金融研究所。

从评估结果来看，新兴市场全部 19 个国家均处于较稳定以下的评级，新兴国家整体的脆弱性程度有所加深，处于最脆弱评级的国家占总数比重超过 20%（图 6.11）。最脆弱的五个国家中，土耳其的脆弱性处境最严峻，其外部金融脆弱性和国内金融脆弱性在排名中都处于最劣势状态。当经常账户表现出较大的赤字且迅速扩张时，外部脆弱性可能会变得更加严重，汇率波动也会变得更加剧烈。从统计比较来看，在最脆弱的五个国家中，土耳其、乌克兰以及阿根廷的实际有效汇率指数以及经常账户余额相关指数偏离趋势的程度都非常高，风险较高。从三个风险分类来看，总体处于较稳定状态的国家中，智利的国内金融脆弱性仍然不可忽视。另外，由于匈牙利政府债务较庞大，在 2018 年 1 月大选之后，经济政策脆弱性有所增加，应当给予关注。

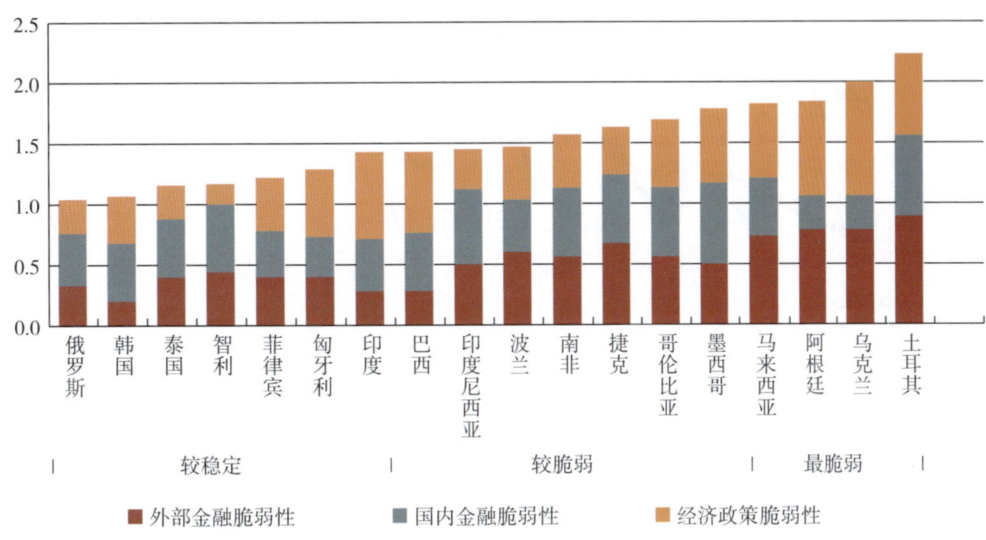

资料来源：IIF，中国银行国际金融研究所。

图6.11　2017年第四季度新兴市场国家金融脆弱性比较

第二节　全球货币政策转向带来的金融风险

2017 年，全球经济基本面与金融稳定因素发生趋势性、转折性变化，美联储、欧洲央行、英国央行等主要央行货币政策均存在转向举动和预期，这将对全球金融市场带来重要影响。

一、主要央行货币政策趋于紧缩

从主要发达经济体货币政策实践看，货币政策正常化分为三个步骤：退出量化宽松、加息和缩表。当然，三个步骤不是完全割裂的，可能依次进行，也可能同步推进。按顺序看，目前美联储货币政策正常化走得最快，处于缩表阶段；英国央行和加拿大央行处于加息阶段；欧洲央行处于缩减资产购买阶段；日本央行处于拐点前的预期阶段。且从美联储最新利率决议看，未来加息路径更加陡峭，预计 2019 年将加息 3 次，2020 年将加息 2 次；利率点阵图显示，2018 年加息 4 次的可能性非常高，加息节奏明显加快。

全球政治经济形势好转，驱动全球货币政策向正常状态转变。从 2016 年下半年起，美国大选不确定性因素消除，欧洲政局逐步稳定，地缘政治风险有所弱化，全球经济复苏加快，金融市场走势平稳，为货币政策转向提供了支撑。2017 年世界经济增速达到 3.3%，为六年来最高值；2018 年还将小幅加快。全球政治经济形势好转，通缩风险解除，为全球货币政策转向提供了条件。

与此同时，非常规货币政策的成本日益显现。非常规货币政策在提供宽松融资环境、刺激经济复苏的同时，阻碍了长期的供给侧结构性改革，推升了资产价格，抑制了未来货币政策进一步宽松的空间。随着全球经济企稳回升、加快复苏，非常规货币政策应及时退出，资产负债表也应回归到合理水平，为未来经济下行周期重启宽松货币政策预留更多空间（图 6.12）。

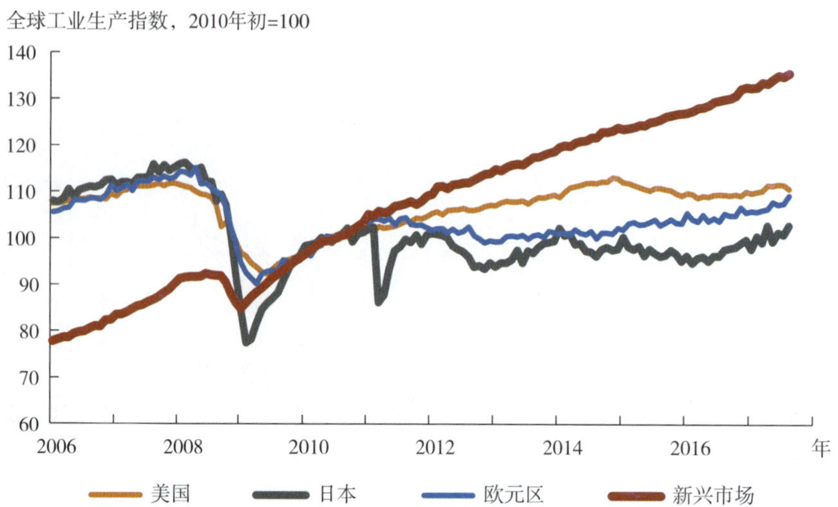

资料来源：Wind资讯。

图6.12 主要经济体工业生产对比

二、主要央行货币政策正常化的路径

不同经济体经济复苏形势存在差异，这将影响各国货币政策正常化的具体时点和实施路径。

第一，美国经济稳固复苏，美联储将继续推进货币政策正常化。危机以来，美国经济已连续8年增长，经济复苏相对稳固。2017年美国GDP增长率为2.3%，较2016年提高0.8个百分点。失业率持续走低、新增就业人口逐步减少以及薪资增长逐渐提升，美国劳动力市场逐渐实现充分就业。未来美国用工短缺现象将增加，将推升雇员工资和美国通胀率。此外，特朗普政府推出减税、增支和放松金融监管等经济促进计划，将为美联储持续加息铺平道路。2018年美联储可能加息3~4次，加息路径逐渐陡峭化。

第二，经济增长逐步恢复，英国央行加息进程将缓慢推进。过高的通胀率是2017年11月英国央行加息的主要原因。2017年11月英国通货膨胀率达到3.1%，创5年来新高，远高于央行设立的2%目标。不过，英国经济增速略显平淡。2017年英国GDP增速初步统计为1.8%，是2012年以来增长较慢的一年。受制于“脱欧”带来的不确定性影响，英国表现逊于其他发达经济体。工资增速依然低于危机前平均水平，未来通胀可能会逐步回落。英国还面临着脱欧第二阶段谈判和经济再次下滑等风险。因此，偏“滞胀”格局使英国央行对连续加息较为慎重，未来三年加息幅度不会很大，预计每年加息1次。

第三，经济增长超预期，欧洲央行和日本央行货币政策正常化节奏可能加快。2017年初以来，市场普遍对欧元区和日本经济增长持悲观态度。然而，随着外部需求回暖、内部宽松货币政策效果逐渐凸显，欧元区和日本经济复苏明显加快。欧元区已经连续19个季度经济实现正增长，且最近5个季度增速明显加快；日本已连续8个季度经济正增长，是1997年以来最长的不间断增长周期，2017年GDP同比增长率为1.6%，为近四年最高。

预计未来几年欧元区和日本将保持当前良好的经济复苏态势，两地区货币政策正常化将稳步推进（图6.13）。欧元区有望在2018年底彻底退出资产购买计划，将债券购买规模缩减到零，2019年有望正式开启加息进程，逐步退出负利率政策，在2020年将隔夜存款利率由–0.4%调整到零或以上。日本可能会在2018年将国债年度净购买规模降至50万亿日元，并在2019年将净购买规模降至零，2020年启动加息将

政策利率由 –0.1% 提高到 0.1%。

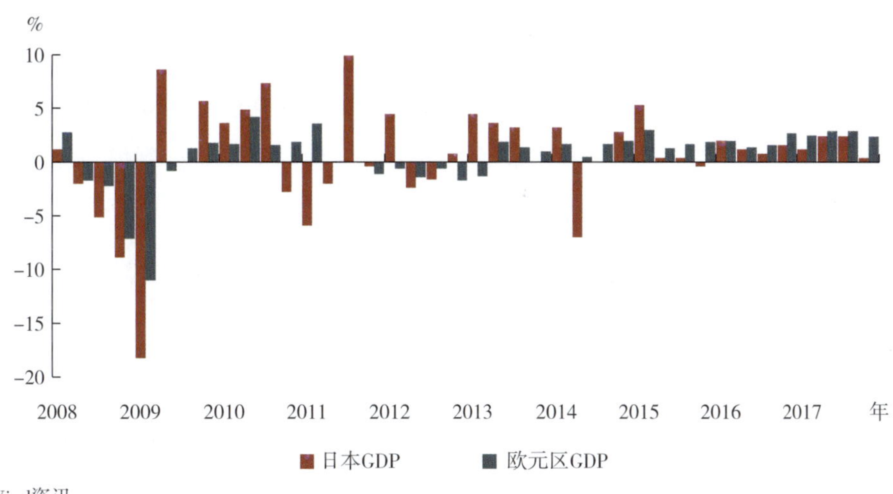

资料来源：Wind资讯。

图6.13　2008~2017年欧元区和日本GDP环比增长折年率变动情况

三、全球货币政策转向的外溢风险

全球货币政策转向的风险主要通过三个渠道体现，分别是利率渠道、全球流动性渠道和货币政策联动渠道。

第一，全球利率中枢上移风险。从价格指标看，随着全球主要央行逐步进入紧缩周期，全球利率中枢将逐渐上移。用 GDP 份额对美国、欧元区、日本和英国政策利率进行加权平均，2016 年全球主要央行加权平均政策利率仅为 0.28%，2017 年底已升至 0.63%，涨幅超过 1 倍。随着全球政经局势持续好转，在较快加息情境下，到 2020 年全球加权平均政策利率将达到 1.72%（图 6.14），欧元区和日本央行将退出负利率政策；在较慢加息情境下，全球加权平均政策利率将升至 1.44%，欧元区和日本仍将处于负利率区间。全球利率中枢上移风险充分体现，以美国长期国债收益率为代表的长期利率水平快速抬升。截至 2018 年 4 月 6 日，美国 10 年期国债收益率较年初增加 31 个基点。

资料来源：中国银行国际金融研究所。

图6.14　两种情境下全球主要央行加权平均政策利率变动

从实体经济角度看，利率中枢上移将限制各国企业投资和银行信贷对实体经济的支持，企业债务负担加重，面临破产重组风险，将制约创新投入和长期经济增长空间，失业率可能上升，居民薪资水平和生活条件将大受影响，可能会进一步对经济形成负反馈效应。

从金融稳定角度看，对资本市场影响偏负面。由于债券价格和债券收益率走势相反，随着长期利率水平攀升，债券价格将下跌，投资者持有债券将面临估值和账面损失，将抑制债券需求，债券发行量可能会减少。股市走势也不容乐观。2018 年 2 月初美国三大股指短期内大幅回调，其中一个重要原因是美国国债收益率快速走高。目前全球股市不断膨胀，逐渐偏离经济基本面。按照股市估值的贴现模型，在股息或盈利增长不变的前提下，无信用风险收益率抬升将降低股市现值。而且，如果全球货币政策紧缩过快，有可能造成全球经济增长减速，资产价格泡沫则可能会以较快的速度破灭。

第二，全球流动性紧缩风险。虽然欧元区和日本尚未退出量化宽松政策，但随着美联储加息和缩表政策的推进，全球流动性已感受到阵阵凉意，“美元荒”现象正愈演愈烈。2018 年 3 月 27 日，3 个月期美元 Libor 涨至 2.3020%，创 2008 年 11 月以来新高。美国 3 个月期 Libor–OIS 利差升破 60 个基点，刷新 2009 年 5 月以来新高。Libor–OIS 利差一直被视为衡量美元流动性松紧的重要参考指标，该利差扩大，表明全球金融市场对“美元荒”的担忧加剧。3 个月期美元 Libor 是离岸美元关键的短期基准利率，是衡量银行间借贷成本的最重要指标。3 个月期 Libor 持续上升表明美元融资环境持续收紧，而 Libor–OIS 利差上升表明全球银行体系的系统性信贷压力增加，银行间拆借意愿下降。美国货币市场面临从政策面到市场面的全面紧缩，将对全球资产价格和企业融资盈利带来较大冲击。

第三，中国货币政策调整影响。随着全球经济金融一体化程度加深，各国经济联系愈加紧密，全球货币政策变化呈现出联动性和同步性的特点。以美国为首的主要发达经济体收紧货币政策，将对全球产生较强外溢冲击，包括中国在内的新兴经济体也会受到影响。在最近两次的美联储加息过程中，我国央行都跟随上调了逆回购和中期借贷便利等公开市场操作利率。未来美联储加息节奏可能加快，将对中国利率体系带来较大影响，预计公开市场操作利率将继续跟随上行，市场利率中枢将波动上移，央行政策利率最早可能于 2018 年底开启加息通道。利率体系的变化将对我国市场流动性、实体经济融资和商业银行经营带来影响。

第三节　全球重点金融风险

一、股市调整风险

国际金融危机十年来，全球股票市场在宽松环境中狂欢，资产价格普遍上涨，波动性降至历史低位。2017 年，全球主要股指中近九成走强，美国股市持续 8 年牛市行情，欧洲股指持续攀升，日本股指创 26 年来最高水平，印度、越南等新兴市场股指也纷纷触及历史高位。早在 2014 年，国际清算银行就发出警告，金融市场与经济基本面严重脱钩，投资者对于新一轮危机毫无准备。全球股票市场再现“非理性繁荣”，面临新一轮震荡调整，潜在风险不容忽视。

全球股市背离经济基本面，在实体经济乏力的背景下维持牛市超级周期。2009 年至 2017 年，全球经济增长乏力，GDP 增速低于潜在水平，贸易与投资回暖，但尚未完全摆脱危机阴霾，各国发展仍面临诸多挑战与结构性改革任务。与之形成鲜明反差的是，股票市场不再是“晴雨表”，开始背离实体经济，呈现繁荣景象，形成历史上少见的超级牛市。8 年来，美国股市标普 500 指数上涨了 196%，其时长与涨幅成为历史上第二大超级周期，摆脱了 2000 年以来逢七年回落的阶段性特征，长期持续无大幅回调；面对债务危机、经济低迷、一体化进程遇阻等挑战，德国、法国等欧洲国家股市却持续波动上行，英国富时 100 指数也由 2009 年初的 3460.71 点的低点攀升至 2018 年初的 7792.56 点历史新高位；日本、韩国、印度等经济体股市一片繁荣，创历史高位，MSCI 新兴市场指数 8 年来上升 104%，在增长放缓的背景下呈现牛市行情。值得特别注意的是，股票价格在一定程度上偏离了价值，席勒市盈率等指标达历史高位。截至 2018 年初，美股标普 500 席勒市盈率已达 27.58，处于历史第三高位，逼近 1929 年大危机时 32.52 的第二高点（图 6.15）；哈斯曼市盈率（Hussman P/E）、上市公司总市值占 GDP 比重等指标均触历史高点，仅低于互联网科技泡沫前夕水平。德国 DAX、富时 100、日经 225 等主要股指移动 10 年平均收益率均达到历史高位（图 6.16）。

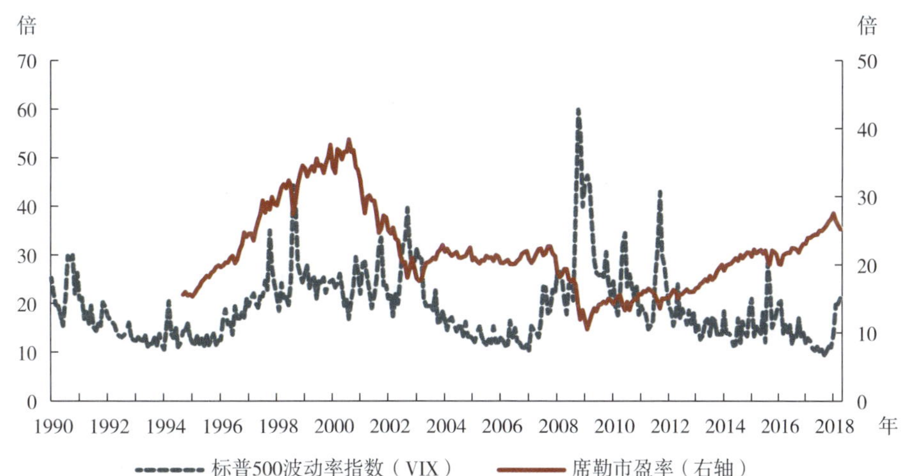

资料来源：Bloomberg.

图6.15　标普500波动率及席勒市盈率

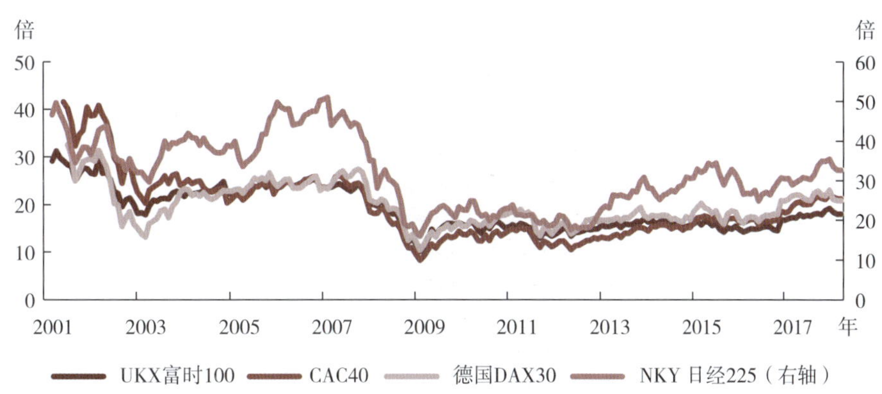

资料来源：Bloomberg.

图6.16　各国股指移动平均10年市盈率

全球股票市场表现过热，一方面源自企业盈利改善、政策带来的增长预期以及新一轮技术革命带来个别板块的上涨，更多地则在于长期极度宽松环境导致的定价扭曲。数轮量化宽松货币政策向市场注入大量流动性，极低利率环境致使定价扭曲，风险溢价被持续压制，波动性严重低于历史平均水平，资本市场不断膨胀，投资者活动更加冒险与趋同，加剧金融脆弱性积聚，可总结为以下三点：

第一，在经济回暖、政策预期催化下，企业利润及其预期增长。股市上扬的起点是企业利润及其增长预期，这一方面源于基本面的实质性改善，另一方面来自增长预期与交易情绪。以美股为例，自 2010 年以来，美国经济率先复苏，呈现“低通胀、低失业”特征，推动企业利润和投资增长，与股市走强形成良性互动。同时，特朗普承诺及新政推进产生了所谓的“特朗普交易”，特别是税改计划致力于减轻家庭与企业税收负担，有助于刺激国内消费与投资，进而拉动经济增长与企业利润率改善。尽管新政完成度存疑，但对于股市形成较大利好，标普 500 自特朗普胜选以来上涨 21%，历史表现仅次于克林顿、肯尼迪、老布什时期。

第二，低利率致使定价扭曲，股票市场“供不应求”并不断自我强化。国际金融危机以来，发达经济体推行量化宽松货币政策，向市场注入大量流动性，极低利率环境致使定价扭曲，股票市场不断膨胀。在此宏观背景下，股市“供不应求”的微观机制进一步强化。在需求端，公司回购、ETF、海外投资成为重要来源。以美股为例，自 2009 年以来，美股回购规模超过 3 万亿美元，2017 年公司净回购金额将达 5700 亿美元，也在一定程度上锁定了市场供给量。在风险溢价扭曲环境下，主动投资向被动投资转化，ETF 买需大幅上涨，近三年美股为主 ETF 流量增至 4518 亿美元。同时，从全球资金流向来看，随着资金回流美国，美元开启强势周期，基于收益与安全双重考虑，美元资产相对可观，美股成为海外投资者优先选项之一。在供给端，美股供给量低迷，致使需求稍有增加就会放大市场反应。据世界银行统计，2016 年末美国上市公司为 4331 家，较危机前减少 16%；IPO 及增发遇冷，2017 年全球 IPO 及增发金额较三年前减少了近三成；流通股比例降低，美股市场上约三成小盘股进一步降低流通股比例，显著低于以往 20% 的比例。因此，在低利率、定价扭曲、资金回流的大环境下，供给低迷萎缩，需求相对旺盛并随着价格攀升不断强化。

第三，在移动互联网产业浪潮下，信息技术板块拉动指数上涨。近年来，全球迎来新一波科技浪潮，智能手机、电子商务、社交网络、云计算、流媒体等纷纷崛起，移动互联网产业大放异彩，苹果、谷歌、亚马逊等互联网巨头市值大幅攀升，成为推动本轮股市上涨的重要力量。以美国股市为例，云集众多科技公司的纳斯达克指数突破 6500 点大关，涨幅超过道指与标普 500 指数；在标普 500 指数中，前四大市值公司均来自互联网产业，2015~2017 年信息技术板块指数上涨了 66.9%，远远超过 33.1% 的平均水平，完全跑赢其他产业（图 6.17）。

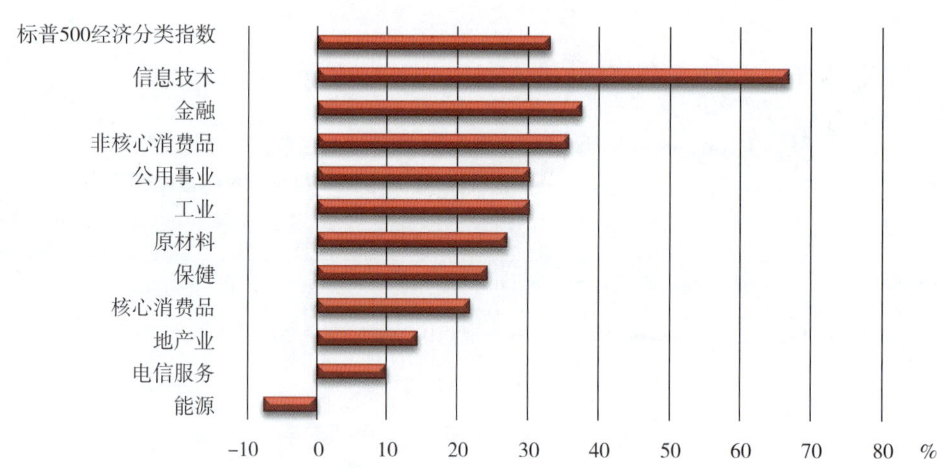

资料来源：Bloomberg.

图6.17　2015~2017年标普500行业指数涨幅

2018 年，诸多前期催涨因素发生新变化，股市回调压力增大。除了前述全球货币政策转向带来的风险之外，如下因素需要关注。

第一，全球增长预期转向。2017 年全球经济好转并非新常态，中期下行风险依然存在。发达经济体引领经济增长，但一旦产出缺口弥合，就将恢复长期增长率，仍远低于危机前水平。特别是 2018 年，全球保护主义上升，特朗普开启贸易战序幕，各国贸易摩擦增多并存在升级可能，为全球经济增长蒙上阴霾。前期经济复苏、企业利润改善的红利“消耗殆尽”，后期增长预期又面临利空因素，下跌回调将成为必然。

第二，全球资金流动转向。2017 年下半年以来，全球经济金融形势发生一系列新变化，促使资金流动转向。在国别上，美国“一枝独秀”局面被打破，欧洲、新兴经济体形势好转，市场预期改善，国际资金由“单一”投到美国转向更加多元化。根据 EPFR Global 数据，2018 年 4 月，资金连续三周逃离美股，从美股流出资金达 99 亿美元，从欧洲股市流出资金 24 亿美元，而流入新兴市场的资金总量再创历史新高。在市场上，随着货币政策与市场利率变化，全球资金由股市流向债市。EPFR Global 数据显示，2018 年 4 月 4 日当周流入美国国债的资金达 40 亿美元，创 2016 年 2 月以来最大政府基金资金流入纪录。随着全球资金流动转向，股票市场将面临下行压力，并且各国出现一定的差异化表现。

第三，投资与交易策略转向。过去 8 年，全球股市持续攀升，VIX 指数创 30 年来低点，导致投资者投资交易行为同化，资产摆布单一同向。投资者缺乏风险意识，市场出现自满迹象，风险未得到释放。在长期低利率、低波动的市场自满情绪中，股市交易模式变得更加激进，做空 VIX 指数的交易所交易基金 XIV 成为单向操作，趋势型商品交易顾问策略崛起。然而，当股市下跌时，交易资金集体出逃，强制抛售为市场带来额外的下行压力，引发多米诺骨牌连锁效应。

2018 年 2 月“黑色星期一”开启全球股市调整序幕，特朗普贸易保护主义举措进一步利空股市。截至 2018 年 4 月 7 日，标普 500、STOXX 欧洲 50、富时 100、日经 225 等主要股指已较年初下跌 2.59%、5.26%、6.56% 和 5.18%；美国三大股指一度创 6 年来最大单日跌幅，欧洲三大股指创 2016 年 1 月以来最大单周跌幅，香港恒生指数创 2008 年 10 月以来最大单周跌幅（图 6.18）。全球股市面临较大的下跌回调压力。

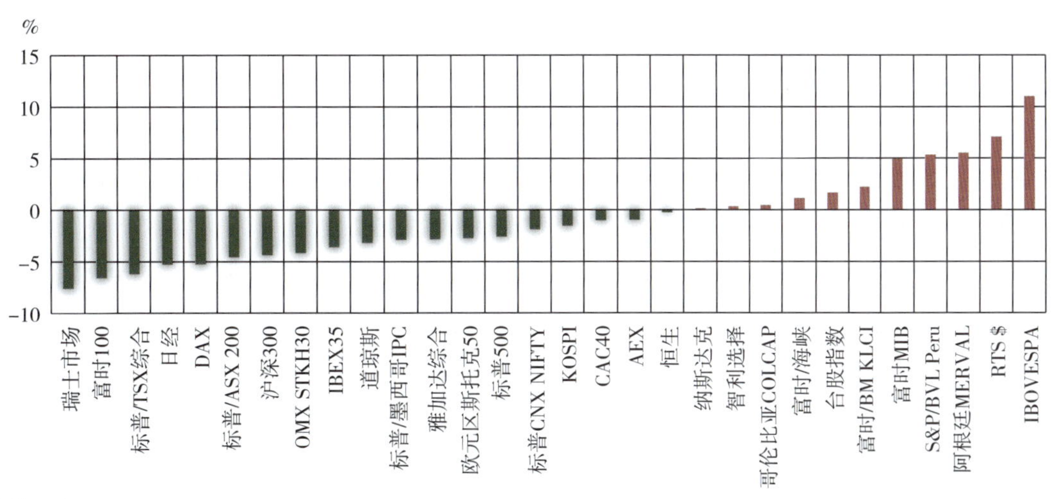

资料来源：Bloomberg.

图6.18 2018年全球主要股指涨幅（截至4月7日）

当前，诸多条件发生变化，资产价格逆转或将带来巨大冲击。从宏观层面看，全球货币政策发生转向，资金供给与流向或将逆转。从微观层面看，前期过剩产能基本重新部署完毕，企业盈利难以持续支撑当前价格，回报率极低甚至为负，投资者在长期低波动性下采取高杠杆运作，进一步放大潜在风险。此外，银行等金融部门、非金融企业与资本市场已被“捆绑”，一旦资产价格逆转，将形成连锁反应，冲击实体经济。据 IMF 测算，一旦主要经济体货币政策正常化进程快于预期，造成风险溢价骤然抬升，资本市场剧烈调整，则这将对全球经济增长带来 1.7 个百分点的负向影响。

金融市场传染性加大，全球溢出效应显著。当前，全球各类资产布局呈现一面倒态势，一旦有风吹草动，就会产生跨资产的连锁反应。股市、债市、原油等大宗商品的联动性处于历史较高水平，任何一种资产的买压或卖压，都会传导至其他资产，而对企业盈利、成长性等微观基础关注度下降。同时，金融风险溢出效应上升，全球股市容易出现恐慌与抛售潮。针对当前全球股市“过度繁荣”问题，保持实体经济的稳定复苏仍是关键。同时，世界各国需要及时并审慎推进货币政策回归正常化，改变定价扭曲现象，加强政策协调，共同应对资本短期流动与金融市场震荡。

二、外汇市场超预期波动风险

2017 年以来全球外汇市场主要的运行特征包括：一是美元弱、欧元强。从 2017 年至 2018 年 2 月，美元名义有效汇率贬值 6.5%，整体表现较弱势；欧元名义有效汇率升值 8.6%，整体呈现较强状态，欧元对美元则升值了 17.1%（图 6.19）。其余主要国际货币汇率变动则大多表现出对美元升值但有效汇率保持相对稳定的特征。例如，英镑对美元升值 11.9%，但是名义有效汇率仅升值 0.4%，这说明英镑对其他主要货币如欧元是贬值的；日元对美元升值 7.6%，但是日元名义有效汇率却贬值 0.5%；澳大利亚元对美元升值 7.2%，但是名义有效汇率贬值 1.4%；加拿大元对美元升值 6.1%，但是名义有效汇率仅升值 2.0%。这说明，近一年多来全球外汇市场运行以美元、欧元的强弱转化为主线，大部分主要经济体货币对美元升值、对欧元贬值，有效汇率保持了相对稳定（图 6.20）。

二是主要新兴经济体货币表现分化。主要新兴市场经济体货币大多对美元升值，但有效汇率表现分化。南非兰特、墨西哥比索对美元升值都在 10% 以上，但是墨西哥、南非的名义有效汇率也升值较多（分别为 7.2% 和 6.8%），是真正意义上的强货币。人民币虽然对美元升值，但是名义有效汇率仅升值 2.8%，呈现出相对稳定的状态。类似的还有俄罗斯、印度。俄罗斯卢布对美元升值 9.0%，但是名义有效汇率贬值 2.1%；印度卢比对美元升值 5.3%，但是名义有效汇率贬值 2.6%。

展望未来，本轮美元、欧元单边走势可能仍未结束。短期来看，芝加哥商品交易所数据显示，投机性的欧元兑美元期货空头持仓数量不断下降，欧元兑美元期货多头数量在 2018 年 1 月初达到峰值后虽有所回落，但是仍然处于高位（图 6.21）。从 2017 年 6 月左右，欧元兑美元期货持仓由净空头转为净多头。从历史数据来看，当前美元指数较 1971 年以来历史均值约低 7% 左右，考察历史上美元指数几次较为强劲的反弹，美元指数从 2008 年 3 月 6 日的低点（72.9）反弹时，已经低于历史均值 27%；从 1992 年 9 月 1 日的低点反弹时，低于历史均值 25%。欧元兑美元汇率仅比 1999 年以来的历史均值（1.20 左右）高出 2% 左右。因此，从长周期的视角看，本轮欧元走强和美元走软可能都还未见顶（底）。

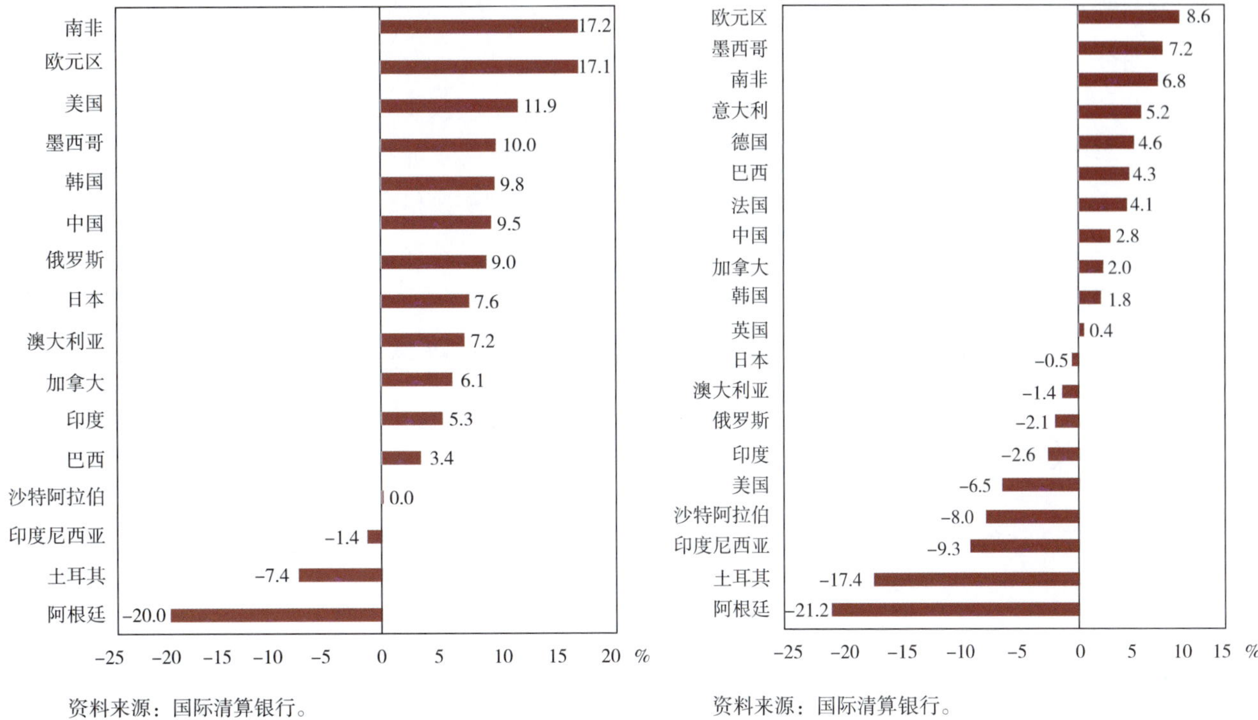

资料来源：国际清算银行。

图6.19　各国货币兑美元汇率变动

资料来源：国际清算银行。

图6.20　各国货币有效汇率变动

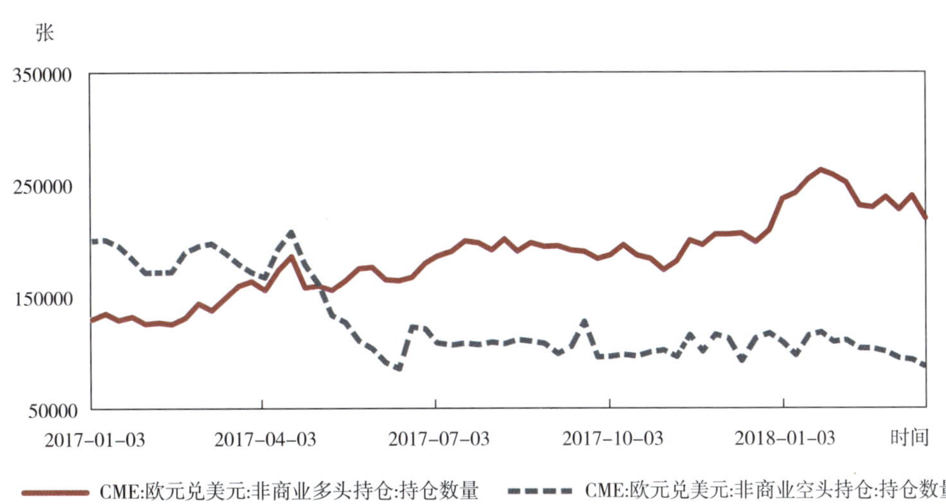

资料来源：Wind资讯。

图6.21　投机性的欧元兑美元期货持仓变化

认识美元本轮走贬需要澄清一些误区。2017 年以来，美国经济加快复苏，美联储连续加息，并开始收缩资产负债表，但是美元指数却一路下行。需要指出的是，美联储收紧货币政策并不必然导致美元升值。1994 年 2 月和 2004 年 6 月美联储开启的两个加息周期，在 15 个月内美元指数反而分别贬值 11% 和 14%。同时，经常账户和财政“双赤字”也不能很好解释美元走软。2004 年 6 月美国经常账户逆差规模大约是 1994 年 2 月和 2016 年底两个贬值周期的两倍左右，但是 2004 年 6 月开启的贬值周期内，美元指数在 15 个月内的贬值幅度要大大低于另外两个时期。由于减税，2004 年和 2016 年两个贬值周期美国财政赤字都呈现扩大趋势，但是2004年6月开启的贬值周期内，美元贬值的幅度要远小于2016年底开启的贬值周期。

2017年以来，美元指数贬值更多地与政治因素引发的信心走软以及欧元的强势有关。2017年1月，特朗普就任美国总统前夕，就发表言论抨击强势美元。他认为强势美元打击了美国工业，而日本、中国和德国利用本币低估获益。市场理解，弱势美元政策与特朗普“美国优先”的施政理念相符，契合特朗普的贸易保护主义政策，也有利于美国企业的海外资金回流，这是特朗普所希望看到的。除了美元自身的原因以外，欧元汇率在2017年6月欧央行会议后开始快速走强。会上欧央行上调了欧元区经济增长预期，市场预计欧央行将加快货币政策正常化的步伐，预期已经提前反映到买涨欧元的行为当中。

三、新兴市场债务风险

2008年国际金融危机后，主要发达经济体实施了超低利率和量化宽松货币政策，新兴市场不断加大举债力度，整体债务水平不断攀升。

（一）新兴市场债务规模持续扩大

根据国际金融协会（IIF）的统计数据，截至2017年第三季度，全球债务水平已达到233万亿美元，较2016年底增加了16.5万亿美元，占全球GDP的比重达到318%。其中，发达经济体债务水平达到171.8万亿美元，占GDP比重为381.8%；新兴市场债务水平为61.1万亿美元，占GDP的比重为211.1%。近年来新兴市场债务呈现如下特点：

第一，在扩张速度上，新兴市场债务增长远快于发达经济体。金融危机以来，主要发达经济体纷纷采取去杠杆措施，以抑制债务水平的过快增长。与此同时，发达市场央行又不断放松货币政策，以刺激经济复苏。这导致全球流动性日渐泛滥，在发达市场经济相对低迷、资本回报下降的情况下，全球过剩资金纷纷流向新兴市场。数据显示，2007年底新兴市场债务规模为21.3万亿美元，2017年第三季度达到61.1万亿美元，增长了2.9倍；同期，发达经济体债务水平从147万亿美元增长至171.8万亿美元，增长了1.2倍。2007年底新兴市场债务占GDP的比重为145.3%，2017年第三季度则达到211.1%；同期发达经济体债务占GDP比重从360.1%增长至381.8%（图6.22）。新兴市场债务水平在过去10年内急剧扩张。

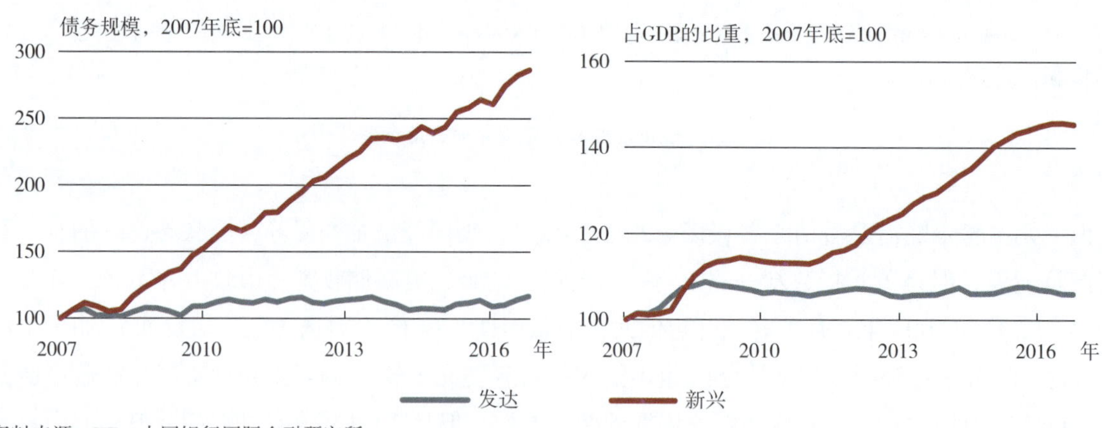

资料来源：IIF，中国银行国际金融研究所。

图6.22　发达和新兴市场债务增长趋势比较

值得我们注意的是，2016 年第三季度，全球债务占 GDP 的比重达到 321% 的高点，此后在世界经济复苏加快、中国及其他国家去杠杆等一系列因素的推动下，这一比例已连续四个季度出现下降，截至 2017 年第三季度降至 318% 的水平，下降了 3 个百分点。其中，发达经济体这一比例的下降幅度更大，达到 6 个百分点；新兴市场这一比例则延续增长势头（尽管增速放缓），直到 2017 年第二季度后才开始略有下降。这表明，新兴市场去杠杆进程滞后于发达经济体。

第二，在债务结构上，非金融企业债务是驱动新兴市场债务增长的主要力量。2007 年底至 2017 年第三季度，新兴市场家庭部门债务规模从 3.3 万亿美元增长至 10.2 万亿美元，其在整体债务中的占比从 15.6% 小幅增加至 16.7%；非金融企业部门债务规模从 8.5 万亿美元增至 28.1 万亿美元，占比从 39.7% 增至 46.0%，提高了 6.2 个百分点；政府部门债务规模从 5.5 万亿美元增长 13.7 万亿美元，占比从 25.9% 降至 22.4%；金融部门债务规模从 4.0 万亿美元增长 9.1 万亿美元，占比从 18.8% 降至 15.0%（图 6.23）。无论从规模还是占比上，非金融企业债务的增长程度都高于其他部门，成为新兴市场债务攀升的主要驱动者。

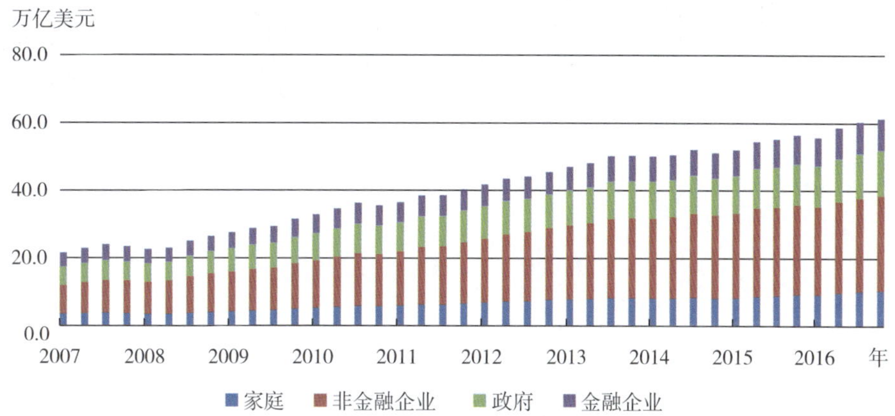

资料来源：IIF，中国银行国际金融研究所。

图6.23　新兴市场债务行业结构

第三，在币种结构上，新兴市场外币债以美元为主。截至 2017 年第三季度，新兴市场绝大多数经济体的本币债务占比达到 60%~80%，仅部分经济体（如阿根廷、中国香港、新加坡、土耳其）这一占比在 40%~50%。在外币债务中，除欧洲新兴经济体以欧元为主（如捷克、匈牙利、波兰、土耳其，占比在 16%~19%）外，主要新兴经济体均以美元为主（图 6.24）。

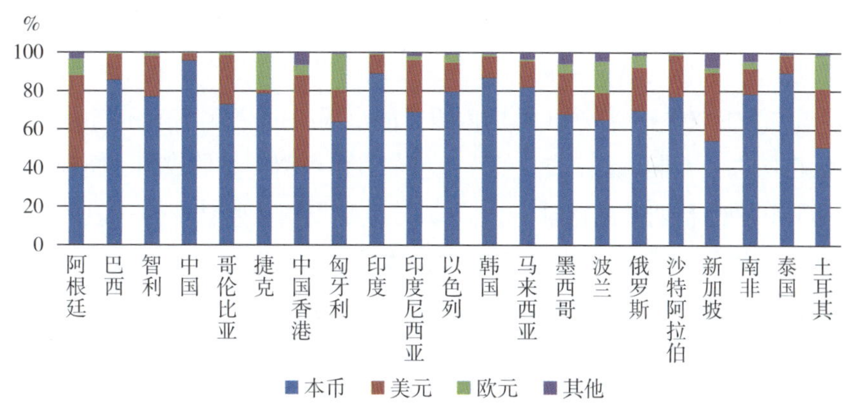

资料来源：IIF，中国银行国际金融研究所。

图6.24　新兴市场债务币种结构

第四，在期限结构上，新兴市场债务即将面临偿还高峰期。根据 IIF 的统计，阿根廷、巴西、智利等 26 个新兴经济体在三年内将面临债务偿还的高峰期。其中，2018 年、2019 年和 2020 年到期的债务（债券和贷款）将分别达到 30579 亿美元、32289 亿美元和 30050 亿美元，其中以美元计价的债务分别达到 8003 亿美元、8318 亿美元和 8637 亿美元，占比分别达到 26.2%、25.8% 和 28.7%。在 26 个新兴经济体中，2018 年面临债务偿还额较高的包括中国、韩国、印度等（图 6.25）。

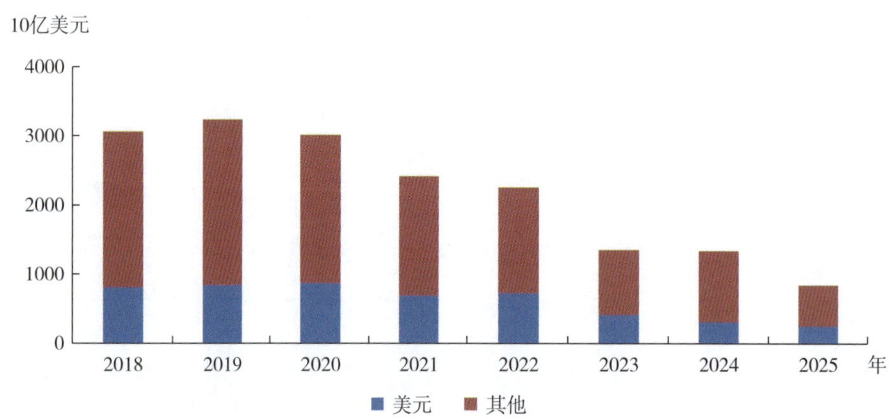

资料来源：IIF，中国银行国家金融研究所。

图6.25　新兴市场债务偿还额

（二）新兴市场进入去杠杆周期，债务风险显现

随着美联储货币政策正常化进程稳步推进，欧洲经济的复苏促使其央行考虑逐步退出宽松货币政策，全球流动性的紧缩和基准利率的抬升可能加重新兴市场债务负担。新兴市场将告别过去低利率环境下的杠杆化进程，而进入一个漫长而痛苦的去杠杆化周期，由此带来的信贷紧缩可能对本国经济增长、国际收支、资产价格等形成一系列压力。

全球融资条件收紧加剧新兴市场债务负担。在美联储连续加息的情况下，新兴市场对外融资的成本逐渐上升。根据 IIF 对新兴市场银行融资条件的调查，2017 年第四季度，新兴市场银行融资条件综合指数[①] 达到 51.1%，较上季度略有上升 0.4 个百分点，达到 2011 年第二季度以来的最高点，表明新兴市场整体的融资环境在放松。但从分区域来看，中东北非和撒哈拉以南非洲的融资条件分别为 46.7% 和 48.3%，表明该地区的融资环境仍在趋紧。从分项指标来看，新兴市场的贷款需求在不断增加，尤其是公司贷款需求增幅较大，尽管国内融资条件有所放松（从国内银行间市场或批发融资市场获得资金的成本、便利性），但国际融资条件却是趋紧的（从外国银行或其他跨境借贷者中获得资金的成本、便利性）。2018 年以来，在经济加速增长、通胀和加息预期升温背景下，美国以 10 年期国债收益率为代表的长期利率强势走高，收益率曲线逐渐陡峭化。截至 3 月 29 日，10 年期国债收益率的绝对水平从年初的 2.46% 攀升至 2.74%，最高时曾一度达到 2.94%。从全年走势来看，美债收益率将大概率走高，预示着全球实际利率中枢的上移和新兴市场融资条件的日益收紧，这将进一步加剧新兴市场的偿债压力。

① 采用“扩散指数”方法，当指标 >50% 时表示融资条件放松，当指标 <50% 时表示融资条件收紧。

（三）当前新兴市场发生大规模债务危机的概率较小

一是新兴市场增长前景趋于乐观。2018 年初以来，虽然金融市场波动有所加剧、全球贸易战和地缘政治风险等威胁上升，但全球经济更广泛地加快复苏的基本面并未改变。欧元区、日本等发达经济体走出谷底，需求迎来恢复性增长，以中国为代表的主要新兴市场内需保持强劲，经济持续运行在景气区间，推动全球经济保持了较好的增长态势。全球市场信心增强，需求显著扩张，为新兴市场创造良好的外部环境。尤其是，全球大宗商品价格回暖，将推动中东和北非地区增长加快，从而告别过去几年经济低迷的状态。

二是新兴市场抵抗风险能力显著加强。与 1997 年的金融危机相比，新兴市场总体上经常账户逆差更小、外汇储备处于相对历史水平高位。汇率制度方面，越来越多的新兴市场国家选择了浮动汇率制度，大量的外汇储备可以用来保证货币的稳定性，而不需要保卫固定汇率制度。一些新兴市场国家处于工业化初期，国内扩张性政策空间较为充裕。政府债务逐步由外债转为内债，20 世纪八九十年代新兴市场国家以美元举债和当地货币计算收益的货币错配问题在一定程度上得到纠正。

三是新兴市场危机救助机制不断改善。除 IMF 提供的救助措施之外，欧盟和亚洲均成立区域性的救助机制，欧盟在欧债危机后建立了欧洲稳定机制（ESM），总资本为 7000 亿欧元。亚洲（东盟 + 中日韩）则在《清迈倡议》的多边化机制下，创建了规模达 2400 亿美元的区域外汇储备库。金砖国家之间也建立了 1000 亿美元的外汇储备库，以共同应对金融动荡。此外，各国央行之间的货币互换协议也有助于解决大规模全球流动性短缺问题。

第四节　全球贸易摩擦加剧及其影响

2017 年特朗普上台后，美国政府在“美国优先”的施政纲领下，针对贸易方面的对外政策逐步实施，与世界各国的贸易纠纷日益增多。2018 年以来，伴随着美国针对光伏、钢铝、汽车等产品在全球发起多轮贸易争端，全球贸易摩擦呈愈演愈烈之势。在当前世界经济形势有所改善的情况下，全球贸易摩擦反而加剧，对全球金融稳定的影响不容忽视。

一、全球贸易摩擦加剧的背景

第一，当前全球贸易摩擦加剧是近年来逆全球化风潮的延续。2008 年金融危机对全球各国造成了巨大冲击。尽管当前世界经济早已走出衰退，但经济增长的动能明显不足，面临人口老龄化、劳动生产率下降、金融监管约束强化等多重制约。世界经济陷入“低增长、低通胀、高失业、高负债”的“新平庸”局面。从历史上看，经济低迷时期往往是逆全球化情绪高涨的时期，大萧条期间贸易保护主义盛行就是典型的例子。而 2008 年金融危机对全球造成的负面影响大大超过了大萧条时期，导致全球化动力逐步减弱。近年来英国脱欧、意大利公投、民粹主义崛起等“黑天鹅”事件频发，也凸显了全球化进程的困境。2017 年以来，尽管世界经济呈现复苏向好态势，但逆全球化潮流并未消退。当前全球贸易摩擦的各种表现是这一风潮的延续。

第二，全球贸易规则处于重构期，以世界贸易组织为代表的多边机制受到削弱。由于 2008 年国际金融危机以来世界政治经济格局发生巨变，各国对推进国际多边合作的意愿和动力有所减弱。世界贸易组织多边贸易体制举步维艰，各国转而以局部、双边等方式推进区域经贸合作。美国一度力推 TPP 和 TTIP，希望通过拉拢亚太或欧洲国家，形成符合美国国家利益的贸易合作圈。新兴市场也试图争取国际贸易更多话语权，构建更加合理的国际经济新秩序，金砖国家、RCEP 等各类合作机制不断崛起。在此影响下，全球贸易处于碎片化状态，世界贸易组织多边规则的影响力有所下降，导致全球贸易摩擦不断加剧。

第三，美国对全球化态度的转变是导致贸易摩擦加剧的最主要因素。在大部分历史时期，美国都是全球化的重要推动者，不仅通过发展信息技术、支持跨国公司发展等加快自身的全球化，还积极推动全球贸易和投资自由化，如率先推进北美自由贸易区的建立，积极参与亚太经合组织领导人会议，支持关贸总协定“乌拉圭回合”谈判和建立世界贸易组织等。然而，金融危机以来，美国出于维护国际经济规则主导地位的需要，不断强化其政策的单边主义色彩，对全球贸易秩序构成巨大威胁。尤其是特朗普上任后的一系列举措，具有极强的“美国优先”倾向。美国先后退出 TPP、巴黎气候协定等组织，退出伊朗核协议，弱化联合国地位，同时无视世界贸易组织规则，威胁对主要贸易伙伴加征关税，严重损害了国际合作信心，对全球贸易发展造成巨大冲击。

二、全球贸易摩擦加剧的表现

随着国际经济金融环境变化，全球贸易保护主义呈现出一些新特点和新表现。

第一，贸易保护实施主体逐渐从发展中国家转向发达国家。过去实施贸易保护的国家主要是发展中国家，此类国家大多实行进口替代战略，基于幼稚产业保护理论，为了保护国内刚刚起步或发展比较薄弱的新兴产业，通常会实施有选择的贸易保护和扶植政策。2008 年国际金融危机之后，发达国家转向贸易保护主义的态势更为明显。全球贸易预警组织经济政策研究中心的统计显示，近几年采取贸易救济措施最多的国家分别为美国、德国、法国、英国、意大利等发达经济体。尤其是自特朗普上台之后，美国的去全球化和贸易保护主义倾向更加严重，上任伊始就签署文件正式退出 TPP，并试图对北美自由贸易协定（NAFTA）、世界贸易组织规则等进行重新磋商；甚至利用“232 调查”和“301 调查”等贸易保护手段，直接挥舞起贸易保护的大棒，对美国进口钢铁和铝产品征收高额关税，并以知识产权保护为借口对中国开展贸易制裁。发达经济体对全球化和自由贸易态度的转变，加剧了全球经济和贸易发展的不确定性。

第二，贸易保护争端逐渐由“美中摩擦”扩展到“美欧和美日摩擦”。当前，全球贸易保护主义的主要发起者是美国，其制裁对象初期主要是中国、墨西哥等对美有较大贸易顺差的发展中国家，后来逐渐演变为同时针对欧元区和日本等发达经济体，贸易保护和制裁对象逐渐扩大化，贸易摩擦的广度和深度逐渐加剧。作为全球第一贸易大国，中国历来是贸易保护最大的受害国。2017 年中国共遭遇 21 个国家（地区）发起的贸易救济调查 75 起，涉案金额 110 亿美元，中国连续 23 年成为全球遭遇反倾销调查最多的国家，连续 12 年成为全球反补贴调查最多的国家。进入 2018 年，出于遏制中国崛起、兑现竞选承诺、提升支持率等目的，特朗普不断对中美贸易施加压力，中国也实施了相应的反制措施，中美在贸易领域的摩擦逐渐加剧。5 月底，在中美两国历经两轮磋商达成不打贸易战共识并发表加强经贸领域合作的联合声明后，白宫单边宣布针对中国知识产权保护举措的声明，决定将于 6 月 15 日公布征收 25% 关税的 500 亿美元中国产品最终名单，自 6 月 30 日起公布歧视性投资限制和出口管制措施，并于不久后实施。这显然有悖于不久前中美双方在华盛顿达成的共识。中国商务部和外交部也相继表态，敦促美国遵守贸易问题联合声明；如果美方在贸易问题上肆意妄为，中方将采取相应措施。

与此同时，美国与欧盟、日本之间贸易摩擦也逐渐升级。早在3月特朗普决定对进口钢铁和铝产品征收高额关税时，欧盟就予以坚决反对，并威胁将采取反制措施对美国出口产品征收关税。5月18日，欧盟发表声明称，已经以书面形式通报世界贸易组织，准备自6月20日起，对从美国进口的大米、玉米、花生酱和钢材等28.3亿欧元商品征收25%的对等关税；此外，可能从2021年3月开始，对不同的美国商品分别征收10%~50%的关税，涉及美国商品价值约40亿欧元。欧盟还决定启用20多年前制定的规定，应对美国恢复对伊朗的经济制裁，减弱欧盟国家企业所受不利影响。5月23日，美国商务部表示，将根据"232条款"调查汽车和零部件进口是否削弱美国"内部经济"，将汽车产业列为新打击目标；5月31日，决定对欧盟、加拿大和墨西哥的钢铝产品征收惩罚性关税，其中涉及60多亿欧元的欧盟对美出口。此举招致美国盟友和贸易伙伴的反对，在6月2日的G7财长峰会上，法德等六国将美国排除在外，发表联合声明集体谴责美国，表达对美国贸易保护政策的不满和担忧。而且按照之前计划，6月20日，欧盟将正式对美国28.3亿欧元商品征收对等关税。

日本政府也告知世界贸易组织已准备好采取报复措施，反对美国对其钢铁和铝制品征收关税，一改早先对美国的缓和立场。日本外务省在声明中称，日本政府有权对价值500亿日元（约合4.51亿美元）的美国商品征收关税，这相当于美国对日本商品征收关税的规模。随着欧盟与日本加入，全球性贸易摩擦愈演愈烈。

第三，摩擦从单纯的贸易领域逐渐扩展到综合的经济和社会领域。从贸易保护所涉及领域看，从以往的传统商品贸易领域不断扩展至要素流动和投资领域，甚至波及汇率、产业政策、劳工保障、人权、军事和外交等领域，并与贸易问题相互叠加、交织，使问题更加复杂化、无序化。以最近的中美摩擦为例，除了在贸易领域经历了五轮交锋，在投资、地缘政治和国家安全等领域，美国对中国都表现出明显对立态度。2017年11月，美中经济与安全审查委员会（USCC）发布报告，将中国在美国投资妖魔化，称中国投资美国主要是为了获取美国的关键技术和核心资产，并指控中国利用美国法律的"便利"和"漏洞"侵害美国国家利益。与此同时，美国外国投资委员会（CFIUS）逐渐加强对中方企业的安全审查，越来越多针对美国公司的中国投资或并购陷入停滞。遇阻的典型案例有蚂蚁金服收购美国汇款服务公司MoneyGram、中资背景财团收购美国半导体公司Lattice、忠旺集团收购美国铝业公司Aleris等。近年来因安全审查而导致并购受阻的中国企业投资项目金额已超过500亿美元。此外，美国冷战思维沉渣泛起，将中国列为国家安全主要威胁者。2017年底美国发布的《国家安全战略报告》，将中国与俄罗斯称为试图改变国际秩序现状的"修正主义国家"，并与伊朗和朝鲜以及国际恐怖组织并列为三大对美威胁。美国罔顾事实，渲染所谓大国竞争和中国军事威胁，充斥着零和博弈和对立对抗的冷战思维，严重伤害了中美关系，进一步加剧了贸易领域的对抗和冲突情绪。

三、全球贸易摩擦可能加剧全球及中国金融风险

金融是服务实体经济的血脉，金融行业的利润也主要来自实体经济。全球贸易摩擦加剧影响全球投资者信心，并将从贸易渠道、资金渠道等多个层面冲击到金融体系的稳定。

第一，全球贸易衰退，实体经济下行风险加大。近几年全球经济低迷发展都跟贸易活动不振密切相关。在爆发贸易战的背景下，全球贸易面临巨大的衰退风险，进而冲击实体经济发展，金融稳定面临新的巨大挑战。2018 年 3 月，美国税收基金会（Tax Foundation）智库研究显示，对中国 1500 亿美元产品加征关税，会导致美国 GDP 和工资下降 0.1 个百分点（表 6.4）。更严重的是，关税将导致进口商品和通胀上行，美联储可能以更快的速度加息，投资者可能大量买入美国国债，导致收益率曲线反转，最终可能引发美国经济衰退。全球性的公司企业利润预期下滑、违约率上升，资本市场必将大幅下行，银行业不良率上升，金融体系稳定面临巨大的挑战。

表6.4　特朗普对中国1500亿美元商品征税的经济影响预测

指标	变动情况
长期GDP增速变化（%）	−0.1
长期GDP规模变化（亿美元）	−206
长期工资增速变化（%）	−0.1
全职工作岗位变化（个）	79000

资料来源：Tax Foundation Taxes and Growth Model.

AMRO 发布的《2018 东亚区域经济展望报告》则表示贸易战中没有赢家。美国对中国及其他国家发起的贸易保护争端也将对东盟和其他亚太地区的成员国带来明显冲击。AMRO（2017）利用贸易全球向量自回归模型来估计中美出口震荡带来的溢出效应和反馈效应（表 6.5）。该模型假设中国对美国的出口额减少 1000 亿美元，而中国采取“适当”对策导致美国对华出口减少 300 亿美元。

在该模拟情境下，《2018 东亚区域经济展望报告》得出两点结论。

一是中美两国都会受到负面影响，并且美国受到的影响相对更大、更为持久。这是由于美国经济更为开放，因此受到来自其他贸易伙伴的贸易和金融业务所受影响而产生的反馈效应可能性更大，而中国由于拥有很大的政策空间，一直以来都能利用经济稳定器有效缓解冲击。

二是全球化导致了对其他经济体产生更大的溢出效应和反馈效应，两大经济巨头任何需求冲击的结果都将影响全世界。与美国出口相比，中国出口的大幅度下降对东盟与中日韩各成员经济增长的影响更大。对于受到影响的经济体而言，受影响的程度取决于中美在贸易冲突上预期损失的绝对规模以及其乘数效应。虽然中美两国向对方的出口额占本国 GDP 的份额均较小，但其“连带损害”对其他小国经济增长的影响可能更大。

第二，投资者信心遭到冲击，全球股汇债市场价格波动增加。在贸易面临衰退、经济增长可能放缓的预期下，全球的跨境投资者将寻求美元、国债、黄金等安全资产，带来全球跨境资本流动无序发展，引发汇率、利率、股市等资产价格大幅动荡。

表6.5　贸易全球向量自回归模型分析结果：中美贸易战对部分东亚经济体的预计总体影响

国家	出口额								对GDP的预计总体影响					
	美元（10亿）			总百分比（%）		占本国GDP的百分比（%）			增长百分率（%）					
									由1%的中国出口下降带来的冲击		由1%的美国出口下降带来的冲击		总体冲击	
	全球	中国	美国	中国	美国	全球	中国	美国	1年	3年	1年	3年	1年	3年
美国	1545.6	130.4	—	8.4	—	8.0	0.7	—	−0.03	−0.05	−0.05	−0.09	−0.23	−0.39
中国	2280.1	—	433.7	—	19.0	18.0	—	3.4	−0.03	−0.03	−0.02	−0.02	−0.18	−0.16
发达经济体														
日本	698.1	132.8	135.1	19.0	19.3	14.4	2.7	2.8	−0.03	−0.10	−0.03	−0.02	−0.20	−0.16
韩国	562.0	141.2	68.7	25.1	12.2	36.7	9.2	4.5	—	—	—	—	—	—
新加坡	366.1	53.9	24.3	14.7	6.6	109.4	16.1	7.2	−0.10	−0.80	−0.16	−0.16	−0.77	−0.76
新兴市场和发展中经济体														
泰国	236.4	29.4	26.5	12.4	11.2	50.0	6.2	5.6	—	—	—	—	—	—
马来西亚	217.8	27.4	20.5	12.6	9.4	65.4	8.2	6.2	0.00	0.01	0.01	0.02	0.02	0.20
越南	211.9	30.7	42.7	14.5	20.1	94.9	13.7	19.1	—	—	—	—	—	—
印度尼西亚	168.5	22.9	17.8	13.6	10.6	16.8	2.3	1.8	−0.08	−0.12	−0.06	−0.10	−0.45	−0.75*
菲律宾	62.8	6.9	9.2	11.0	14.6	19.8	2.2	2.9	—	—	—	—	—	—
柬埔寨	10.7	0.7	2.3	6.9	21.5	53.4	3.7	11.5	—	—	—	—	—	—

注：一些成员经济体的数据不完整，未纳入模型分析。*指出现异常值的国家；其余国家在0.2~0.5范围内。
资料来源：国际货币基金组织的贸易方向统计数据库、国际金融统计数据库、各国官方机构、经合组织贸易增加值数据库和AMRO计算。

自2018年1月底以来，贸易保护主义凸显，导致全球投资者抛售手中的资产，亚太地区和欧洲的股市均下跌了约5个百分点。最明显的是，美国股市在此期间的跌幅最大，约为6%（图6.26）。

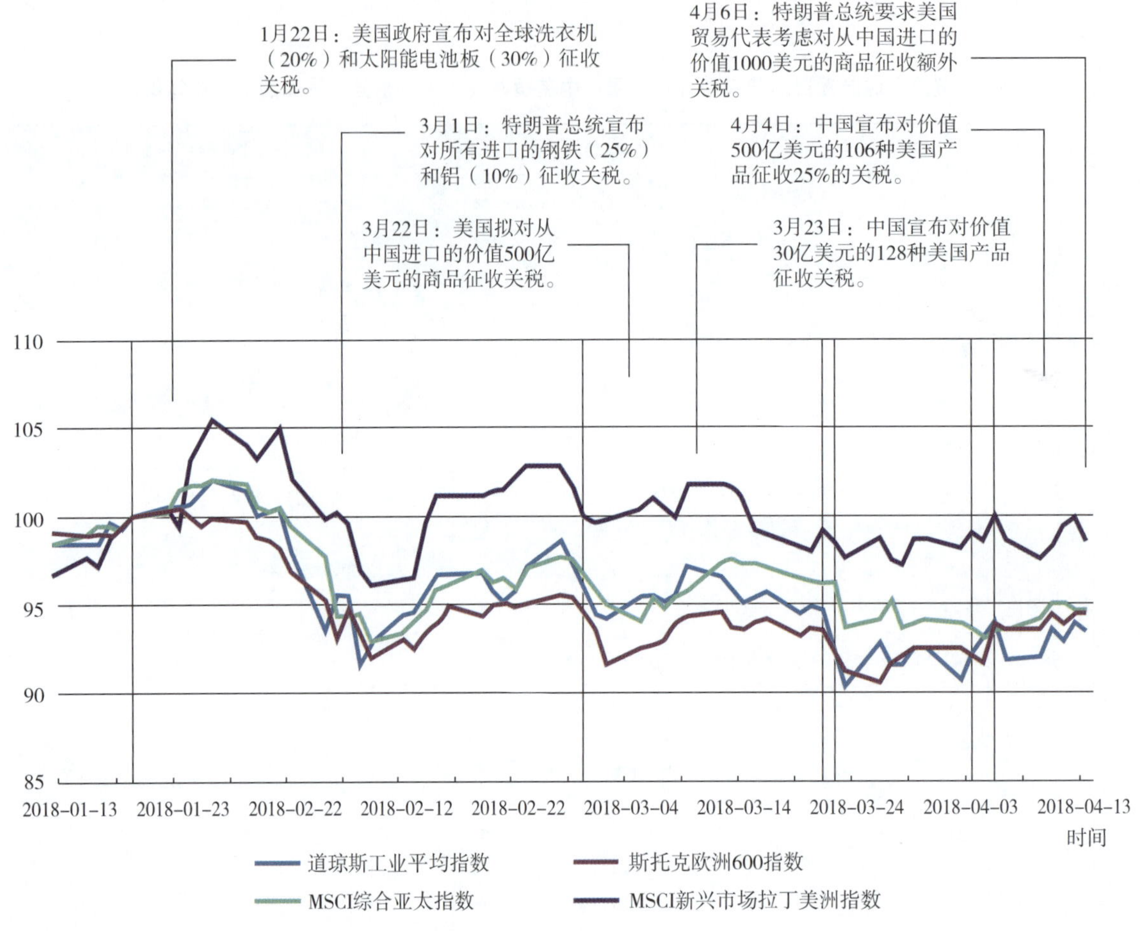

资料来源:彭博、MSCI、各种财经新闻和 AMRO 计算。

图6.26　全球市场:紧张局势升级（纵坐标:2018年1月22日=100）

目前，美元指数再次波动上行，逐渐逆转年初疲弱走势，美国 10 年期国债收益率受避险情绪影响，在触及 3.1% 高点后逐渐回落（图 6.27）。

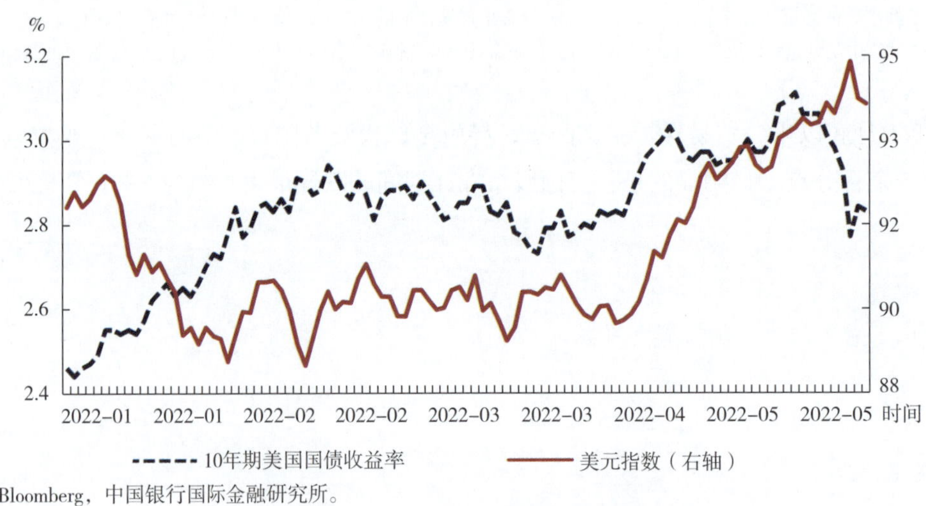

资料来源：Bloomberg，中国银行国际金融研究所。

图6.27　美元指数与国债收益率走势

随着美元强势反弹，叠加美联储加息预期升温，许多金融脆弱性较高、外部贸易和融资依赖度高的新兴市场国家将面临金融压力，可能爆发债务危机风险。其中，阿根廷比索首当其冲，5 月 3 日对美元暴跌 8.5%，创 2015 年 12 月以来最大单日跌幅，2018 年以来累计下挫超过 25%。5 月中旬，土耳其接棒，里拉在 5 月跌幅高达 17%，价格刷新历史最低。其他新兴市场也未能幸免，截至 2018 年 6 月初，巴西雷亚尔对美元年内贬值达 13%，俄罗斯卢布下挫 8%，印度卢比、菲律宾比索贬值超过 4.5%，印度尼西亚卢比、墨西哥比索、韩圆、南非兰特等均对美元呈下行趋势（图 6.28）。新兴市场国家开始显现危机苗头，由全球贸易战升级带来的金融稳定威胁已经逐渐变为现实。

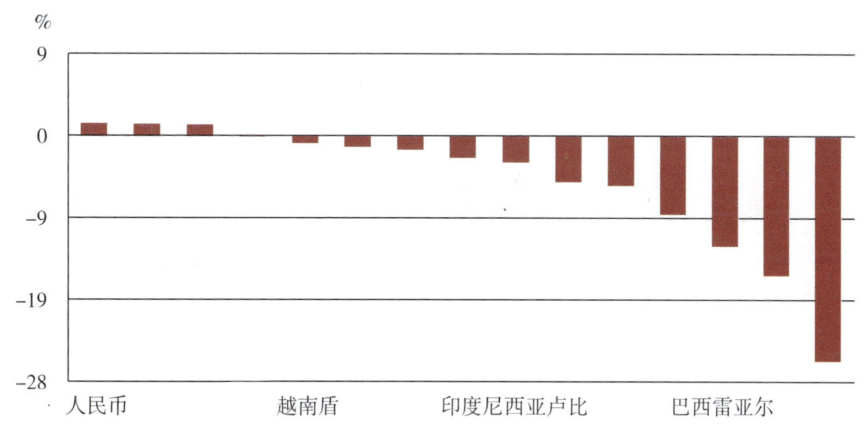

资料来源：Bloomberg，中国银行国际金融研究所。

图6.28　主要新兴市场货币兑美元汇率变动（较2018年初）

第三，贸易战对中国经济和金融体系稳定的冲击不容忽视。中美两国是世界最大的经济体，双边的投资贸易发展是中美两国关系稳定的压舱石，中美贸易战一旦爆发将严重伤害我国出口贸易和经济发展，2018 年我国贸易顺差将显著缩窄，对经济增长贡献下降。2018 年 3 月，我国进出口贸易逆差 49.8 亿美元，为近一年来首次；第一季度经常账户逆差 282 亿美元，为 2002 年来首次（图 6.29）。2017 年货物和服务净出口对 GDP 增长贡献度为 9.1%，逆转了之前两年的负增长态势，预计 2018 年该数值可能会再次由正转负，将对我国经济增长形成部分抑制。

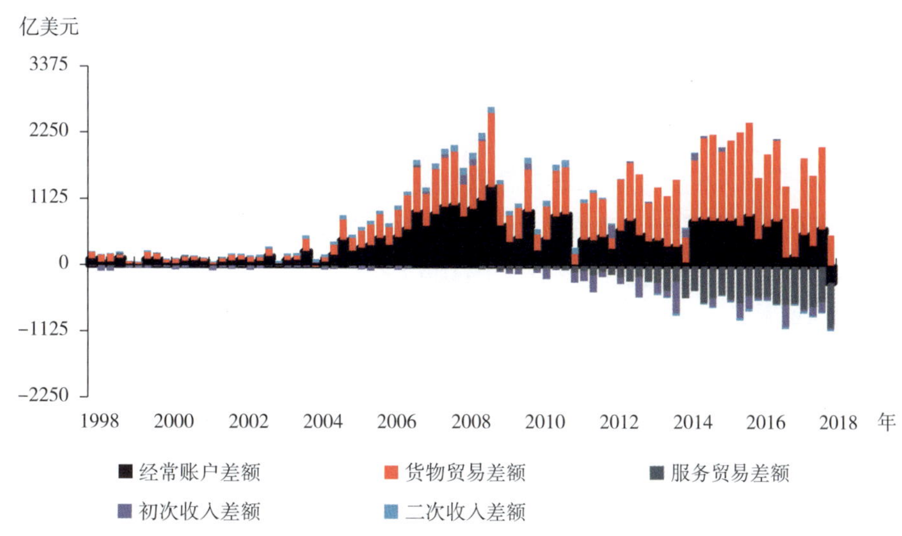

资料来源：Wind资讯，中国银行国际金融研究所。

图6.29　我国季度经常账户变动情况

中美贸易战升级对我国金融市场同样会带来较大冲击。从股市角度看，在最近几次中美贸易战升级和美联储加息当天，我国股市都跟随美股出现调整。未来中美贸易摩擦将长期持续，美联储加息讨论将阶段性升温，加大了中国股市波动程度。

人民币汇率存反转风险。2017 年以来在美元大幅回调带动下，人民币汇率累计升值超过 8.5%，远超市场预期。但随着中美贸易摩擦不断反复加剧、美联储加息节奏加快、中美利差缩窄、美国经济增长提速，未来一段时间美元指数可能会继续走高，人民币汇率短期波动风险加大（图 6.30）。

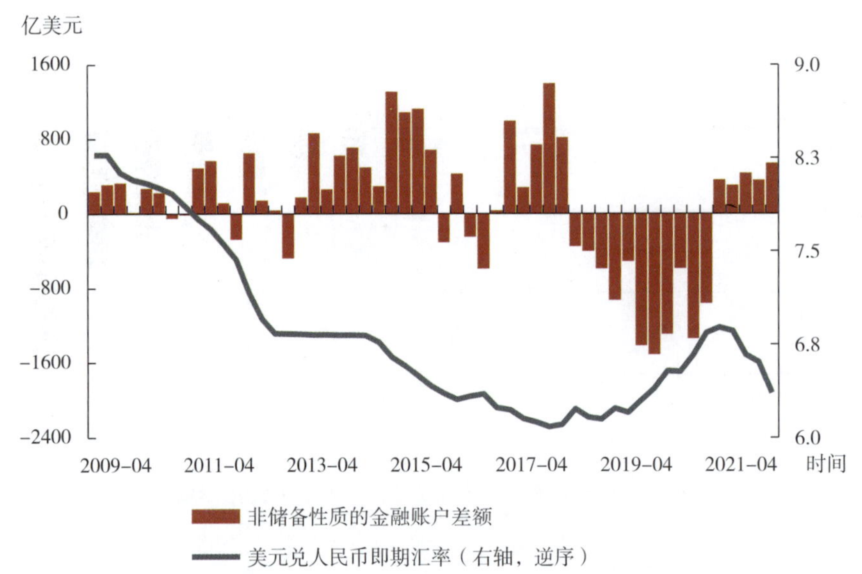

资料来源：Wind资讯，中国银行国际金融研究所。

图6.30　非储备性质的金融账户差额与人民币汇率关系

我国跨境资本流动形势可能会再次恶化。2015 年，我国实施了“8・11”汇改，美联储于当年底正式开启加息进程，导致境内居民和企业加紧全球资产配置步伐，跨境资本大量外流，外汇储备急剧下滑，并与汇率贬值相互强化形成负反馈效应。当前，尽管跨境资本流动形势有所好转，但随着中美贸易摩擦不断加剧，人民币汇率波动风险加大，外资流入可能减少，可能将触发跨境资本流动方向再次逆转。

《2018 年度东亚区域经济展望报告》指出，中美之间贸易战持续和升级的时间越长，对全球经济增长的损害就越大。如果其他经济体或地区被迫加入贸易冲突，情况还会恶化。历史上最典型的是 20 世纪美国 1930 年《斯姆特—霍利关税法》引发的贸易战，普遍认为其加剧并延长了大萧条。这场贸易战给西方国家的政治留下了不可磨灭的印记，进而诞生了《关税与贸易总协定》和世贸组织以及在过去 70 年支撑全球贸易政策的基于规则的多边贸易体系。鉴于这些年全球化明显增强了国际贸易和金融一体化，如今大规模贸易战的任何影响在范围和强度上肯定都会被放大。因此，为维护全球利益，我们应该通过既定多边体系而非单边行动解决贸易争端。

附录　构建中国金融条件指数

■ 刘昕　马绍之①

2008 年国际金融危机之后，各国对于金融的波动性及其对宏观经济影响的反思从未停止，其中一个重要成果就是将金融因素纳入宏观经济模型。

按照西方中央银行的理论模型，中央银行仅通过调节短期政策利率就可以影响各经济主体在消费与投资上的决定，然而，从实证经验看，货币政策在传导过程中面临诸多限制，例如金融机构面临的制度上或监管上的约束会导致资金供给不足，又如借款者与资金出借者之间的信息不对称也会导致资金价格偏离均衡水平。

将金融因素纳入政策考量已成为发达国家央行的惯例。以美国联邦储备系统为例，堪萨斯城联储、芝加哥联储以及圣路易斯联储都会定期发布各自编制的金融条件指数（Financial Condition Index，FCI）或金融压力指数（Financial Stress Index，FSI）来衡量国内金融状况，以辅助联邦公开市场委员会（FOMC）货币政策的制定。

目前，中国仍缺乏综合衡量金融环境的量化指标。自 2018 年起，“宽货币 + 紧信用”的现象表明，无论是短端货币市场利率或长端企业贷款利率均不足以精确度量社会整体的融资成本。

在此背景下，第一财经研究院推出中国金融条件指数（China Financial Condition Index，CFCI）。根据实证分析，中国金融条件指数是反映中国广泛经济主体融资成本、融资条件和融资可得性的综合指标，是社融存量增速及 M_2 增速的先行指标，并对产出缺口产生影响，为观察中国宏观金融环境提供新的角度。通过分析中国金融条件指数与股票、债券、房地产、大宗商品和人民币汇率之间的关系可以发现，该指数可为投资者预判资产价格提供帮助。

第一节　金融条件指数的理论背景

货币政策对实体经济的传导渠道是理解金融条件指数的起点。近年的研究都将货币政策对于实体经济的传导渠道分为两类。第一类被称为“新古典主义学派”（neoclassical），即传统的基于投资、消费和

① 刘昕、马绍之是第一财经研究院研究员；第一财经研究院吴越、何啸对本文也有贡献。

贸易的货币政策传导渠道。央行通过调整短期政策利率来影响长期利率以及各经济主体的投资和消费决定，贸易渠道则反映了实际汇率对出口的影响。第二类则被称为“非新古典主义学派”（non-neoclassical），它几乎囊括了所有除“新古典主义学派”之外的渠道，包括资产负债表渠道、银行准备金渠道以及风险承担渠道。“非新古典主义学派”强调信贷融资市场是不充分的（imperfection in credit supply），这是由于金融中介的制度性约束、政策干预以及信息不对称所导致的（IMF，2017；Hatzius et al., 2010）。

在“新古典主义学派”下，市场是充分的，仅靠利率或价格本身就足以用来刻画金融条件。衡量经济主体资金成本的变量包括贷款利率、消费利率、收益率曲线形态、信贷利差等，这些变量长期以来都被当作衡量未来经济活动表现的金融指标。

而在“非新古典主义学派”下，市场是不充分的，仅靠价格指标来衡量金融条件是不完整的，这也是数量指标或调查结果发挥作用的地方。在原先价格指标的基础上，“非新古典主义学派”的金融条件指数会增加对流动性的衡量以及对金融中介出借资金的能力和意愿的考察等。股票价格和房地产价格等通过财富效应影响家庭跨期消费行为的指标通常会被纳入金融条件指数的构成。交易量有助于量化信贷的实际可得性，而针对机构出借贷款的标准和条件的问卷调查可用来评估未来信用的可获得性。就信息不对称而言，抵押品价格通常对借款人能否获得资金至关重要，而抵押品价值的不确定性会成为借款人获得资金的阻碍，因此主要抵押品的资产价格及其波动性也是构建金融条件指数的有用指标（Hatzius et al., 2010；Angelopoulou et al., 2013）。

正因为金融条件指数与货币政策之间的紧密联系，金融条件指数可以被视作货币条件指数（monetary condition index）的延伸。除了美联储之外，欧央行、加拿大央行以及新西兰央行等都曾编制过货币条件指数或金融条件指数来辅助货币政策的制定。金融条件指数也与金融压力指数息息相关，主要用来示意金融市场的脆弱情况或提前识别可能发生的金融压力，有助于探寻金融与宏观经济之间的联系（Carlson et al., 2012）。

从指数的构建方法上来看，指数中各个构成指标的权重主要由以下三种方法所决定：一是各指标等权重分配，如彭博所编制的金融条件指数以及国际货币基金组织所编制的发达国家金融压力指数；二是通过主成分分析法（principal component analysis）中的因子载荷给各指标赋予权重，如圣路易斯联储、芝加哥联储以及堪萨斯城联储所编制的指数；三是通过结构化的向量自回归（structural VAR）模型来确定各指标权重，如高盛金融条件指数（Manamperi，2013）。

第二节　基于中国国情构建中国金融条件指数

2018 年以来，中国金融市场呈现出“宽货币 + 紧信用”的景象，无论是短端货币市场利率或长端企业贷款利率都不足以精确度量社会整体融资成本。自 2018 年起，人民银行放缓了“加息”的步伐，截至 8 月底，人民银行仅在 4 月中旬分别提高公开市场逆回购利率与中期借贷便利利率 5 个基点，并且三次实施“定向降准”措施鼓励金融机构支持小微企业融资。然而，社融存量增速与 M_2 增速依然呈下降态势，7 月社融存量的同比增速下降至 10.3%，为社融数据公布以来的最低值。短端较为宽松的货币状况与长端偏紧的信用扩张形成鲜明对比，这其中固然有货币政策传导至实体经济的时滞效应，但金融严监管对金融机构和市场情绪的影响也不可小觑。

即使是受货币政策影响最为直接的货币市场也会出现“流动性分层”的现象（图 1）。自 2016 年起，中国人民银行建立公开市场每日操作常态化机制，银行间货币市场利率很大程度上反映了央行的货币政策立场。在货币市场的参与主体中，一级交易商大多由银行组成，是央行进行公开市场操作的对手方，因此存款类机构的质押式回购利率被牢牢控制在常备借贷便利（利率走廊上限）的下方。与之对应的是，银行间质押式回购利率波动幅度较大且突破利率走廊上限的情况时有发生，这代表了非银金融机构在批发市场的流动性风险要远高于银行。作为实体经济的重要融资渠道之一，非银金融机构的融资不稳定性也会传导至实体经济。

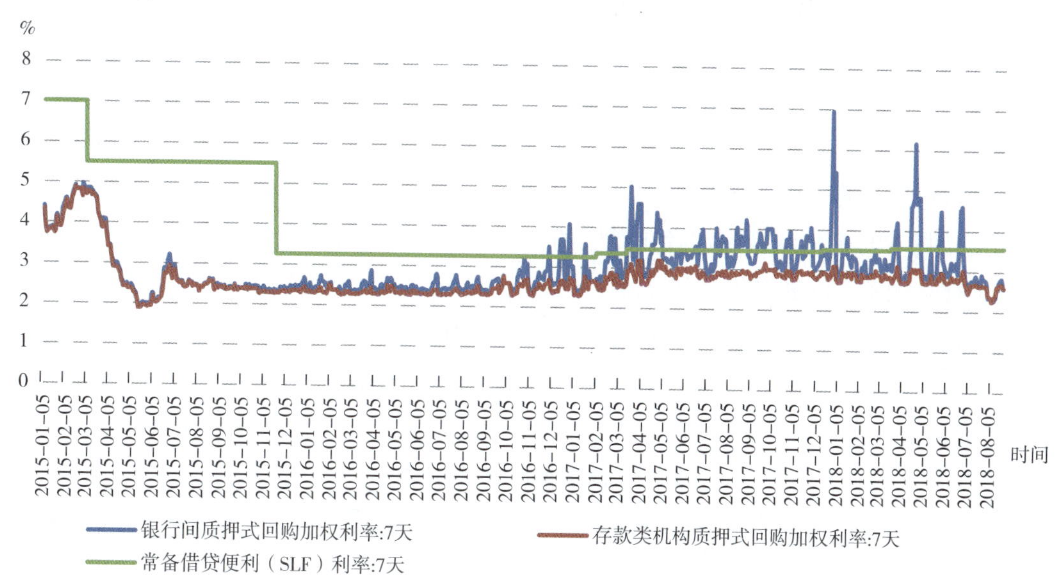

资料来源：Wind，第一财经研究院。

图1 银行间市场存在“流动性分层”现象

衡量社会整体金融环境应尽可能多地考量各类主体的融资状况。以债券市场为例，2018 年初至 8 月 28 日，货币市场同业拆借平均利率下降约 30 个基点，带动 5 年期国债利率下降约 47 个基点；同时，由于债券市场各发行主体的信用资质不同，其所承担的融资成本也有所差异，5 年期 AAA 级城投债、企业债以及资产支持证券与国债利差分别下降约 48 个、50 个和 24 个基点（图 2）。普通企业通过未来的经营现金流来支付利息；城投企业依赖地方政府作为隐形担保人；资产支持证券则以包含贷款或应收款在内的资产池作为信用担保。任何单一券种的利率走势都无法代表实体经济在债券市场的实际融资成本。

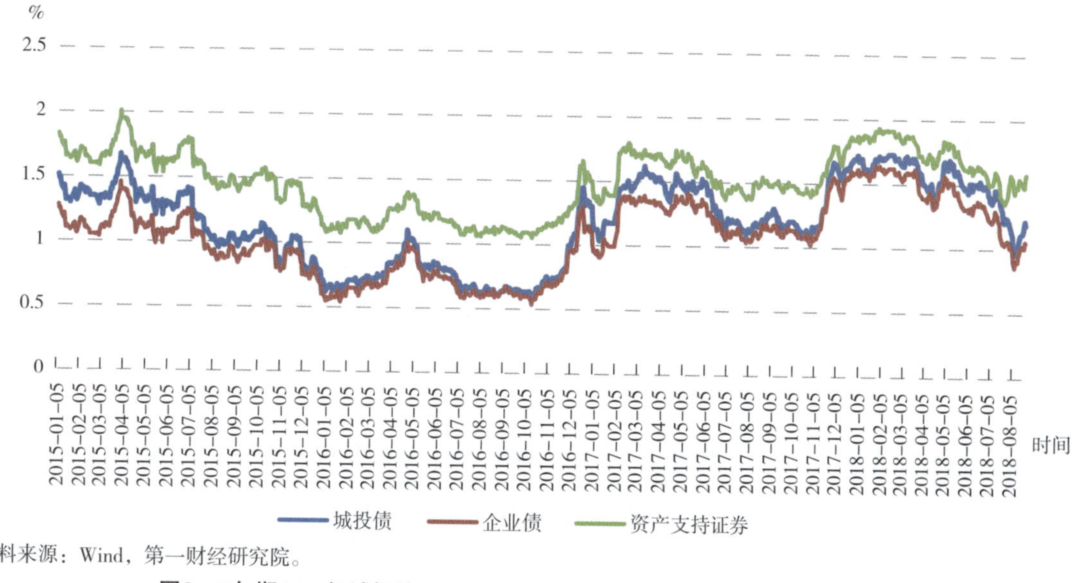

资料来源：Wind，第一财经研究院。

图2 5年期AAA级城投债、企业债以及资产支持证券与国债之间的利差走势

在此背景下，第一财经研究院推出中国金融条件指数，即反映中国广泛经济主体融资成本、融资条件和融资可得性的综合指标，为观察中国宏观金融环境提供新的角度。利率、资产价格和风险偏好都是影响指数走势的重要因素。

一、中国金融条件指数的构成方法

第一财经研究院编制的中国金融条件指数包含基于交易数据的日度指数以及综合交易数据和统计数据的月度指数。指数通过主成分分析法以最大限度抓取中国银行间同业拆借市场、债券市场、股票市场以及银行信贷等融资渠道的变化信息（表 1）。

日度指数使市场参与者与政策制定者在滞后的宏观金融数据公布之前形成预判，而月度指数则能更为全面地反映全社会融资条件的变化。

指数值为标准分数（z-score），高于零的数值代表相对紧缩的金融环境，低于零的数值代表相对宽松的金融环境。日度指数将 2015 年 1 月 5 日至 2018 年 8 月 28 日的均值设为零，月度指数将 2008 年 9 月至 2018 年 7 月的均值设为零。

表1 金融条件指数的指标体系

银行间同业拆借市场	债券市场	股票市场	银行信贷及其他
七天质押式回购利率	10年期国债收益率/3个月国债收益率	上证综合指数日收益率	金融机构人民币贷款加权平均利率
七天质押式回购利率/隔夜质押式逆回购利率	农商行6个月同业存单利率/国有银行6个月同业存单利率	上证综合指数日收益率的30天滚动波动率	金融机构人民币贷款加权平均利率/1年期理财产品预期收益率
3个月Shibor利率/3个月国债收益率	5年期城投债收益率/5年期国债收益率	恒生AH股溢价指数	社融存量同比增速
七天质押式回购利率/存款类机构七天质押式回购利率	5年期企业债收益率/5年期国债收益率		M_2同比增速
	5年期资产支持债券收益率/5年期国债收益率		
	5年期中期票据收益率/5年期国债收益率		
	1年期短期融资券收益率/1年期国债收益率		
	中债总净价指数		
	中债总净价指数的30天滚动波动率		

资料来源：第一财经研究院。

1. 日度指数指标介绍

构建高频度指数的优势在于其具有前瞻性，能够让市场参与者与政策制定者在滞后的宏观金融数据公布之前形成预判，但由于一些低频的宏观金融指标被排除在外，高频指数的信息略有缺失。这个缺憾与中国的金融体系特征相关。在中国，地方政府、企业与居民的主要融资渠道依然是传统的银行信贷，商业银行的存贷款基准利率依然是衡量各经济主体融资成本最重要的指标，但这些相关指标因为更新频率较低而无法被包括在高频指标中。所幸的是，随着中国利率市场化的不断深入以及直接融资的发展与成熟，许多直接融资的价格指标同样可以帮助我们衡量中国的金融条件。

日度指数指标的覆盖范围为银行间同业拆借市场、债券市场以及股票市场，时间序列为 2015 年 1 月 5 日至 2018 年 8 月 28 日。

（1）银行间同业拆借市场

由于银行等金融机构可以通过同时调整资产和负债来进行资产配置，因此金融机构的负债成本也是考察中国金融条件的重要因素。

a）银行间市场的七天质押式回购利率（R007）由于与中国货币政策立场紧密相连，因此被视作衡量资金成本的“基准”利率。b）银行间市场的七天质押式回购利率与隔夜逆回购利率的利差（R001）的利差以及c）上海银行间同业拆放利率（Shibor）与国债收益率之间的利差则反映了银行间市场的流动性或机构之间互相拆借资金的意愿，利差上升代表了银行间市场流动性的恶化。d）银行间市场的七天质押式回购利率与存款类机构七天质押式回购利率（DR007）的利差反映了银行与非银金融机构之间的信用利差，以及目前被广泛讨论的银行间市场流动性分层的问题。

（2）债券市场

过去十年以来，中国债券市场的品种以及发行主体的覆盖范围越发广泛，债券融资占社会融资规模的比例稳步上升。虽然在多头监管下，债券市场的割裂形态依然存在，但由于其参与主体主要为各类金融机构，中国债券市场的成熟程度与股票市场相比还是比较高的。

债券的收益率形态或斜率一直是货币政策对宏观经济的主要传导渠道之一，影响着经济主体对于跨期消费与投资的决定。e）10年国债收益率与3个月国债收益率之间的期限利差一直被认为是预测未来经济增长最具解释力的指标之一。f）农商行发行的6个月同业存单利率与国有银行发行的6个月同业存单利率衡量了国有大行与中小银行在负债成本上的差距；除此以外，同业存单利率作为Shibor报价的补充，是中国利率市场化进程中重要的一环。g）5年期城投债与国债之间的收益率差衡量了地方融资平台的信用风险溢价。h）5年期企业债与国债之间的收益率差衡量了发行企业或背后募投项目的信用风险溢价。中国资产支持证券（ABS）包含银行信贷的资产证券化以及企业资产证券化，i）5年期ABS债与国债之间的收益率差衡量了背后基础资产池的信用风险溢价。中期票据与短期融资券的发行主体一般也为实体企业；相较于企业债，中期票据与短期融资券的发行制度更为灵活，着重于企业的财务经营而非项目规划，因此j）5年期中期票据与国债之间的收益率差以及k）1年期短期融资券与国债之间的收益率差同样反映了企业的流动性风险溢价以及信用风险溢价。除利率之外，债券作为主要的抵押资产，其价格以及价格的波动性都能反映市场情绪，这在l）中债总净价指数以及m）中债总净价指数的30天滚动波动率上均有所体现。

（3）股票市场

除债券市场之外，股市也是政府近年来大力推行的另一直接融资市场。虽然中国股票市场在新股发行制度、市场退出制度以及信息披露等方面均存在一定的制度性缺陷，但股市的日常交易数据依然可以为我们衡量企业在权益市场的融资条件提供一些信息。

n）上证综合指数日收益率以及o）上证综指的30天滚动波动率可以反映股票市场的回报及投资者情绪。在我们假设港股是一个较为充分市场的前提下，由恒生指数服务公司编制的p）AH股溢价指数可以反映中国A股市场的流动性以及融资条件。

各指标之间的相关系数显示，债券市场各券种之间存在较为显著的共振关系。在五个相关系数最高的组合中，城投债与国债之间的利差占据了其中三个组合，这表明在短期的债券市场波动中，对信用风险定价最为关键的因素在于城投企业或地方政府融资平台，而非普遍认知上的企业。另外，上证综指日收益率与其他各指标之间的相关性均近乎为零，表明中国股票市场的表现与其他市场几乎是割裂的（表2）。

表2　日度指数各指标之间的相关系数

	a	b	c	d	e	f	g	h	i	j	k	l	m	n	o	p
a	1.000															
b	0.614	1.000														
c	0.612	0.320	1.000													
d	0.669	0.482	0.170	1.000												
e	−0.512	−0.007	−0.140	−0.305	1.000											
f	0.389	−0.112	0.320	0.311	−0.364	1.000										
g	0.452	0.437	0.692	0.104	−0.006	0.048	1.000									
h	0.431	0.199	0.550	0.214	−0.163	0.497	0.715	1.000								
i	0.497	0.383	0.695	0.240	−0.069	0.099	0.900	0.638	1.000							
j	0.293	0.404	0.521	−0.012	0.096	−0.056	0.917	0.687	0.769	1.000						
k	0.416	0.500	0.622	0.102	0.085	0.059	0.890	0.663	0.812	0.816	1.000					
l	−0.512	−0.166	−0.575	−0.393	0.218	−0.339	−0.713	−0.623	−0.818	−0.552	−0.606	1.000				
m	0.047	0.048	−0.066	0.023	−0.161	−0.067	0.126	0.146	0.091	0.064	0.123	0.019	1.000			
n	0.021	−0.022	0.021	−0.005	−0.061	0.004	0.007	0.019	0.012	−0.002	−0.043	0.004	0.011	1.000		
o	−0.327	0.255	−0.180	−0.393	0.527	−0.531	0.107	−0.266	−0.080	0.321	0.123	0.325	−0.129	−0.063	1.000	
p	−0.337	0.024	−0.376	−0.259	0.091	−0.407	−0.206	−0.310	−0.267	0.039	−0.133	0.290	−0.154	−0.056	0.548	1.000

注：1. 各指标为标准分数（z-score）。
2. 红色高亮部分为绝对值数值最高的五个相关系数。
资料来源：第一财经研究院。

在指数编制的方法上，我们采用主成分分析法提取 16 个指标中的潜在公共因子，即第一主成分，并以各指标的因子载荷作为权重编制中国金融条件指数。从各个指标的因子载荷来看，各指标与第一主成分的相关性方向与上述理论一致（表 3）。

表3　日度指数各指标的因子载荷

指标	权重系数
a. 七天质押式回购利率	0.663
b. 七天质押式回购利率/隔夜质押式逆回购利率	0.483
c. 3个月Shibor利率/3个月国债收益率	0.864
d. 七天质押式回购利率/存款类机构七天质押式回购利率	0.291
e. 10年期国债收益率/3个月国债收益率	−0.106
f. 农商行6个月同业存单利率/国有银行6个月同业存单利率	0.282
g. 5年期城投债收益率/5年期国债收益率	0.898
h. 5年期企业债收益率/5年期国债收益率	0.790
i. 5年期资产支持债券收益率/5年期国债收益率	0.820
j. 5年期中期票据收益率/5年期国债收益率	0.725
k. 1年期短期融资券收益率/1年期国债收益率	0.842
l. 中债总净价指数	−0.818
m. 中债总净价指数的30天滚动波动率	0.195
n. 上证综合指数日收益率	0.019
o. 上证综合指数日收益率的30天滚动波动率	−0.062
p. 恒生AH股溢价指数	−0.303
金融条件指数对各指标总方差的解释度为36%。	—

注：城投债、企业债、中期票据以及短期融资券的评级均为 AA 级；ABS 债券评级为 AAA 级。
资料来源：第一财经研究院。

2. 月度指数指标介绍

建立月度指数是为了弥补银行贷款相关指标无法纳入高频指数的遗憾。因此，在原先交易数据的基础上，我们根据数据在更长时间段内的可得性及必要性调整了指标的构成并构建了一个基于月度宏观数据的中国金融条件指数。

月度指数指标的覆盖范围为银行间同业拆借市场、债券市场、股票市场以及银行信贷等，时间序列为 2008 年 9 月至 2018 年 7 月。指标的调整主要是去除了一些存在时间较短的新型融资工具以及资产价格的波动率数据以免产生过多噪声。数据频度的降低使我们可以在价格型指标的基础上增加数量型指标。

（1）银行间同业拆借市场

a）银行间市场的七天质押式回购利率（R007）、b）银行间市场的七天质押式回购利率与隔夜逆回购利率的利差（R001）的利差以及 c）上海银行间同业拆放利率（Shibor）与国债收益率之间的利差依然保留。在此基础上，我们增加 d）银行间质押式回购总量来反映拆借市场的流动性与风险偏好，当拆借市场风险偏好显著下降时，市场交易的活跃程度会急速冷却。

（2）债券市场

e）10 年国债收益率与 3 个月国债收益率之间的期限利差、f）5 年期城投债与国债之间的收益率差、g）5 年期企业债与国债之间的收益率差、h）5 年期 ABS 债与国债之间的收益率差以及 i）中债总净价指数依然保留。

（3）股票市场

j）上证综合指数日收益率以及 k）AH 股溢价指数依然保留。

（4）银行信贷

中国目前依然处于“利率双轨制”阶段，银行的存贷款基准利率依然是中国货币政策的政策利率，因此 l）金融机构人民币贷款加权平均利率是衡量中国融资条件的关键指标。银行贷款利率与存款利率之前的利差是衡量银行盈利能力以及企业和居民融资条件的重要指标；由于央行并未公布实际存款利率的时间序列，并且目前理财产品已成为银行吸纳公众存款的一个主要渠道，因此我们使用 m）金融机构人民币贷款加权平均利率与 1 年期理财产品预期收益率的差值来模拟银行贷款与存款利率之间的息差。除了价格指标外，我们还增加了 n）社融存量同比增速以及 o）M_2 同比增速两个数量型指标，分别代表融资需求和供给两个方面。

月度数据的噪声较少，因此各指标之间的相关性均较为显著（表 4 和表 5）。

表4　月度指数各指标之间的相关系数

	a	b	c	d	e	f	g	h	i	j	k	l	m	n	o
a	1.000														
b	0.634	1.000													
c	0.633	0.470	1.000												
d	−0.169	−0.095	−0.160	1.000											
e	−0.767	−0.465	−0.359	0.068	1.000										
f	0.583	0.416	0.604	−0.145	−0.290	1.000									
g	0.647	0.460	0.589	−0.130	−0.462	0.952	1.000								
h	0.361	0.192	0.474	−0.090	0.062	0.747	0.582	1.000							
i	−0.591	−0.491	−0.441	0.161	0.315	−0.752	−0.790	−0.471	1.000						
j	−0.145	−0.040	−0.086	−0.026	0.105	−0.130	−0.158	−0.084	0.039	1.000					

（续表）

k	−0.451	−0.307	−0.343	0.136	0.123	−0.509	−0.431	−0.578	0.563	0.005	1.000				
l	0.726	0.505	0.781	−0.098	−0.450	0.770	0.717	0.696	−0.595	−0.117	−0.612	1.000			
m	0.518	0.206	0.486	−0.047	−0.358	0.415	0.367	0.502	−0.263	−0.080	−0.539	0.659	1.000		
n	−0.375	−0.331	−0.276	−0.020	0.739	−0.009	−0.215	0.475	0.079	0.030	−0.256	−0.155	−0.095	1.000	
o	−0.558	−0.418	−0.432	0.018	0.831	−0.204	−0.404	0.266	0.254	0.084	−0.011	−0.333	−0.296	0.917	1.000

注：1. 各指标为标准分数（z-score）。
2. 红色高亮部分为绝对值数值最高的五个相关系数。
资料来源：第一财经研究院。

表5　月度指数各指标的因子载荷

指标	权重系数
a. 七天质押式回购利率	0.867
b. 七天质押式回购利率/隔夜质押式逆回购利率	0.645
c. 3个月Shibor利率/3个月国债收益率	0.775
d. 银行间质押式回购总量	−0.178
e. 10年期国债收益率/3个月国债收益率	−0.619
f. 5年期城投债收益率/5年期国债收益率	0.865
g. 5年期企业债收益率/5年期国债收益率	0.900
h. 5年期资产支持债券收益率/5年期国债收益率	0.622
i. 中债总净价指数	−0.762
j. 上证综合指数日收益率	−0.136
k. 恒生AH股溢价指数	−0.610
l. 金融机构人民币贷款加权平均利率	0.910
m. 金融机构人民币贷款加权平均利率/1年期理财产品预期收益率	0.628
n. 社融存量同比增速	−0.288
o. M_2同比增速	−0.513
金融条件指数对各指标总方差的解释度为44%。	

注：城投债、企业债、ABS债券的评级均为AAA级。
资料来源：第一财经研究院。

二、中国金融条件指数的运行情况

从2008年9月至今，中国金融条件指数（图3）的运行大致可以分为五个阶段。

第一阶段为2008年9月至2009年12月，中国金融环境整体保持在宽松区间。月度指数从2008年9月的0.62快速下降至2009年3月的−2.10，随后维持在较低位置（图4）。2008年底，为对冲全球金融危机对中国的影响，财政政策与货币政策双双发力。中国政府推出规模高达四万亿元的一揽子投资计划，带动房地产市场和城投平台模式快速发展；中国人民银行在此期间五次降息、四次降准，形成宽货币、宽信用格局。旺盛的融资需求催生了一系列银行外表业务及同业创新。为绕过存贷比、贷款额度、资本充足率等表内融资制约，银行绕道信托计划为房地产企业和地方政府融资平台进行融资，影子银行开始快速扩张。

第二阶段为2010年1月至2011年9月，中国金融环境从宽松走向紧缩。月度指数从2010年1月的−1.23逐渐上升至2011年9月的1.86。在此前财政与货币的双重刺激下，中国物价与资产价格飞涨。CPI同比增速快速走出2009年的通缩，并于2011年第三季度达到6%以上；70个大中城市新建住宅价格指数在2010年的平均同比增速达到12%以上。为此，刺激政策在2010年至2011年逐步退出，中国人民银行十二次提高存款准备金率并五次提高存贷款基准利率。同时，银监会也频繁发文收紧"银信合作"模式，例如，2010 年 72 号文要求银信理财合作由表外转至表内并计提拨备、102 号文明确规定不得使用理财资金直接购买信贷资产等。

资料来源：第一财经研究院。

图3 中国金融条件指数（日度）

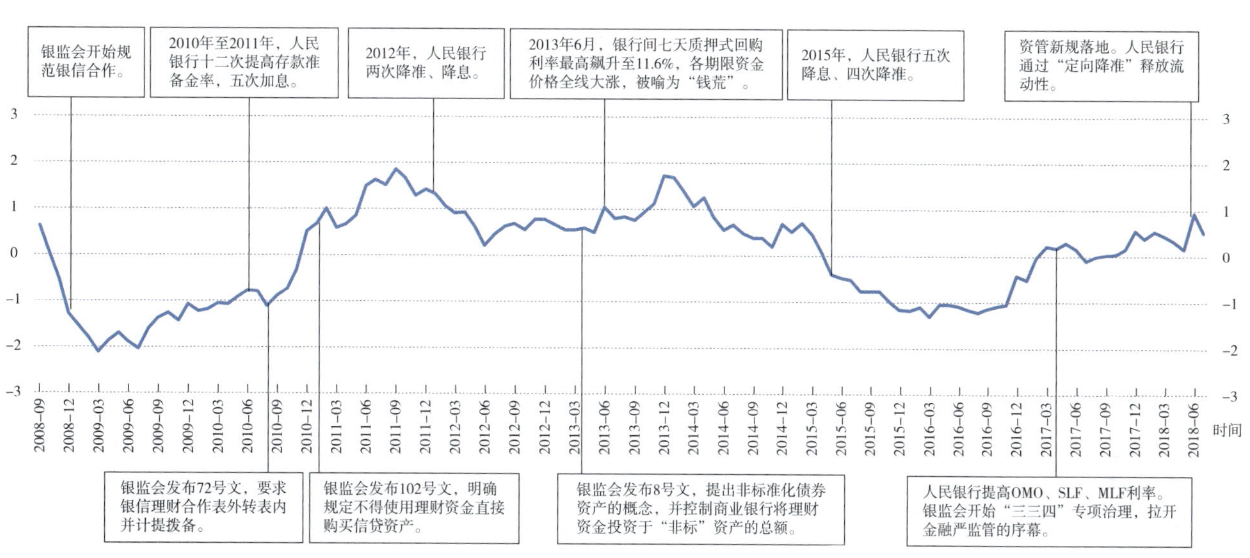

资料来源：第一财经研究院。

图4 中国金融条件指数（月度）

第三阶段为 2011 年 10 月至 2014 年 12 月，中国金融环境整体偏紧。月度指数在 0.21~1.72 区间震荡。2012 年，中国经济增速放缓压力凸显，实际 GDP 增速由 2011 年的 9.5% 下滑至 7.9%，CPI 同比增速回落至 2.5% 左右，70 个大中城市新建住宅价格指数同比出现负增长。一方面，为缓解中小企业融资压力、推动经济增长，人民银行在 2012 年两次降息、降准，证券业协会则鼓励金融创新，券商与基金大举加入通道业务，对接银行表外资产。另一方面，2013 年 3 月银监会发布 8 号文打击非标准化债券资产规模，规定理财资金投资"非标"余额在任何时点均以理财产品余额的 35% 与商业银行上一年度审计报告披露总资产的 4% 之间孰低者为上限。为满足"非标"比例要求，金融机构通过同业负债扩大分母达标，从而导致货币市场利率波动性上升，在 2013 年 6 月和 12 月两度引发“钱荒”事件。

第四阶段为 2015 年 1 月至 2016 年 11 月，中国金融环境迎来新一轮宽松周期。月度指数由 2015 年 1 月的 0.51 下降至 2016 年 11 月的 –1.05。2015 年，实际 GDP 增速进一步下探至 7% 以下，中国经济步入新常态。为应对外汇占款趋势性下降以及经济下行风险，人民银行在 2015 年五次下调存贷款基准利率、四次降低存款准备金率，同时通过打造利率走廊模式控制货币市场资金面的波动性。房地产限购放松以及地方债务置换共同推升大规模的融资需求，宽松的资金面与风险偏好上升推动股市牛市行情。

第五阶段为 2016 年 12 月至 2018 年 6 月，中国金融环境在偏紧区间震荡。月度指数由 2016 年 12 月的 –0.43 攀升至 2018 年 6 月的 0.93。2016 年底，货币政策与金融监管双双收紧，中央经济工作会议定调稳健中性货币政策，国海证券“代持”事件引发的信用风波触动监管当局下决心治理金融乱象。2017 年 3 月末，银监会连续发文对“三违反”“三套利”和“四不当”进行专项治理；7 月，国务院成立金融稳定发展委员会，促进金融监管协调；11 月，党的十九大报告提出“健全货币政策和宏观审慎双支柱调控框架”。2018 年上半年，“资管新规”落地，金融环境较 2017 年进一步紧缩，货币政策则呈边际放松态势。人民银行通过“定向降准”、抵押品扩容等手段扶持实体经济融资，试图疏通从宽货币到宽信用的货币政策传导渠道。

自 2018 年 7 月起，中国金融环境或将迈入新阶段，但仍需要更多的数据来支持未来的判断。7 月 23 日国务院常务会议提出“保持适度的社会融资规模和流动性合理充裕”之后，日度指数开始显著下降，目前日度指数在 0 上下浮动，即指数历史均值水平附近。7 月 31 日中央政治局会议提出“稳就业、稳金融、稳外贸、稳外资、稳投资、稳预期”，中国金融环境有望进一步宽松。

第三节　中国金融条件指数与宏观经济数据的实证分析

我们通过向量自回归（VAR）模型来探究金融条件指数与宏观经济金融数据之间的关系。作为统计数据的补充，金融条件指数为观察中国宏观金融环境提供了新的视角，其与统计数据之间的互动关系值得关注（图 5）。

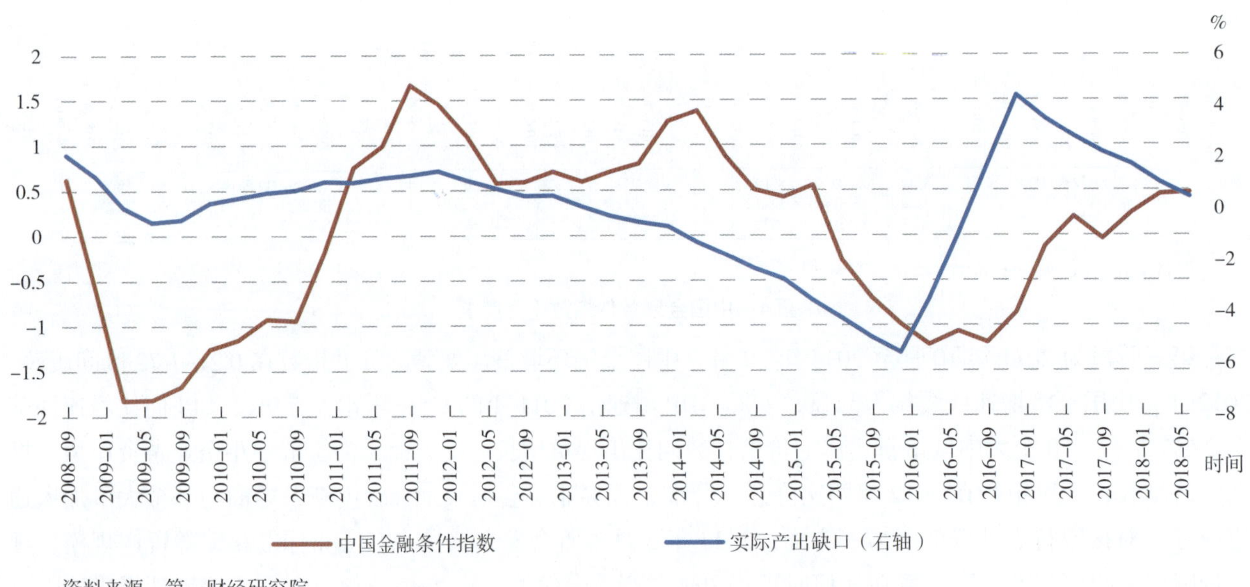

资料来源：第一财经研究院。

图5　中国金融条件指数与实际产出缺口

我们选取的自回归变量为金融条件指数、社融存量增速、M_2同比增速以及产出缺口，序列频度为季度，四者以上述顺序进行递归。我们通过HP滤波分离不变价季度GDP的长期趋势与周期，产出缺口的计算方法为不变价季度GDP周期对长期趋势的比值。季度金融条件指数由月度指数算术平均所得。

我们采用滞后一阶的向量误差修正模型（VECM（1））进行实证分析。在滞后阶数的选择上，我们参考最终预测误差准则（FPE）、赤池信息准则（AIC）、施瓦茨准则（SC）以及汉南—奎因信息准则（HQ），最后确定向量自回归（VAR）的最佳滞后阶数为2，向量误差修正模型（VECM）的最佳滞后阶数为1。经单位根检验，产出缺口为平稳序列，金融条件指数、社融增速与M_2增速均为一阶单整。协整检验（Johansen Cointegration Test）结果表明四变量之间存在一种协整关系。

1. 基于向量误差修正模型的格兰杰因果关系检验

格兰杰因果关系检验用于检验两个变量在统计上的时间先后顺序。若要判断变量X是否引起变量Y，则考察Y的当前值在多大程度上可以由Y的过去值解释，然后考察加入X的滞后值是否能改善解释程度。如果X的滞后值有助于改善对Y的解释程度，则认为X是Y的格兰杰原因（表6）。

表6　格兰杰因果检验结果

样本范围：2008Q3～2018Q2

观察数：38

原假设	Chi-sq	df	P值
D（社融增速）不是D（金融条件指数）的格兰杰原因	0.892676	1	0.3448
D（M_2增速）不是D（金融条件指数）的格兰杰原因	1.817061	1	0.1777
D（产出缺口）不是D（金融条件指数）的格兰杰原因	6.292806	1	0.0121
D（金融条件指数）不是D（社融增速）的格兰杰原因	8.779460	1	0.0030
D（M_2增速）不是D（社融增速）的格兰杰原因	0.347469	1	0.5555
D（产出缺口）不是D（社融增速）的格兰杰原因	3.031918	1	0.0816
D（金融条件指数）不是D（M_2增速）的格兰杰原因	5.343165	1	0.0208
D（社融增速）不是D（M_2增速）的格兰杰原因	2.620749	1	0.1055
D（产出缺口）不是D（M_2增速）的格兰杰原因	2.372666	1	0.1235
D（金融条件指数）不是D（产出缺口）的格兰杰原因	0.988509	1	0.3201
D（社融增速）不是D（产出缺口）的格兰杰原因	1.769926	1	0.1834
D（M_2增速）不是D（产出缺口）的格兰杰原因	0.254770	1	0.6137

注：1. D（X）代表X变量的一阶差分。
2. 当P值小于0.05时，在5%的显著水平上拒绝原假设。
资料来源：第一财经研究院。

从格兰杰因果检验结果来看，金融条件指数的变化有助于预测社融增速以及M_2增速的变化，产出缺口的变化有助于预测金融条件指数的变化。在5%的显著水平上，金融条件指数变化是社融增速和M_2增速变化的格兰杰原因，融资条件变化先行于融资结果变化，这与经济理论相一致。同样地，产出缺口变化是金融条件指数变化的格兰杰原因，经济周期先行于金融环境变化，与货币政策宏观调控理论相一致。

2. 脉冲响应

基于VECM（1）模型，我们重点探究当金融条件指数产生正向一个标准差的冲击时，其余三个变量所受到的影响。金融条件迅速收紧的原因可能是多方面的，如货币政策或金融监管政策转向导致市场情绪逆转、金融机构在季末或年末常规考核时点遭遇流动性问题等（图6）。

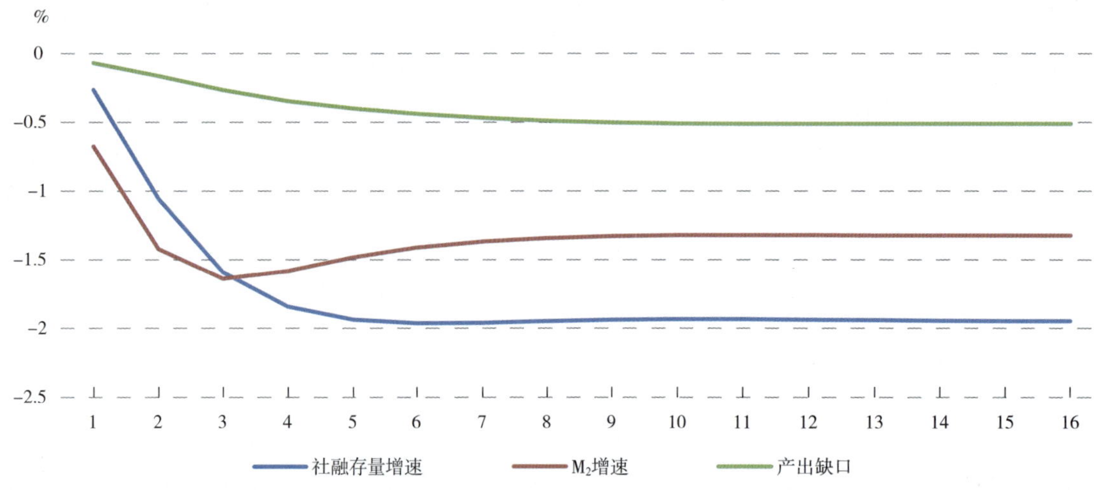

资料来源：第一财经研究院。

图6　各变量对金融条件冲击的脉冲响应结果

脉冲响应结果显示，金融条件指数的正向冲击对社融增速、M_2 增速以及产出缺口均产生负面影响。当金融条件指数产生一个标准差的正向冲击时，社融增速在 6 个季度内累计下降 1.96%，随后保持平稳；M_2 增速在 4 个季度内累计下降 1.58%，随后略有反弹，8 个季度之后保持平稳；产出缺口在 10 个季度内累计下降 0.51%，随后保持平稳。

第四节　中国金融条件指数与主要资产价格

在现代金融市场中，金融环境会在不同的时点、以不同的方式影响不同资产价格的走向和走势。从这个角度而言，一个好的反映金融环境的综合指标应该具备两个特征：它与主要资产价格波动有着稳定的关系；它是资产价格变化的先行指标。

1. 中国金融条件指数领先股票市场 6 个月，对 A 股市盈率水平的预测能力更强

用沪深 300 指数代表中国股市，中国金融条件指数与股市行情有着紧密的关系。中国金融条件指数下行（金融环境逐步宽松）往往会推动股市上升；反之亦然。金融环境的变化传导到股市一般需要 6 个月左右的时间，当我们在图 7 中将沪深 300 指数向前平移 6 个月后，可以更清楚地看到两者之间的关系。

资料来源：Wind，第一财经研究院。

图7　中国金融条件指数领先沪深300指数6个月

如果将影响股票价格的因素分为公司基本面和市场情绪两个部分，金融环境往往对市场情绪产生更大的影响。宽松的金融环境让投资者更倾向于冒险，推动股价上涨，更方便获取的杠杆也会进一步放大乐观情绪对于市场的影响。市场情绪高涨对应的是投资者愿意为相同盈利水平的股票支付更高的价格，所以市盈率水平可以很好地作为市场情绪的指标。

我们的研究结果显示，中国金融条件指数对A股市盈率水平的预测能力更强。金融条件指数不仅与A股市盈率走势更加吻合，还可以进一步预测A股市盈率能够达到的水平。处于平均水平以下的金融条件指数往往对应着处于平均水平以上的A股市盈率，其领先的时间同样约为6个月（图8）。

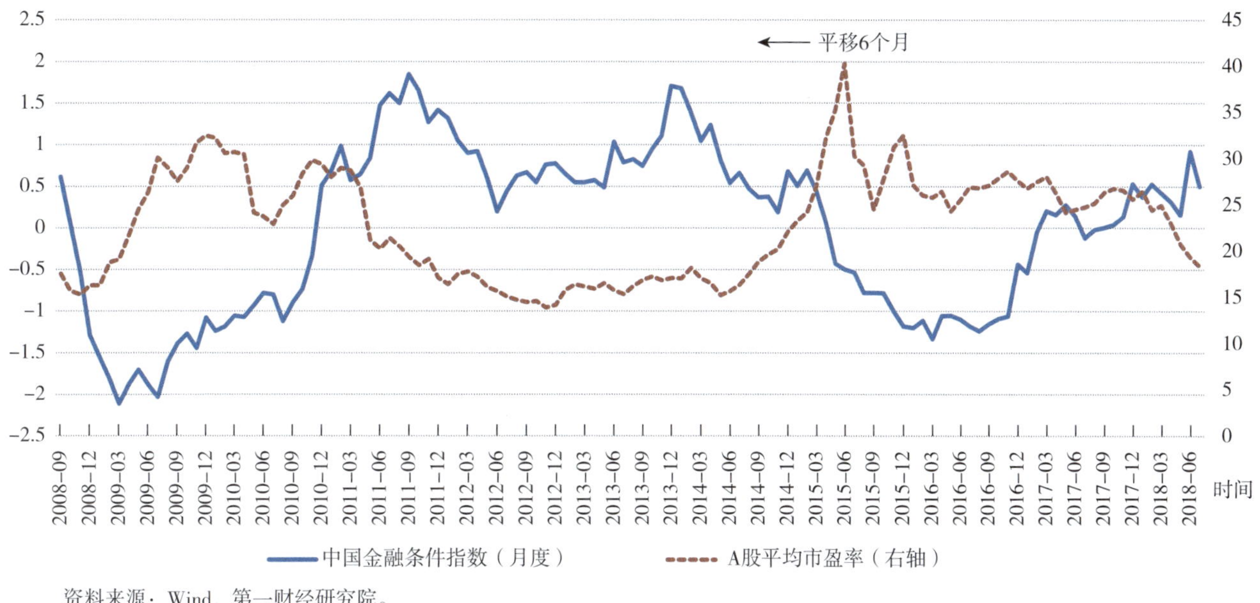

资料来源：Wind，第一财经研究院。

图8　中国金融条件指数与A股估值水平的相关性更强

相反，M_2（广义货币）与A股市盈率水平的关系在2014年后变得不清晰（图9）。我们认为这种变化的原因并不是金融环境对于市场情绪的影响出现了变化，而是M_2同比增速对于金融环境的代表性变弱，这反过来证明了能更好反映金融环境的中国金融条件指数的意义。

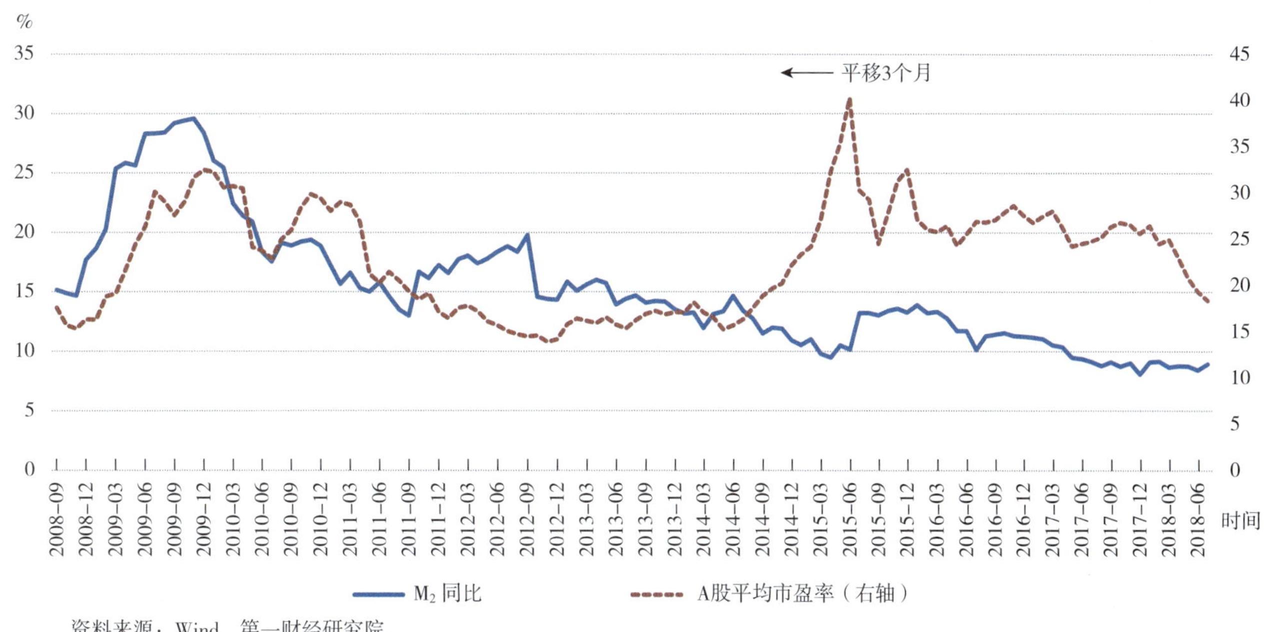

资料来源：Wind，第一财经研究院。

图9　2014年后M_2同比增速与A股市盈率的关系变弱

2. 中国金融条件指数与债券市场走势几乎完全镜像

中国金融条件指数可以很好解释债券价格的变化，中国金融条件指数与中债净价指数的走势几乎镜像（图 10）。与股市不同是，中国金融条件指数与中债净价指数的走势几乎不存在“时差”，出现这种情况的原因可能是债券价格本身对于金融环境非常敏感，另外债券市场主要参与者为机构投资者，反应更快。

资料来源：Wind，第一财经研究院。

图10　中国金融条件指数与债券价格几乎镜像

3. 中国金融条件指数领先于房价波动 12 个月

中国金融条件指数同样可以用来解释房地产市场的价格波动，只是整体金融环境对房价影响的传导时间比股市更长，约为 12 个月。

投资者更关心未来房价的走势而非过去房价的变化，所以我们将“二手房价格同比涨幅”与“1 年新建住宅价格同比涨幅”两个指数向前平移了 12 个月，从而得到两个新的指数（图 11），在新的指数上，每一个点对应的数字是从该时间开始到一年后房价的变化。在中国金融条件指数处于低位时，房价有较大的可能在未来的 1 年上涨，并且涨幅相对较高，这意味着宽松的金融环境会促使房地产价格上升，这种影响传导的时间在 1 年左右。

资料来源：Wind，第一财经研究院。

图11　中国金融条件指数领先房价波动12个月

4. 中国金融条件指数领先大宗商品价格波动 12 个月

更宽松的金融环境意味着更多的资金进入投资领域，对相关大宗商品的需求也会上升，同样地，更高的通胀预期和更乐观的情绪也会让投资者愿意押注大宗商品价格的上涨。

基于相同的原因，我们将中国大宗商品市场相关指数做了和房地产市场类似的处理，结论也是类似的。在较为宽松的金融环境下，大宗商品价格在未来 12 个月更倾向于上涨，并且平均涨幅更高（图 12）。由于大宗商品的价格还受到全球市场价格波动，突发性因素（包括供应中断）和产业政策等多方面的影响，在某些特殊时段，中国金融条件指数对大宗商品价格的影响会相对变弱，但这并不妨碍将中国金融条件指数视为预判中国大宗商品价格走势的重要指标。

资料来源：Wind，第一财经研究院。

图12　中国金融条件指数领先中国大宗商品价格指数12个月

5. 中国金融条件指数领先于人民币兑美元汇率 8 个月

过高或过低的货币供应水平在一个国家内部反映为价格的涨跌，在国家外部则反映为该国货币的汇率变化。通过对于中国金融条件指数和人民币对美元汇率走势的分析，我们得出了类似的结论。

维持在相对高位的中国金融条件指数（金融环境相对紧缩）会推高人民币兑美元汇率，而如果中国金融条件指数在一段时间位于较低水平，会拉低人民币兑美元汇率，其影响力传导的时间约为 8 个月（图 13）。从这点来看，货币政策制定者和金融监管部门在制定相关政策时，应该考虑其对于人民币汇率的影响。

资料来源：Wind，第一财经研究院。

图13　中国金融条件指数领先人民币兑美元汇率8个月

第五节　结语

中国金融条件指数是反映中国广泛经济主体融资成本、融资条件和融资可得性的综合指标，作为现有宏观统计数据的补充，为观察中国宏观金融环境提供新的角度。

中国金融条件指数的水平值、相对值以及波动率都值得关注。由于指数为标准分数（z-score），其水平值取决于样本时间段的覆盖，因此对于金融环境松紧的划分并不是一成不变的。通过两点之间的相对值，尤其是和标志性事件进行对比，来判断金融环境松紧或许是一个更有效的观测方法。金融条件指数的波动率同样具有观测意义，金融环境的不稳定性将传导至实体经济，这将导致宏观经济的波动性上升。

无论对政策制定者还是市场参与人士，中国金融条件指数所反映的信息均具有参考意义。对于政策制定者来说，指数既可以作为政策制定前对中国金融环境的整体考量，也可以作为政策制定后对市场反应的观察。对市场人士而言，金融条件指数有助于他们对大类资产的未来走势做出研判，为投资决策提供参考。

参考文献

[1] Angelopouou E., Balfoussia H. & Gibson H. Building A Financial Conditions Index for the Euro Area and Selected Euro Area Countries: What Does It Tell Us about the Crisis? European Central Bank Working Paper Series, No. 1541, 2013.

[2] Carlson M. A., Lewis K. F. and W. R. Nelson. Using Policy Intervention toIdentify Financial Stress, Finance and Economics Discussion Series, 2012 - 02,Federal Reserve Board, Washington D.C, 2012.

[3] Hatzius J., Hooper P., Mishkin F., Schoenholtz K. and M. Watson. Financial Conditions Indexes: A Fresh

Look after the Financial Crisis [R]. NBER Working Paper Series, No. 16150, 2010.

[4] International Monetary Fund. Are Countries Losing Control of Domestic Financial Conditions? [J]. Global Financial Stability Report, Chapter 3, 83–108, 2017.

[5] Manameri, N. A Comparative Analysis on US Financial Stress Indicators [J]. International Journal of Economics and Financial Issues, 2015, Vol. 5, issue 2, 613–623, 2015.